LE MARCHÉ DE DÉTAIL DE L'ÉNERGIE

La concurrence en action dans l'électricité et le gaz

Xavier PINON et Thomas VÉRON

LE MARCHÉ DE DÉTAIL DE L'ÉNERGIE

La concurrence en action dans l'électricité et le gaz

L'Harmattan

5-7, rue de l'École-Polytechnique, 75005 Paris

http://www.harmattan.fr
diffusion.harmattan@wanadoo.fr
harmattan1@wanadoo.fr

ISBN : 978-2-343-05447-6
EAN : 9782343054476

Remerciements à Agnès, Nicolaï, Marguerite
Arthur et Claire pour leur relecture attentive
ainsi qu'à Tony dont l'aide, dans la dernière ligne droite, fut précieuse.

Remerciements également à Julien Tchernia de *Lampiris*, Mehdi Gheribi, Nadine Bertin et Nathalie Maingret de *Sélia/Séolis*, Sylvain Gomont d'*Alterna/Sorégies* et à Nadège Noé de *Proxelia*. Leurs interviews nous ont aidé à mieux cerner un marché en pleine mutation.

Remerciements enfin à *Selectra*, dont le support et la bienveillance ont rendu ce projet possible.

Sommaire

INTRODUCTION 11

PARTIE 1. DU DEVELOPPEMENT DES RESEAUX A L'OUVERTURE DES MARCHES 15

SECTION 1.01 LE DEVELOPPEMENT DES RESEAUX D'ELECTRICITE ET DE GAZ 17
SECTION 1.02 DE LA FIN DU MONOPOLE D'ÉTAT A L'OUVERTURE A LA CONCURRENCE 27
SECTION 1.03 LE CHOIX DU MODE D'OUVERTURE A LA CONCURRENCE EN FRANCE 53

PARTIE 2. LE FONCTIONNEMENT DU MARCHE DE DETAIL DE L'ENERGIE 69

SECTION 2.01 L'OFFRE DE FOURNITURE SUR LE MARCHE DE DETAIL : ENTRE TARIFS REGLEMENTES ET OFFRES DE MARCHE 73
SECTION 2.02 DEMANDE : UN MARCHE DYNAMIQUE MAIS DES CONSOMMATEURS PEU INFORMES.......... 117
SECTION 2.03 LE PRIX : UN INDICE TRES ENCADRE 151

PARTIE 3. LES ACTEURS DU MARCHE DE L'ENERGIE 191

SECTION 3.01 ACHEMINEMENT, PRODUCTION : DES MISSIONS DIFFERENTES, DES ACTEURS MULTIPLES 195
SECTION 3.02 LES FOURNISSEURS D'ENERGIE 243
SECTION 3.03 LES ACHETEURS 283
SECTION 3.04 LA PUISSANCE PUBLIQUE 291
SECTION 3.05 LES AUTRES ACTEURS 303

PARTIE 4. PERSPECTIVES POUR LE MARCHE DE DETAIL DE L'ENERGIE 321

SECTION 4.01 DES EVOLUTIONS PROCHAINES FAVORABLES A LA CONCURRENCE 325
SECTION 4.02 UNE DYNAMIQUE ENCOURAGEANTE POUR LA CONCURRENCE MALGRE DES INCERTITUDES IMPORTANTES 345
SECTION 4.03 LE DEVELOPPEMENT DES SMARTGRIDS : VERS UN INVESTISSEMENT DES CONSOMMATEURS PLUS IMPORTANT ? 359
SECTION 4.04 QUEL VISAGE POUR LE MARCHE DE DETAIL DE L'ENERGIE EN 2025 ? 367

CONCLUSION 371

LEXIQUE – BIBLIOGRAPHIE 373

Introduction

Une réforme profonde mais inachevée

La France a connu, la décennie passée, un bouleversement important de l'organisation de son système de production, de transport, de distribution et de fourniture d'électricité et de gaz. Conçues depuis 1945 comme partie d'un même service public, ces activités étaient traditionnellement exercées par des monopoles publics, communément regroupés et connus sous le nom d'« EDF-GDF ».

L'année 2004 a consacré l'aboutissement de **l'ouverture à la concurrence** du segment des clients professionnels pour certaines de ces activités (production et fourniture), tandis que d'autres (transport et distribution) demeuraient exercées par des monopoles publics. En 2007, l'ouverture était finalisée par le segment des clients particuliers, qui représente, s'agissant de l'électricité, un tiers de la consommation nationale répartie sur un peu moins de 31 millions de ménages et, pour le gaz, un quart de la consommation nationale répartie sur un peu moins de 11 millions de foyers. Une autorité indépendante, la CRE, était mise en place pour assurer la régulation de ce marché estimé à 43,6 milliards d'euros de chiffre d'affaires pour l'électricité et 26,7 milliards pour le gaz. Aboutissement de ce processus, les consommateurs sont aujourd'hui libres du choix de leur fournisseur d'énergie.

Si **l'ouverture** est bien complète sur le plan réglementaire, elle est **encore, de fait, imparfaite**. Le marché reste en effet toujours dominé par les anciens monopoles et ancré dans une logique politique de fixation artificielle de prix bas difficilement conciliable avec la logique de libre-jeu de la concurrence. Les tarifs réglementés, déterminés par les pouvoirs publics, et des offres de marché coexistent, les premiers représentant encore 92% des contrats d'électricité et 79% des contrats de gaz naturel, tout type de sites confondus. Cet état de fait peut être imputé à un relatif manque d'information des consommateurs. Plus de la moitié, par exemple, ignorent encore qu'ils peuvent changer de fournisseur. La part des offres de marché est toutefois en croissance rapide, et ce d'autant plus chez les professionnels, qui sont mieux informés sur l'organisation du marché. Les tarifs réglementés ne représentent ainsi plus que 59% du volume d'électricité et 21% du volume de gaz fournis aux professionnels.

L'ouverture de ce secteur à la concurrence, même imparfaite, est aujourd'hui au cœur de **débats** animés sur son utilité, et parfois sur ses dangers. Au-delà des réalités économiques, les observateurs pointent du doigt un changement culturel. Si la conception française du service public est toujours présente, comme en témoigne l'existence, par exemple, d'un tarif spécial de solidarité pour l'électricité et le gaz, « EDF-GDF » a disparu, suscitant des interrogations parfois, de la nostalgie souvent, voire de la défiance, chez certains.

En réalité, ces évolutions peuvent paraître **prometteuses dans la logique économique** qui veut que la concurrence aboutisse à une baisse des prix. Après leur ouverture à la concurrence, les prix sur les marchés des télécoms en Europe (et en particulier en France) ont par exemple fortement baissé dans le courant de la décennie 2000. Par transposition, on peut souhaiter que les prix de l'énergie baissent également du fait de l'ouverture des marchés à la concurrence. Mais en parallèle des questions de prix, l'enjeu de l'ouverture des marchés de l'énergie à la concurrence est celui d'une prise de conscience. Longtemps considérée comme un service public, la fourniture d'électricité et de gaz naturel apparait pour beaucoup de consommateurs comme un acquis universel. L'apparente simplicité du dispositif et la stabilité du prix de l'électricité au fil des saisons dissimulent les coûts environnementaux engendrés en hiver par le recours à des centrales thermiques fortement émettrices de gaz à effet de serre, tandis que les bars et cafés se dotent fièrement de chauffages électriques. EDF-GDF, du temps du monopole public, a longtemps fait écran entre les consommateurs et une organisation qui, de fait, est complexe. Cet écran n'a pas favorisé la prise de conscience de ce qu'il n'y a rien de magique ni de gratuit dans l'énergie. Aujourd'hui, à l'heure de la transition énergétique, ce décalage pose question. L'enjeu de l'ouverture à la concurrence se trouve donc peut-être ici : démystifier l'énergie, rapprocher le prix facturé au consommateur final de son prix réel pour la collectivité et, en définitive, favoriser une prise de conscience, des économies d'énergie et une évolution vers un mix énergétique moins carboné.

Toutefois, l'ouverture à la concurrence des marchés de l'énergie n'est pas sans **présenter des risques**. Les Français quittent une organisation relativement performante, le monopole public ayant, depuis sa création en 1946, rempli avec succès sa mission. A l'opposé, l'ouverture des marchés de l'énergie en Californie, commencée en 1996, se traduisait par une crise d'une grave ampleur. En raison des pratiques illégales et spéculatives de la société Enron, plusieurs coupures d'électricité eurent en effet lieu en 2000 et 2001. Surtout, l'ouverture des marchés de l'énergie en France s'effectue dans un contexte économique qui lui est peu favorable. Les prix de vente au détail de l'énergie n'ont pour l'instant pas baissé. Au contraire, ceux-ci se sont renchéris de manière significative, les tarifs réglementés de vente de l'électricité aux particuliers augmentant de 23% entre 2003 et 2013, alors que ceux du gaz grimpaient de plus de 68% entre 2005 et août 2014. Ces augmentations traduisent en fait l'alourdissement des coûts supportés par les fournisseurs d'énergie : montée des coûts de maintenance des centrales nucléaires dans le contexte de l'après-Fukushima, impact de la transition énergétique et du développement de moyens de production décarbonés, coûts du gaz naturel dont la demande en provenance des pays émergents (s'agissant du GNL) est en augmentation, efforts importants de modernisation des réseaux d'acheminement d'électricité et de gaz naturel, coûts du développement des *smart grids*[1]. Ces augmentations, qui ne doivent donc rien à l'ouverture des marchés à la concurrence, font pourtant le lit des critiques à son encontre.

Quoique l'objet de débats, l'ouverture des marchés de l'énergie **semble bel et bien en marche**. Elle se traduit concrètement par l'émergence d'acteurs devenus notables, aux ambitions de parts de marché affichées. Certains, comme Direct Energie, sont le fruit de la volonté d'investisseurs privés français de profiter de l'ouverture, quand d'autres, comme eni, sont les succursales de groupes étrangers attirés par les opportunités du marché français. Les fournisseurs historiques français, EDF et GDF Suez, ont pour leur part amorcé leur mutation en vue de s'adapter à une nouvelle réglementation porteuse de nombreuses promesses de croissance. Pour rester compétitives, les entreprises locales de distribution s'efforcent également de s'adapter. Pour les consommateurs, ces évolutions se traduisent par un foisonnement de nouvelles offres. Particuliers, PME, entreprises, collectivités publiques se voient proposer désormais des offres dont les prix peuvent varier sensiblement. Pour ceux qui font l'effort de comparer les offres entre elles, cette nouvelle donne ouvre l'accès à des économies substantielles et à des services complémentaires, comme une garantie des prix sur la durée. Toutefois, le secteur tout entier reste un secteur en transition, et le cadre réglementaire lui-même n'est pas

---

[1] Réseaux intelligents : mise en relation en temps réel, par les technologies de l'information et de la communication, des différents acteurs de la chaîne de valeur de l'énergie susceptible de favoriser l'équilibre offre-demande et d'assurer la sécurité et la compétitivité de l'approvisionnement.

encore stabilisé. Les tarifs réglementés de vente de l'électricité et du gaz naturel à destination des professionnels de taille moyenne et importante, par exemple, devront bientôt disparaître. Sur le plan technique, l'arrivée prochaine de compteurs « intelligents » est susceptible de reconfigurer l'organisation du système vers plus d'implication du consommateur final. Le marché de détail de l'énergie est donc encore voué à évoluer en profondeur.

Dans ce contexte, **cet ouvrage a pour ambition** d'expliquer les évolutions qui touchent le système français d'électricité et de gaz et de présenter le marché de l'énergie qui en résulte. Sans taire les inquiétudes que peut soulever l'introduction d'une logique de marché dans ce domaine, il s'agira de porter un jugement sur la réalité de l'ouverture à la concurrence de ce secteur qui reste largement inachevée et de faire état des potentialités qu'ouvrirait son achèvement.

Aussi l'ouvrage s'articule-t-il autour de quatre parties. Une première section retrace l'**historique** du secteur de l'énergie en France, de sa création à son ouverture à la concurrence. Elle explicite en outre les changements dont cette ouverture a été le vecteur. Une deuxième partie présente le **fonctionnement** des marchés de détail de l'énergie en dressant un panorama des différentes offres qui coexistent, des modalités de fixation des prix et des types de consommateurs qui, pour l'instant, restent dans leur majorité peu informés de l'organisation de ce marché. Une troisième partie permettra au lecteur de mieux comprendre l'**organisation** physique du secteur de l'électricité et du gaz naturel, dont le marché de détail n'est qu'un appendice. En détaillant les missions et responsabilités des différents acteurs, elle ambitionne de rendre compte de la complexité de ce secteur. Enfin, la quatrième et dernière partie est davantage **prospective** et donc plus subjective. Elle propose la grille de lecture des auteurs sur les changements à venir dans ce secteur clé, aussi bien pour les particuliers que pour les professionnels.

*

* *

Partie 1. Du développement des réseaux à l'ouverture des marchés

Section 1.01 Le développement des réseaux d'électricité et de gaz

D'une exposition à l'autre...

A Paris se tenait en 1881 une Exposition internationale d'électricité. Première exposition du genre, l'événement organisé au Palais de l'Industrie à Paris rencontra un vif succès auprès des parisiens qui purent apprécier les avancées scientifiques en ce domaine. Un Congrès international des électriciens, organisé parallèlement à l'exposition, fut un forum de rencontre utile pour les scientifiques et industriels.

Un demi-siècle plus tard, l'Exposition internationale de 1937 à Paris fut l'occasion pour la Compagnie parisienne de distribution d'électricité de commander à Raoul Dufy une peinture de grandes dimensions. S'étendant sur plus de 62 mètres de long pour dix mètres de haut, la « Fée Électricité » devait, selon la commande, « *mettre en valeur le rôle de l'électricité dans la vie nationale et dégager notamment le rôle social de premier plan joué par la lumière électrique* ».

C'est que, d'une exposition à l'autre, l'électricité avait changé de dimension. D'une nouvelle invention qu'on exhibait au public, l'électricité devenait une réalité de tous les jours et occupait un rôle croissant dans le développement économique national. Pourtant, loin de devenir banale, elle restait entourée de mystère.

Devenue omniprésente dans la société du XXIème siècle, l'électricité reste encore mal appréhendée. Quoique banalisée dans son utilisation, elle demeure, à bien des égards, entourée de quelque chose de magique. L'organisation du système électrique français en un monopole intégré a facilité cette distance car elle n'a pas incité les consommateurs à comprendre ce qui se cachait derrière l'apparente simplicité véhiculée par le fournisseur historique. Alors que le marché de l'électricité et du gaz naturel s'est progressivement ouvert à la concurrence dans le courant de la décennie passée, il n'est que temps de lever le voile pour comprendre la diversité des métiers exercée dans les secteurs de l'énergie en France.

A cette fin, ce chapitre historique brosse à grands traits les différentes étapes de la construction des réseaux d'électricité et de gaz naturel en France (1.01.) avant d'aborder l'ouverture à la concurrence des métiers de la production et de la fourniture en France (1.02) et de relativiser cette réforme qui reste mesurée par rapport à ses voisins européens (1.03).

1.01.1 L'électrification du territoire national

L'histoire du développement des réseaux d'électricité en France n'est pas, contrairement à une tradition française, l'histoire de la réalisation à l'échelle locale d'un grand plan décidé à Paris. Au contraire, c'est celle de la **construction et du raccordement progressif d'une multitude de réseaux locaux** qui s'est parfaite par la création, après 1946, d'**un réseau national d'électricité aujourd'hui largement fondu dans un réseau électrique européen**. Si le développement d'un réseau national de gaz naturel a répondu aux spécificités de cette énergie, il a suivi un mode de développement similaire.

I. 1884-1946 : Les prémices de l'électricité en France

A. Des origines de l'électricité à son déploiement

L'**électricité n'a pas été inventée**. Phénomène naturel, elle est par exemple présente dans le corps humain (système nerveux) et s'est toujours manifestée (électricité statique, éclairs). Toutefois, **sa maîtrise et son utilisation sont récentes**. Elles sont la conséquence de progrès importants dans le courant du XIXème siècle qui ont rendu possible son explication, sa production, sa mesure alors que, parallèlement, des usages de plus en plus divers lui étaient trouvés. Comprise, théorisée et maîtrisée, l'électricité a en fait suscité un intérêt croissant des gouvernements, des scientifiques, du public et des industriels.

Après le télégraphe – qui fonctionne au moyen d'impulsions électriques, **les finalités d'utilisation de l'électricité se sont multipliées** à la fin du XIXème siècle et au début du XXème siècle : éclairage public, transports (locomotives des tramways, métros, trains).

Les usages de l'électricité se multipliant, **la nécessité de créer des réseaux électriques s'est faite de plus en plus importante**. Le développement des réseaux d'électricité s'est fait au niveau local. La loi du 5 avril 1884 a ainsi confié aux communes la compétence d'organiser le service public de distribution d'électricité. Puis, la loi du 15 juin 1906 a reconnu les communes comme étant propriétaires des réseaux en moyenne tension (HTA) et basse tension (BT). Les premiers réseaux électriques locaux ont fait leur apparition dans les villes. Bellegarde-sur-Valserine a ainsi été la première ville électrifiée de France en 1884. Elle exploitait la ressource hydraulique. L'électricité y permit d'alimenter un éclairage public et certains particuliers. Sur ce modèle, les villes se sont progressivement électrifiées, utilisant l'énergie thermique au nord (la « houille noire ») et l'énergie hydraulique au sud (la « houille blanche »).

Toutefois, le développement à grande échelle de l'électricité a eu pour conséquence la nécessité de la construction de capacités de transport. C'est leur essor qui a rendu possible la propagation de l'utilisation de l'électricité aux particuliers. Le déploiement des réseaux de transport est néanmoins la conséquence de l'invention du transformateur par Lucien Gaulard en 1882. Un problème se faisait en effet jour aux débuts de l'électricité puisque l'éclairage et l'utilisation courante de l'électricité requièrent une électricité à basse tension mais que le transport d'une telle électricité est onéreux et inefficace. A base tension, les pertes d'électricité par échauffement (effet Joule) sont importantes. Le transformateur permet de modifier la tension d'un courant pour l'augmenter lorsque l'électricité emprunte un réseau de transport et l'abaisser lorsque celle-ci arrive sur un réseau local. Les pertes d'électricité sont minimisées.

B. L'électrification du territoire national

Le **raccordement** entre eux des réseaux locaux et la construction progressive d'un réseau national d'électricité, puis le développement des interconnexions entre les réseaux nationaux d'Europe continentale et la formation d'un système européen d'électricité obéissent à une même logique. D'une part, il s'est agi de construire des réseaux plus **stables**. L'interconnexion des réseaux accroît en effet la stabilité de chacun d'entre eux. En cas de panne sur un réseau, l'électricité peut alors emprunter un autre chemin et l'alimentation des clients est préservée. D'autre part, il s'est également agi de développer un système plus **efficient**.

Il est donc intéressant de constater que le réseau électrique français s'est construit de manière désagrégée, en partant de l'échelle locale pour acquérir après 1946 une dimension nationale. Les réseaux ont d'abord été construits au sein d'une ville ou d'un territoire rural. Avant 1946, le secteur électrique s'était développé autour de nombreuses sociétés locales sur l'ensemble du territoire français. Ce n'est que l'unification de cette multitude de réseaux après 1946 qui a créé le réseau électrique que l'on connaît de nos jours.

Deux systèmes, l'un public, l'autre privé, étaient utilisés par les communes, avant 1946, pour développer les réseaux sur leur territoire. Le système de **concessions de service public** permettait de faire porter la charge de la construction du réseau par un tiers qui se rémunérait ensuite par l'exploitation du réseau. **A côté de ce système, certaines collectivités ont choisi de gérer directement la création de leur réseau électrique en utilisant le système de la régie publique**. Dans ce système, la commune administre, via une régie qui lui appartient, la création et la gestion du réseau. Enfin, un autre système public est apparu à partir de 1920 pour accélérer l'électrification des zones rurales françaises. Les **Sociétés d'Intérêt Collectif Agricole d'Electricité (SICAE)** reposaient sur un financement complexe, intégrant population (emprunts) et organismes publics. Un Fonds d'Amortissement des Charges d'Electrification (FACE) créé en 1936 a d'ailleurs permis d'apurer les charges de ce développement. Toutefois, si, au départ, ce fonds devait être financé pour moitié par les contributions des consommateurs et pour moitié par une participation de l'État, l'État a rapidement cessé d'assurer le financement de ce fond. Ainsi, **ce sont les consommateurs d'électricité qui ont, dans une large manière, financé l'électrification de la France**.

Le développement local des réseaux électriques a abouti à ce que l'électricité était bien répandue à la veille de la Seconde Guerre mondiale, mais dans le cadre d'un paysage très éclaté. Alors que 7 000 communes étaient électrifiées en 1919, 36 500 communes (soit 96% de la population française) l'étaient en 1938. Toutefois, avant 1946, les standards techniques étaient divers, empêchant l'existence d'un système électrique intégré. Comme l'explique René Massé[2], les acteurs étaient en effet nombreux malgré la présence de quelques acteurs de taille importante. Il y avait 200 entreprises privées dans la production, une centaine dans le transport et environ 1150 dans la distribution. De plus, des acteurs publics (régies locales) étaient présents : 250 régies étaient ainsi en charge de concessions de distribution.

---

[2] René Massé, *Histoire de l'électrification rurale en France*, édition « Études et travaux en ligne » du Gret. N°03. 2005 – Étude réalisée en décembre 2002

II. 1946 : la nationalisation des activités électriques

Au lendemain de la Seconde Guerre mondiale, une unification des réseaux électriques s'est imposée afin d'accroître la stabilité de la fourniture d'électricité. La diversité juridique et technique qui existait était la conséquence du mode de construction du réseau électrique français mais ne convenait plus aux besoins de stabilisation. A Paris, par exemple, il existait cinq types techniques de distribution différents. La nationalisation du secteur de l'électricité et du gaz et la création des établissements publics EDF et GDF ont rendu possible des investissements importants dans les moyens de production (comme le programme nucléaire lancé à partir des années 1960).

La loi de nationalisation du 8 avril 1946 a profondément modifié le paysage du secteur. Elle a nationalisé les activités[3] de production, transport et distribution d'électricité et de gaz qui étaient précédemment exercées par des sociétés privées. Pour exercer ces activités, elle a créé deux établissements publics, Électricité de France (EDF) pour l'électricité et Gaz de France (GDF) pour le gaz. Une exception a toutefois été prévue. En effet, la loi a laissé la possibilité, s'agissant de la distribution et de la fourniture (le réseau de transport a par contre été entièrement nationalisé), aux sociétés publiques[4] d'échapper à cette réforme. Après la loi de 1946, certains de ses organismes se sont fondus dans EDF et GDF alors que d'autres ont gardé leur indépendance. Ces dernières sociétés sont appelées Entreprises Locales de Distribution (ELD) (ou encore Distributeurs Non Nationalisés – DNN).

[3] Voir le focus 1 sur les différentes activités sur le marché de l'énergie dans la Section 1.02

[4] A côté de sociétés privées, certaines entités du secteur de l'électricité et du gaz avant 1946 étaient des organismes publics. Il s'agissait des régies et des SICAE.

1.01.2 Le développement du réseau de gaz

I. Le gaz : une énergie spécifique

A l'instar de l'électricité, le **gaz naturel n'est pas une découverte récente**. Son **utilisation industrielle est toutefois peu ancienne**. Si le gaz naturel a été découvert au XVIIème siècle, la commercialisation à très petite échelle du gaz naturel n'a débuté qu'à la fin du XVIIIème siècle. C'est l'invention de capacités de transport et de stockage qui a rendu possible l'essor de l'utilisation du gaz naturel. L'invention de joints à l'épreuve des fuites (1890) et le développement de gazoducs susceptibles de transporter du gaz sur de longues distances a entraîné un essor important de cette énergie.

Les différents types de gaz

On distingue, sous l'appellation de gaz, différents types de gaz selon leur moyen de production et leur destination d'utilisation :

- Le **gaz d'éclairage**, comme son nom l'indique, recouvre le gaz utilisé pour l'éclairage et a connu un essor important au XIXème siècle. Il a été remplacé, après 1880, par l'électricité qui a pris le relai de cette énergie pour les besoins d'éclairage.
- Le **gaz** dit **de ville** était destiné, de manière générale, au chauffage, à la cuisson, et comme carburant pour des moteurs et turbines. De nos jours, c'est à cette utilisation qu'est destiné le gaz. Le gaz de ville était un **gaz manufacturé** (c'est-à-dire créé – le gaz de houille est un exemple de gaz manufacturé créé à partir de houille). L'inconvénient du gaz de ville est sa toxicité (il contient du monoxyde de carbone).
- Le **gaz naturel** – qui est le gaz utilisé sur l'immense majorité du réseau de distribution – est extrait de gisements. Le gaz naturel a progressivement remplacé le gaz de ville à partir des années 1950 en France. Il est principalement composé de méthane.
- NB : Même si le gaz naturel est parfois assimilé par abus de langage au gaz de ville, c'est bien le gaz naturel qui parcourt aujourd'hui le réseau de distribution.

- Le **biogaz** (ou bio-méthane) est un substitut du gaz naturel et est une énergie renouvelable issue de la décomposition de déchets organiques.

Enfin, d'autres confusions doivent être évitées :

- Le **gaz naturel liquéfié** (GNL) est un gaz naturel refroidi : essentiellement composé de méthane et plus léger que l'air, il est transporté par méthanier. Si le gaz consommé est encore principalement transporté par gazoducs, le transport du gaz par méthanier (sous la forme de GNL) est en croissance. Par exemple, la zone GRTgaz Sud du réseau de transport de gaz français est principalement alimentée par du GNL en provenance des terminaux méthaniers de Fos Tonkin et Fos Cavaou. De plus, certains fournisseurs proposent des offres de fourniture GNL. Ces offres sont destinées à des professionnels car le GNL doit être conservé à une température de -160°C.
- Le **gaz de pétrole liquéfié** (GPL) diffère du GNL en ce qu'il est essentiellement composé de butane et de propane et est plus lourd que l'air. L'appellation recouvre le **gaz propane** et le **gaz butane.** Ces gaz sont utilisés dans des bouteilles (propane et butane) ou dans des citernes (propane). Leur usage est assez répandu en cas d'absence de réseau de distribution de gaz naturel. Les bouteilles de gaz peuvent aussi être utilisées en camping par exemple. Par ailleurs, le GPL est un carburant utilisé par certains types de véhicules. Il est aussi utilisé dans la pétrochimie.

Enfin, les **gaz industriels** n'ont rien à voir avec les autres types de gaz : il s'agit de gaz utilisés dans les processus industriels ou dans le secteur médical ; l'oxygène est par exemple un gaz commercialisé comme tel par des entreprises spécialisées.

Comprendre les différences entre le gaz naturel, le GNL et le GPL à l'aide d'un tableau

	GPL	GNL	Gaz naturel (sous forme gazeuse)
	Gaz de pétrole liquéfié	Gaz naturel liquéfié	
Composition	Butane, Propane	Principalement du méthane	
Type de stockage	Par compression, dans une bouteille ou dans une citerne	Sous forme liquide, dans une citerne, à une température de -160°C	Pas de stockage sur le site consom-mateur : le gaz naturel est livré sous forme gazeuse, par les tuyaux d'un réseau de distribution de gaz naturel
Conditions d'utilisation	Butane : température > 0°C Propane : température > -44°C	Pas de condition particulière.	
Type de stockage	Citerne, bouteille*	Citerne cryogénisée	
Type d'utilisation	Butane : intérieur ou par température supérieure à 0°C Propane : usage intérieur ou extérieur	Transport du gaz naturel par navires méthaniers ; plus rarement, usage industriel.	Toute utilisation

** : NB : Il existe des réseaux de distribution de gaz propane qui permettent d'être alimentés en gaz propane à partir d'une citerne commune à plusieurs bâtiments.*

Source : recherches internes Selectra

II. La nationalisation d'un secteur stratégique

Après la Seconde Guerre mondiale, le secteur du gaz a été nationalisé. Toutefois, cette nationalisation diffère de la nationalisation du secteur électrique et répond à la spécificité du gaz naturel. La loi du 8 avril 1946 a nationalisé les activités de distribution, de fourniture et d'importation et exportation de gaz naturel en France. Ces activités ont été confiées à l'établissement public **Gaz de France (GDF).** A l'image de l'électricité, une **exception a toutefois été prévue dans le cas des ELD**. L'article 23 de la loi du 8 avril 1946 a en effet exclu les ELD de la nationalisation des activités de fourniture et de distribution. En revanche, les activités de transport et de production de gaz naturel n'ont pas été nationalisées (l'article 8 les a exclues de son champ d'application). **L'activité de production de gaz naturel est soumise à un régime de concession relevant du Code minier** (ce régime n'a pas changé aujourd'hui). L'activité de transport a été concédée à Gaz de France ainsi qu'à la Société Nationale des Gaz du Sud-Ouest, filiale d'Elf et de Gaz de France. Enfin, l'activité de stockage était exercée dans le cadre d'un mécanisme d'autorisation.

L'activité de Gaz de France a en fait considérablement évolué après 1960. Dans les années 1950, l'activité de production de GDF a consisté, au sens propre, à produire du gaz de ville à partir de houille dans des usines à gaz – leur fonctionnement complexe a conduit à ce que leur nom devienne une expression populaire.

Le développement du gaz naturel en France date des années 1960 après la découverte (1951) et les débuts de l'exploitation du gisement de gaz naturel de Lacq. Ce gisement satisfaisait, jusqu'à son épuisement en 2013, 3% de la demande française en gaz naturel. Celui-ci a peu à peu remplacé le gaz de houille, GDF cessant l'exploitation de ses usines à gaz pour lui préférer un gaz moins toxique (voir encadré ci-dessus). Les réserves de gaz naturel de la France étant limitées, GDF a eu recours à **des importations de gaz naturel en provenance de pays mieux dotés en réserves**. Pour pallier l'irrégularité de ces approvisionnements, il a par ailleurs développé une activité de **stockage**.

Section 1.02 De la fin du monopole d'État à l'ouverture à la concurrence

C'est dans le contexte de l'instauration d'un **marché unique** que les pays de l'Union européenne ont fait le choix de l'ouverture du marché de l'électricité et du gaz à la concurrence afin de créer un marché intérieur de l'énergie. Ce marché, concurrentiel et de plus en plus intégré doit permettre d'aboutir à des prix plus équitables pour les consommateurs européens, de favoriser l'atteinte par l'UE de ses objectifs en matière de réduction d'émission de CO_2 et de diversifier son approvisionnement tout en dégageant les ressources nécessaires aux investissements dans les infrastructures de production et de transport de l'énergie. Ce choix, résultat d'un accord politique entre les États européens, a conduit la France à profondément **modifier le fonctionnement de son marché de l'électricité et du gaz**.

Ce chapitre a vocation à permettre de saisir l'ampleur des changements induits par cette réforme d'envergure. Il présente de prime abord l'organisation de la production, du transport et de la fourniture d'électricité en France avant 1996 et détaille les raisons de la création d'un marché européen de l'énergie (1.02.1). Les différentes étapes de l'ouverture à la concurrence du marché de l'énergie en France sont ensuite présentées (1.02.2). Une focalisation sur EDF-GDF permet, en particulier, de comprendre les changements que cette nouvelle réglementation a apportés à l'organisation de l'ancien monopole (1.02.3). Enfin, cette section se conclut par la présentation de loi portant nouvelle organisation du marché de l'électricité de 2010 (la loi NOME) qui a achevé d'ouvrir le marché de l'électricité français (1.02.4).

1.02.1 Les raisons de la réforme

I. 1946-1996 : le monopole d'État

A. La nationalisation : une reprise en main par l'État d'un secteur clé au lendemain de la Seconde Guerre mondiale

Au sortir de la Seconde Guerre mondiale, la France est affaiblie. Aussi, l'électricité et le gaz, que l'on sait **cruciaux à l'expansion industrielle** représentent-ils un enjeu stratégique majeur. Il s'agit en effet de reconstruire et renforcer le réseau de transport et de distribution du gaz et de l'électricité, et d'augmenter les capacités de production afin de **répondre à la demande croissante des ménages**, désireux de nouveaux équipements gourmands en énergie **et des entreprises** – en particulier **industrielles** – qui ont un besoin croissant d'électricité et de gaz pour produire ces biens de consommation. **La nationalisation des activités de production, transport et distribution de l'électricité et du gaz combustible va ainsi accompagner les Trente Glorieuses en France**.

C'est la **Loi n°46-628 du 8 avril 1946 sur la nationalisation de l'électricité et du gaz** qui modifie profondément l'organisation des activités de l'électricité et du gaz en France. Pour contribuer au redressement et à la modernisation industrielle de la France, la loi institue un **monopole d'État sur la production, le transport et la distribution de l'électricité et du gaz**. Concrètement, ces activités sont **nationalisées** (article premier de la loi) et confiées à EDF (Électricité de France) pour ce qui concerne l'électricité (art. 2) et GDF (Gaz de France) en ce qui concerne le gaz naturel (art. 3)[5]. La création de ces monopoles trouve sa justification dans la théorie économique en raison des fortes économies d'échelles qu'induit la création de réseaux électrique et gazier. En effet, le coût de la création d'un réseau de dimension nationale de transport et de distribution de l'énergie est très élevé et ne peut dès lors être rentable (ou à tout le moins viable) que s'il n'existe qu'un seul réseau électrique et un seul réseau gazier.

[5] Des réserves étaient prévues pour les entreprises locales de distribution (régies, SICAE et SEM), d'une part, et pour certaines sociétés (la SNCF ou les Charbonnages de France par exemple) ainsi que pour les installations de production d'une puissance inférieure à 8 MVA.

EDF et GDF sont ainsi conçues comme deux entreprises **distinctes**, **publiques** et en situation de **monopole** sur leur marché respectif. Chacune est dotée du statut d'EPIC (Établissement Public à caractère Industriel et Commercial) qui lui permet de bénéficier d'une **large autonomie vis-à-vis de l'État tout en étant partie de la « sphère publique »** (qui regroupe l'État, les collectivités territoriales, les agences et les différents établissements publics). Pour le consommateur, cela se traduit par l'entrée dans la culture populaire des acronymes « EDF » et « GDF » qui sont respectivement associé à l'électricité et au gaz. S'agissant des tarifs, le marché de l'électricité et du gaz est fortement réglementé et ceux-ci sont définis par le gouvernement.

EDF a dans une large mesure accompagné le développement industriel de la France. Si le parc de production d'électricité français était initialement dominé par des centrales hydrauliques (héritières du développement de la « houille blanche » et thermiques au charbon (la « houille noire ») puis au fioul, une substitution de ce deuxième type de centrales a progressivement été opérée à partir de 1963 vers des centrales nucléaires. Cette substitution s'est accélérée après les chocs pétroliers de 1973 et 1979. Elle a conduit à ce que l'électricité produite en France par EDF était en 2012 à hauteur de 80,4% d'origine nucléaire et que le fioul et le gaz ne représentaient respectivement plus que 1,2% et 2,4% de sa production[6].

B. L'ouverture du marché de l'énergie à la concurrence : témoignage d'un secteur arrivé à maturité

Le fonctionnement du marché français de l'énergie avait certes des avantages. Il a rendu possible l'**essor de deux géants nationaux sur le marché de l'énergie ;** pour le consommateur, il a induit une **certaine simplicité**, EDF étant assimilée à l'électricité et GDF au gaz. Enfin, et de manière plus importante, il a permis **l'essor industriel** en France pendant les Trente Glorieuses, remplissant ainsi parfaitement son objectif initial.

Toutefois, dans le courant des années 1990, une réflexion, à l'échelle européenne, a conduit à la remise en cause de ce système et à la construction d'un marché européen concurrentiel de l'énergie.

Trois raisons expliquent cette inflexion majeure.

D'abord, le contexte qui précéda à la création d'EDF et de GDF (voir *supra*) est différent dans les années 1990. La France, grande

[6] Source : EDF

puissance industrialisée, n'est plus en retard. **La situation ne justifie donc plus la présence d'un monopole public destiné à la construction** d'un réseau d'électricité et de gaz, ceux-ci étant construits et opérationnels.

Ensuite, comme on l'a dit, la création d'un monopole dans le secteur énergétique reposait sur une vision agrégée du marché de l'énergie. Or, celui-ci regroupe en fait des activités différentes. Dès lors, **il convient de distinguer les activités de réseau** (pour lesquelles il est justifié de maintenir un monopole, comme le transport et la distribution) **des autres activités pour lesquelles l'ouverture à la concurrence est possible** (production et commercialisation).

FOCUS 1 : Les différentes activités sur le marché de l'énergie.

Loin de représenter un tout monolithique, le marché de l'électricité peut en fait être découpé en quatre pôles bien distincts : la production, le transport, la distribution et la commercialisation.

Activité	Explication	Monopole ?
Production	Il s'agit de la « création » de l'électricité par des centrales – thermiques (nucléaire, pétrole, charbon, gaz) ou hydroélectriques – ou encore par des panneaux solaires ou au moyen de l'énergie éolienne, et de l'exploitation de gisements terrestres et marins de gaz naturel. Il s'agit de plus de l'**import / export** de ces énergies.	Plusieurs productions peuvent être mises en concurrence pour proposer les meilleures conditions de génération d'électricité et d'extraction de gaz (en matière de coût et d'impact environnemental).
Transport	Il s'agit du transport de l'électricité produite sur de longues distances et à des niveaux de très haute tension (THT) et du transport du gaz naturel par des gazoducs et des méthaniers. Il s'agit également du **stockage du gaz**, le cas échéant.	Activité de réseau, donc monopole justifié
Distribution	Il s'agit de l'acheminement de l'électricité et du gaz vers le consommateur final, à un niveau local et sur des lignes de moyenne et de basse tension (la tension de l'électricité est en effet abaissée pour pouvoir être distribuée), et du gaz, au moyen du réseau local de distribution de gaz naturel.	Activité de réseau, donc monopole justifié
Fourniture	Il s'agit de l'achat et de la vente au détail de l'électricité et du gaz fournis au consommateur particulier ou professionnel.	Les fournisseurs peuvent être mis en concurrence et proposer diverses offres.

Enfin, l'ouverture du marché de l'énergie à la concurrence s'inscrit dans une évolution plus globale sous deux impulsions concomitantes : le **recentrage de l'État sur ses prérogatives régaliennes** et la création d'un **marché unique en Europe**.

La place de l'État a en effet durablement changé dans le courant de la deuxième moitié du XXe siècle. Alors que la loi de nationalisation de l'électricité et du gaz de 1946 s'inscrivait dans un contexte où l'État était vu comme un tout devant pourvoir à tous les besoins de la société, **des changements très profonds ont influé sur la place de l'État dans les sociétés européennes**, rendant le régime de 1946 obsolète. D'une part, **l'organisation de l'État a évolué**, celui-ci abandonnant un mode d'administration centralisé pour une organisation plus multiforme faisant application du principe de subsidiarité[7]. D'autre part, **le champ d'intervention de la puissance publique au sens large a évolué**, l'État ayant tendance à se désengager de la gestion des grandes infrastructures (autoroute, réseaux téléphoniques, réseaux d'énergie).

De plus, en 1957 (Traité de Rome), six États européens créaient ce qui est aujourd'hui l'Union européenne et un grand marché commun, poursuivant le travail commencé en 1951 par la Communauté européenne du charbon et de l'acier (Traité de Paris). L'Union européenne a, dès ses débuts, eu pour but la création d'un grand marché européen unique devant permettre de réduire les prix pour les consommateurs et de favoriser l'innovation en permettant aux entreprises d'avoir accès à un marché plus large. Cet objectif a été réaffirmé par l'Acte unique européen de 1986. C'est ainsi que le marché des télécoms a été ouvert à la concurrence en France le 1er janvier 1998. Accompagnée par une révolution technologique, cette ouverture a conduit, comme chacun sait, à une baisse très sensible des prix et à une augmentation de la qualité des services (offres *Triple Play* par exemple : téléphone, télévision, internet). D'autres marchés ont également été ouverts à la concurrence comme ceux des transports aérien et ferroviaire.

---

[7] Selon le principe de subsidiarité, chaque compétence doit être exercée par la plus petite autorité en mesure de le faire d'elle-même.

1.02.2 Les grandes étapes de l'ouverture à la concurrence du marché de l'énergie : une ouverture progressive

I. Textes législatifs : du droit européen au droit national

En France, le marché de l'énergie a été **progressivement ouvert à la concurrence.** Cette ouverture s'est inscrite dans le cadre de la création d'un marché européen concurrentiel de l'énergie.

Des textes de niveaux différents ont permis de mener à bien cette réforme majeure d'un secteur stratégique, dans un esprit visant à permettre son développement effectif, tout en préservant un haut niveau de service public et de protection du consommateur. Le tableau ci-dessous présente ces différentes mesures législatives.

		Electricité	Gaz
Niveau européen	Premier paquet énergie	Directive **96/92/CE du 19 décembre 1996** *(règles communes pour le marché intérieur de l'électricité)*	Directive **98/30 du 22 juin 1998** *(règles communes pour le marché intérieur du gaz naturel)*
	Deuxième paquet énergie	Directive **2003/54/CE du 26 juin 2003** *(règles communes pour le marché intérieur de l'électricité)* – et – **Règlement 1228/2003 du 26 juin 2003** *(conditions d'accès au réseau pour les échanges transfrontaliers d'électricité)*	Directive **2003/55 du 26 juin 2003** *(règles communes pour le marché intérieur du gaz naturel)*
	Troisième paquet énergie	Le troisième paquet énergie adopté le **13 juillet 2009** comporte divers textes sur les infrastructures et la transparence.	
Niveau national		Les **lois** du **10 février 2000**, **3 janvier 2003**, **9 août 2004**, **13 juillet 2005**, **7 décembre 2006** et **7 décembre 2010**[8] ont transposé les directives européennes et organisé, au niveau français, le fonctionnement du marché de l'énergie.	

Source : recherches internes Selectra

[8] Loi n°2010-1488 du 7 décembre 2010 portant nouvelle organisation du marché de l'électricité.
Loi n°2006-1537 du 7 décembre 2006 modifiée relative au secteur de l'énergie.
Loi n°2005-781 du 13 juillet 2005 modifiée de programme fixant les orientations de la politique énergétique.
Loi n°2004-803 du 9 août 2004 modifiée relative au service public de l'électricité et du gaz.
Loi n°2003-8 du 3 janvier 2003 modifiée relative aux marchés du gaz et de l'électricité et au service public de l'énergie.
Loi n°2000-108 du 10 février 2000 modifiée relative à la modernisation et au développement du service public de l'électricité.

II. Grands principes et règles d'une ouverture dans un cadre régulé

Deux changements principaux ont été induits par ces différentes réglementations.

A. Une ouverture à la concurrence des activités de production et de fourniture d'énergie

La fin de la situation de monopole pour les activités de production et de commercialisation a permis d'ouvrir à la concurrence les activités qui peuvent bénéficier d'un fonctionnement concurrentiel. Puisqu'il s'est agi de créer un grand marché concurrentiel de l'énergie, deux principes fondamentaux ont été consacrés :

- celui de **la liberté d'établissement pour les producteurs d'énergie,** permettant une concurrence effective dans le secteur de la production ;
- celui de la **liberté de choix du fournisseur d'énergie pour les consommateurs** – particuliers ou professionnels (entreprises, industriels, collectivités publiques…), ce qui rend possible une concurrence effective dans le secteur de la commercialisation de l'électricité et du gaz.

B. Un cadre largement réglementé

Parallèlement, la séparation des différentes activités électriques et gazières et le maintien d'un monopole régulé pour les activités de transport et de distribution inscrit l'ouverture à la concurrence du marché de l'énergie dans un cadre réglementé.

L'ouverture des marchés du gaz et de l'électricité à la concurrence procède de la séparation des différentes activités électriques et gazières (production, transport, distribution, commercialisation) (voir supra).

S'agissant des activités de réseaux, un monopole a été conservé. Néanmoins, pour s'assurer que cette situation n'empêche pas la libre concurrence sur les autres activités, un principe de droit d'accès dans des conditions objectives, transparentes et non discriminatoires pour tous les utilisateurs des réseaux de transport et de distribution d'énergie a été dégagé par la loi du 3 janvier 2003. Ce principe se traduit par le fait que les prix d'accès au réseau de transport et de distribution de l'électricité et du gaz sont fixés par le gouvernement sur avis de la Commission de régulation de l'énergie (CRE), instance *ad hoc*, et non par les sociétés elles-mêmes.

De plus, les textes ont obligé les entreprises qui auparavant exerçaient conjointement différentes activités dans le secteur de l'électricité ou du gaz à les séparer clairement en **créant des filiales distinctes**[9] (EDF a ainsi créé ERDF, filiale autonome, qui exerce l'activité de la distribution).

III. Les étapes de l'ouverture du marché à la concurrence : une ouverture progressive

La France a fait le choix d'une ouverture progressive de son marché de l'électricité et du gaz à la concurrence.

Cette ouverture a en effet d'abord concerné les **grands industriels** (2000), puis les **entreprises**, **professionnels** et **collectivités locales** (2004) avant d'être étendue à **tous les consommateurs** (2007).

[9] L'article 13 de la loi du 9 août 2004 prévoyait initialement une séparation des services chargés de la distribution et des autres activités sur « *le plan de l'organisation et de la prise de décision* » lorsque le réseau de distribution desservait plus de 100 000 clients. Toutefois, ce même article tel qu'il résulte de la Loi n°2006-1537 du 7 décembre 2006 dispose que « *la gestion d'un réseau de distribution d'électricité ou de gaz naturel desservant plus de 100 000 clients sur le territoire métropolitain continental est assurée par des* ***personnes morales distinctes*** *de celles qui exercent des activités de production ou de fourniture d'électricité ou de gaz naturel* ».

A. L'ouverture à la concurrence du marché de l'électricité

Date	Dispositions légales[10]	Seuil d'éligibilité (sites consommant plus de...)	Nombre de sites concernés	Proportion du marché ouvert à la concurrence[11]
19 février 1999	Directive 96/92 du 19 décembre 1996	> 100 GWh/an	—	—
2000	Loi du 10 février 2000 et Décret 2000-456 du 29 mai 2000	> 16 GWh/an : gros consommateurs industriels	1300-1400 sites	30 %
2003	Décret 2003-100 du 5 février 2003	> 7 GWh/an	3000-3500 sites	37 %
1er juillet 2004	Décret 2004-597 du 23 juin 2004	Toute consommation non résidentielle	2,3-4,5 millions de sites	70%
1er juillet 2007	Pleine application des directives européennes	Tous les consommateurs	35 millions	100%

Source : recherches internes Selectra

[10] Soit contenues dans une directive européenne (d'application directe) soit contenues dans un texte de niveau national (loi ou décret) transposant un élément d'application non directe de la directive européenne.
[11] Le pourcentage est exprimé en volume de vente (et non en nombre de sites).

B. L'ouverture à la concurrence du marché du gaz

Date	Seuil d'éligibilité	Nombre de sites concernés	Proportion du marché ouvert à la concurrence
Août 2000	> 237 GWh/an (grands industriels)	600 sites	20%
Août 2003	> 83 GWh/an	1200 sites	37 %
1er juillet 2004	Toute consommation non résidentielle : c'est-à-dire tous les clients professionnels	640000 sites	70%
1er juillet 2007	Tous les consommateurs	11 millions	100%

Source : recherches internes Selectra

1.02.3 Une conséquence de l'ouverture du marché : le changement de statut juridique d'« EDF-GDF »

I. La fin d'EDF-GDF et la normalisation des deux anciens monopoles

Après la Seconde Guerre mondiale et jusqu'à 2004 (Loi n°2004-803 du 9 août 2004 transformant EDF et GDF en sociétés anonymes), EDF et GDF étaient deux établissements publics à caractère industriel et commercial. Ce statut avantageux leur permettait de disposer d'une certaine autonomie au sein de la « sphère publique ». EDF et GDF, bien que deux établissements distincts, partageaient en outre une entité commune, EDF Gaz de France Distribution, chargée de la distribution de l'électricité et du gaz sur le territoire national.

L'ouverture à la concurrence du marché de l'énergie en France a conduit à **une modification de l'organisation de ces deux acteurs structurants du marché de l'énergie français** sur les plans organisationnel et juridique.

A. Évolutions dans l'organisation des anciens monopoles

Sur le plan organisationnel, les activités de transport et de distribution ont été isolées des activités de production et de commercialisation.

La modification de l'organisation d'EDF et de GDF s'est d'abord traduite par **l'autonomisation des services chargés du transport au sein d'EDF et de GDF**. S'agissant de l'électricité, l'ancien Service du Transport d'EDF est devenu, le 1er juillet 2000, **RTE** (Réseau de Transport d'électricité), filiale autonome d'EDF. S'agissant du gaz, deux entreprises ont été créées le 1er janvier 2005. **TIGF** (Transport Infrastructures Gaz France) est chargée du transport du gaz dans le quart sud-ouest de la France tandis que **GRTgaz** (filiale à 75% de GDF Suez) est chargée du transport du gaz dans les autres parties du territoire français.

La propriété des concessions de transport de gaz a été transférée au concessionnaire (article 81 de la Loi n°2001-1276 du 28 décembre

2001 de Finances rectificative pour 2001). Depuis lors, l'exploitation du réseau de transport de gaz naturel est maintenant régie par un régime d'autorisation de transport et non plus de concession. Le « réseau d'alimentation générale », dont l'exploitation été confiée à EDF dans le cadre d'une concession en 1946 a été rebaptisé réseau public de transport. Ce réseau reste public. L'exploitation de ce réseau est confiée à RTE, filiale d'EDF, dans le cadre d'une concession dont le cahier des charges est fixé par l'Etat, après avis de la CRE.

L'organisation de l'activité de distribution d'électricité et de gaz a été réformée quelques années plus tard suivant une logique analogue. Ainsi a-t-il été procédé à la scission d'EDF Gaz de France Distribution en deux filiales, ERDF (Électricité Réseau Distribution France) et GrDF (Gaz réseau Distribution France), détenues respectivement par EDF et GDF Suez, indépendantes de leur maison mère et chargées de la distribution de l'électricité et du gaz. Ces deux entreprises ont été créées le 1er janvier 2008. De plus, le monopole dont disposaient ces distributeurs pour exploiter les concessions de gaz naturel a été partiellement supprimé. La loi du 3 janvier 2003 prévoit en effet que les communes qui ne disposent pas d'un réseau de gaz naturel peuvent avoir recours à tout distributeur agréé pour exploiter la nouvelle concession (voir *Le cas des nouvelles concessions de gaz naturel*, 3.01.1)[12].

B. Évolutions juridiques : de l'établissement public à la société anonyme

Sur le plan juridique, EDF et GDF sont devenues des sociétés anonymes, renonçant à l'avantage que leur conférait leur statut d'établissement public pour se doter des outils susceptibles de garantir leur croissance future. Une partie du capital de chacune des entreprises a été **introduite en Bourse** à partir de 2005 même si l'État y demeure présent. L'article 24 de la loi de 2004 imposait en effet que l'État détienne plus de 70% du capital de chacune de ces sociétés. De fait, aujourd'hui, l'État reste majoritaire à hauteur de 80% au capital d'EDF. Des évolutions ont cependant été rendues nécessaires pour GDF afin de permettre sa fusion avec le groupe SUEZ. La Loi n°2006-1537 du 7 décembre 2006 a ainsi modifié cet article 24 en précisant que l'État détient plus de 70% du capital d'EDF

[12] Article L111-53 du Code de l'énergie. En revanche, s'agissant de la distribution d'électricité, ERDF conserve un monopole légal (article L111-52), hors les cas des ELD et des zones non interconnectées au territoire métropolitain continental.

et plus de 30% du capital de GDF. De plus, le Décret n°2007-1784 du 19 décembre 2007 a autorisé le transfert de GDF du secteur public au secteur privé, ce qui a permis sa fusion et la constitution de GDF Suez le 22 juillet 2008. Ainsi, EDF et GDF ont évolué, devant deux sociétés anonymes dont l'État détient une partie majoritaire (pour EDF) et minoritaire (pour GDF Suez) du capital.

Ce changement de statut traduit la volonté de mettre EDF et GDF sur un pied d'égalité avec leurs concurrents, tant dans une logique de **suppression de certains avantages** que d'octroi de nouveaux moyens pour leur permettre de peser face aux autres acteurs.

		EPIC	SA
Marges de manœuvre en matière de…	***…Champ d'action***	Principe de spécialité, donc activités cantonnées	Totale liberté d'action
	…Financement	Faibles (*de fait*, endettement uniquement)	Importantes (endettement, autofinancement, augmentation de capital)
Proximité juridique avec l'État	***Taux d'intérêt des emprunts***	Très faible (assimilé à l'État, donc égal au taux sans risque)	Taux plus élevé
	Garantie de l'État	Oui (par définition, un EPIC ne peut faire faillite)	Non
	Compatible avec l'ouverture des marchés à la concurrence	Difficilement	Oui
Possibilité d'être détenue par l'État		Par définition, est détenu par l'État	Oui, il suffit que l'État détienne la majorité du capital social de l'entreprise

Source : recherches internes Selectra

Légende :

[grisé] : Point négatif [blanc] : Point positif

Cette évolution s'inscrit dans la logique de l'instauration d'une **concurrence libre et non faussée entre les différents acteurs du marché de l'énergie**. En effet, le statut d'EPIC représentait un avantage majeur en ce qu'il assimilait l'entreprise à l'État, lui donnant donc une crédibilité plus importante vis-à-vis des investisseurs (l'État ne pouvant, par définition, faire faillite, les investisseurs sont généralement amenés à accorder des prêts à des taux très bas aux EPIC, ce qui est acceptable dans un marché réglementé et monopolistique mais ne l'est plus dans un marché concurrentiel où les autres acteurs du marché ne disposent pas de cette facilité). De plus, dans la perspective de la construction d'un marché de l'énergie à l'échelle européenne, il était peu équitable que certains acteurs soient hors d'atteinte de toute procédure d'acquisition alors même qu'ils pouvaient, eux-mêmes, avoir recours à ces méthodes pour se développer. D'ailleurs, dans une lettre à la France, la Commission européenne s'était faite l'écho des inquiétudes que suscitait le maintien du statut d'EPIC pour EDF en demandant que la France supprime « la garantie illimitée dont bénéficie EDF sur tous ses engagements en vertu de son statut d'EPIC »[13].

Le choix d'un statut privé présente toutefois aussi des avantages, le statut d'établissement public s'accompagnant de sujétions auxquelles une société anonyme peut échapper. En effet, d'une part, **les activités que peuvent réaliser les EPIC sont limitées à la mission, définie par la loi, pour laquelle l'établissement public a été créé**. En d'autres termes, le statut d'établissement public d'EDF lui interdisait par exemple de développer des activités de fourniture de gaz (EDF ayant été créée pour gérer les activités électriques). Dans la perspective de l'ouverture à la concurrence du marché de l'énergie en France, la conservation par EDF de son statut d'EPIC l'aurait donc mise dans une position moins favorable par rapport à ses concurrents en l'empêchant, par exemple, de proposer des offres d'électricité *et* de gaz que ses concurrents sous le régime juridique de la société anonyme auraient pu, seuls, proposer. D'autre part, **le statut d'EPIC obérait les perspectives de financement d'EDF et de GDF, en limitant leurs marges de manœuvre en ce domaine**. Un EPIC ne peut en effet être financé que par trois moyens[14] que sont les dotations publiques (c'est-à-dire des versements d'argent par l'État) l'endettement et l'autofinancement. Or, les besoins de financement

---

[13] Point 82 de la lettre du 16 octobre 2002 de M. Mario Monti, commissaire européen, à M. Dominique de Villepin, ministre des affaires étrangères

[14] Voir le Rapport de M. Jean-Claude Lenoir, député, au nom de la commission des affaires économiques, n°1659 sur le projet de loi relatif au service public de l'électricité et du gaz et aux entreprises électriques et gazières

d'entreprises comme EDF et GDF sont importants, et il est vite apparu que l'État pourrait de moins en moins financer une entreprise dans un marché concurrentiel (au risque de porter atteinte au principe de libre concurrence) et qu'il n'en avait de toute façon plus les moyens. De plus, un EPIC n'ayant pas pour objectif de dégager du profit, ses capacités d'autofinancement sont limitées. Aussi, de fait, la seule marge de manœuvre de financement pour EDF et GDF, eussent-elles conservé leur statut d'EPIC, aurait été l'endettement. Au contraire, une société anonyme peut se financer par des augmentations de capital, lesquelles sont intéressantes puisqu'elles permettent, en contrepartie de la dilution du capital existant, un apport important en argent frais qui ne doit pas être remboursé (autrement que par des dividendes).[15]

Désormais banalisées (c'est-à-dire des entreprises comme les autres) – au prix, certes, de la perte de la garantie de l'État, EDF et GDF ont ainsi, en raison de leur statut de droit privé, davantage de marges de manœuvre.

---

[15] Mme Nicole Bricq, dans son rapport au Premier ministre d'octobre 1999 sur la transposition de la directive gazière écrivait ainsi : « *Il serait incohérent et à terme dangereux d'ouvrir à la concurrence le marché du gaz en France sans donner à notre opérateur historique la possibilité de se développer avec les mêmes atouts et les mêmes moyens que ses concurrents en Europe. Or la possibilité de développement de GDF sur le marché européen, en amont, pour maîtriser la ressource et, en aval, vers les services est largement obérée par ses capacités de recours à l'emprunt et sa faiblesse d'autofinancement. On peut choisir de ne pas traiter le problème au moment de la transposition de la directive. Je pense que ce serait une erreur que nous paierions très cher et qui aboutirait à l'asphyxie programmée de GDF.* »

1.02.4 L'achèvement de l'ouverture du marché de l'électricité : la loi du 7 juin 2010 et la loi "NOME" du 7 décembre 2010

Trois années après l'ouverture totale du marché de l'électricité à la concurrence, plusieurs défauts se sont faits jour dans la nouvelle réglementation du marché de l'électricité français.

La Loi n°2010-607 du 7 juin 2010 et la Loi n°2010-1488 du 7 décembre 2010 (NOME) se sont attachées à corriger ces deux limites à travers trois dispositions principales :

- l'instauration pour les fournisseurs alternatifs d'un **accès régulé à l'énergie nucléaire** dont bénéficie l'opérateur historique ;
- le partage du coût économique de la fourniture d'électricité en situation de pointe entre le fournisseur historique et les fournisseurs alternatifs ;
- la **réforme des tarifs réglementés** conduisant à leur disparition progressive et programmée pour les professionnels.

I. 2007-2010 : Une ouverture à la concurrence du marché de l'électricité imparfaite.

Au 1er juillet 2007, les marchés de l'électricité et du gaz ont été ouverts à la concurrence de manière – théoriquement – totale puisque, depuis cette date, les consommateurs professionnels *et* particuliers peuvent librement choisir leur fournisseur d'énergie. **Toutefois, s'agissant du marché de l'électricité, cette ouverture était dans les faits largement incomplète**. Aussi, dès 2006, la Commission européenne a-t-elle exprimé des réserves quant à l'effectivité de la concurrence sur ces marchés en France avant de lancer une enquête en 2007. En 2009, la France se trouvait sous la menace de plusieurs sanctions de la Commission européenne pour défaut de transposition[16] et aide publique.

La faculté pour chaque consommateur de librement choisir son fournisseur d'électricité était en effet obérée par trois limites majeures.

- **D'abord, les tarifs réglementés n'ont pas été supprimés puisqu'il existe, à côté des offres de marché, des tarifs réglementés** (c'est-à-dire déterminés par les pouvoirs publics) qui ne peuvent être commercialisés que par les fournisseurs historiques. Ce monopole désavantage les fournisseurs alternatifs.
- Ensuite, dans l'état initial de la législation, l'exercice, par un consommateur, de la faculté dont il dispose de quitter les tarifs réglementés de l'électricité pour une offre de marché était définitif ; en d'autres termes, ni lui ni ses successeurs dans le logement ne pouvaient décider de revenir aux tarifs réglementés si ceux-ci avaient été quittés ; par contre, en cas de nouvel emménagement dans un logement déjà desservi par un contrat aux tarifs réglementés ou dans le cas d'une nouvelle construction, la souscription d'une offre d'électricité aux tarifs réglementés restait possible ; à l'évidence, cette disposition freinait le développement des fournisseurs alternatifs.
- Enfin, EDF disposait d'avantages compétitifs dont ne disposaient pas ses concurrents, la plaçant dans une position plus favorable. EDF étant historiquement le grand opérateur électrique de France, l'entreprise privée qui a résulté du changement de son statut **bénéficie en effet d'avantages concurrentiels**. En particulier, elle possède le parc de production nucléaire français qui lui **permet de vendre son électricité à des prix compétitifs** (c'est-à-dire en-dessous du prix auquel l'électricité provenant d'autres sources peut-être achetée ou produite). En effet, les coûts d'investissement dans la construction du parc nucléaire d'EDF sont dans une large mesure intervenus dans les années 1970 à 1990 (même si les premiers investissements ont débuté dans les années 1950 et que des constructions sont toujours en cours). Depuis, ces coûts fixes ont achevé leur cycle

[16] Pour s'appliquer dans un État-membre, une directive de l'Union européenne, après avoir été adoptée, doit être intégrée par le Parlement de l'État-membre dans son droit national : cette procédure est communément appelée « transposition ». Si l'État-membre ne transpose pas une directive dans le délai qui lui est imparti, alors celui-ci se trouve en manquement vis-à-vis de ses obligations et la Commission européenne peut ouvrir un recours en manquement à l'égard de l'État.

d'amortissement, aboutissant à un effet de rente profitant à EDF. Aussi la société anonyme EDF dispose-t-elle d'actifs amortis importants en termes de centrales qui proviennent de l'ancien établissement public (et ont donc été construites lorsqu'EDF disposait d'un statut de droit public). Les offres des fournisseurs alternatifs pouvaient donc difficilement rivaliser avec les offres du fournisseur historique EDF. Il est donc apparu nécessaire, pour ne pas fausser la concurrence, d'obliger EDF à partager la rente d'origine publique dont elle bénéficie.

Une commission présidée par Paul **Champsaur** a été constituée. Il s'agissait de **proposer des pistes pour donner le moyen à d'autres entreprises de commercialisation de l'électricité de s'implanter en France afin que la concurrence y soit réelle**. Sauf à démanteler EDF en plusieurs sociétés ou à la forcer à vendre certaines de ses centrales pour assurer une équité entre les acteurs du marché, **un partage de la rente nucléaire entre les fournisseurs s'imposait** (*II*). Il permet en outre de maintenir l'existence des tarifs réglementés dans un cadre renouvelé (*III*).

II. La loi NOME met en place un dispositif transitoire de partage de la rente dont bénéficiait EDF pour assurer l'équité des fournisseurs devant les coûts de production d'électricité.

C'est dans le sillage de la publication du rapport Champsaur que la **Loi n°2010-1488 du 7 décembre 2010 portant nouvelle organisation du marché de l'électricité** (dite loi NOME) a été adoptée. Elle s'est attachée à **normaliser, dans les faits, le statut d'EDF**.

Aussi la loi NOME a-t-elle instauré un **régime transitoire** qui **ouvre la possibilité aux autres opérateurs d'électricité en France de bénéficier de la rente** qu'a induit l'investissement de long terme dans le nucléaire et dont bénéficie "EDF SA", héritière de "EDF EPIC"[17]. Par ce régime, **EDF est tenu de vendre, à partir du 1er juillet 2011 et jusqu'en 2025, jusqu'à un quart de la production de son parc de centrales nucléaires** (soit 100 TWh par an – seules

[17] EDF, créé après la Seconde Guerre mondiale, était un EPIC et est devenue en 2005 une SA ; on veut donc dire que la société anonyme qui a succédé à l'établissement public a hérité des centrales nucléaires réalisées à l'époque où EDF était encore un EPIC.

les centrales nucléaires déjà en service sont concernées) aux fournisseurs en faisant la demande à un tarif fixé par les pouvoirs publics censé refléter les conditions économiques de production de l'électricité. Ce tarif, l'**Accès régulé à l'énergie nucléaire historique** (ARENH) est arrêté par le ministre chargé de l'énergie (et, le cas échéant, par son ministre de tutelle) après avis de la CRE. Il a été fixé à 40 €/MWh à partir du 1er juillet 2011 puis à 42 €/MWh à compter du 1er janvier 2012 afin de refléter les investissements nécessaires qu'infèrent les précautions supplémentaires rendues indispensables par l'accident de Fukushima au Japon le 11 mars 2011.

En 2012, la Commission européenne a approuvé les « aides d'Etat » des tarifs réglementés de l'électricité pour les moyens et grands sites de consommation, sous diverses réserves, dont la disparition des tarifs réglementés « jaunes » et « verts » fin 2015 et le maintien du prix de l'ARENH à 42€/MWh jusqu'à l'approbation par la Commission européenne d'un projet de méthodologie de calcul du prix. Le projet de décret fixant la méthodologie de calcul de l'ARENH a pris du retard. Initialement prévu pour la fin 2013, il a d'abord été repoussé au courant de l'année 2014. Les avis de la CRE et de l'Autorité de la concurrence sur le projet de méthodologie de calcul de l'ARENH ont été rendus dans le courant de l'année 2014 et le projet soumis à la Commission européenne. Aussi, le ministère en charge de l'énergie a décidé de reporter la réévaluation du prix d l'ARENH au 1er juillet 2015. Dans son avis, la CRE a estimé que l'ARENH devrait augmenter de 2€/MWh.

Ainsi ce tarif s'apparente-t-il à un moyen utilisé pour pallier la position dominante dans laquelle se trouve EDF et rendre la concurrence possible. Les fournisseurs concurrents d'EDF peuvent en effet acheter de l'électricité au prix (compétitif) auquel EDF la produit, ce qui leur permet de proposer des prix (compétitifs) aux consommateurs. Transitoire, ce dispositif disparaîtra cependant quinze ans après sa création, date à laquelle le marché devrait être arrivé à maturité.

III. La loi NOME dessine un cadre renouvelé pour les tarifs réglementés plus respectueux du fonctionnement concurrentiel du marché

A. L'obligation de capacité introduit une exigence d'équité en termes de sujétions entre les fournisseurs alternatifs et le fournisseur historique.

En contrepartie du partage entre le fournisseur historique et les fournisseurs alternatifs de la rente issue du nucléaire, la loi a prévu d'étendre aux fournisseurs alternatifs à horizon 2015 un certain nombre d'obligations. Ces deux mesures, complémentaires, participent d'une **mise à égalité de tous les fournisseurs**.

Dans le cours du fonctionnement du système électrique, deux types de périodes doivent être distinguées. Durant les périodes normales, la production nucléaire d'électricité suffit à pourvoir à la demande. Toutefois, il existe des périodes de pointe, lors desquelles la demande d'électricité excède les capacités de production des centrales nucléaires. Dans ce cas, des centrales plus coûteuses doivent être mises en service, ou de l'électricité doit être importée de l'étranger (voir partie 3). Le coût de la production de l'électricité augmente donc. Aussi, un mécanisme comme l'ARENH pourrait-il être injuste puisqu'il permettrait aux fournisseurs alternatifs de disposer de l'électricité au prix de l'ARENH à tout moment de l'année. La charge des périodes de pointe reposerait alors sur le seul opérateur historique.

C'est pourquoi **la loi NOME prévoit une contrepartie sous la forme de l'instauration d'une obligation de capacité**[18]. Cette obligation **impose à tout fournisseur de se trouver en capacité de couvrir les besoins de consommation en période de pointe de ses clients au moyen de deux outils**. Les fournisseurs peuvent, d'une part, posséder des **capacités de pointe**, ce qui leur permet de participer à la satisfaction d'un pic de demande d'électricité. En cas de besoin, il s'agit soutenir un pic de demande en injectant dans le réseau une quantité d'électricité supplémentaire. D'autre part, les fournisseurs peuvent disposer de **capacités d'effacement.** Il s'agit de réduire la demande en électricité en donnant l'ordre, moyennant

[18] Codifié aux articles L335-1 et suivants du Code de l'énergie.

une contrepartie financière, à certains clients – généralement des industriels très consommateurs en énergie – de diminuer, pendant ces périodes de pointe, leur consommation électrique.

Toutefois, pour ne pas entraver la concurrence, la possession de ces capacités de production et d'effacement est virtuelle. Autrement dit, les fournisseurs alternatifs ne sont pas obligés de posséder des moyens de production ou de disposer de gros clients auxquels ils pourraient demander de réduire leur consommation, le cas échéant. Les fournisseurs peuvent soit détenir ces capacités en propre (du fait d'un portefeuille de clients important), soit détenir des certificats de **réservation de puissance** ou d'**effacement** qu'ils peuvent acheter auprès de n'importe quel producteur ou (gros) consommateur d'électricité.

B. Les tarifs réglementés ont été réformés pour rendre leur maintien plus compatible avec les exigences de la concurrence

Les tarifs réglementés ont été réformés dans un triple objectif.

- D'abord, un **principe de réversibilité** a été instauré, en amont de la loi NOME. Ce principe permet aux consommateurs ayant opté pour une offre de marché de retourner aux tarifs réglementés à tout moment (Loi n°2010-607 du 7 juin 2010 autorisant les petits consommateurs domestiques et non domestiques d'électricité et de gaz naturel à accéder ou à retourner au tarif réglementé).
- Ensuite, les **tarifs réglementés ont été recentrés pour les petits consommateurs particuliers et professionnels** ; en effet, leur disparition est programmée au 1er janvier 2016 s'agissant des tarifs jaune et vert (moyen et gros professionnels).
- Le **mode de fixation des tarifs réglementés de vente de l'électricité a été modifié** : à partir du 7 décembre 2015, ceux-ci seront fixés par la Commission de régulation de l'énergie, sauf opposition du ministre chargé de l'économie ou de l'énergie. Jusqu'à cette date, ils sont arrêtés par ces ministres, après avis de la CRE (article L337-4 du Code de l'énergie).
- Enfin, le **mode de calcul des tarifs réglementés a été modifié** de telle manière qu'il doit au plus tard le 31 décembre 2015 intégrer dans ses composantes le prix l'accès régulé à l'électricité nucléaire historique, le coût du complément à la

fourniture d'électricité et une « rémunération normale » du fournisseur :

<table>
<tr><td rowspan="9">Au plus tard le 31 décembre 2015[19], les tarifs réglementés devront être établis en tenant compte de l'addition suivante :</td><td colspan="2">Prix de l'ARENH</td></tr>
<tr><td colspan="2">+</td></tr>
<tr><td rowspan="5">Coût du complément à la fourniture d'électricité</td><td>Garantie de capacité</td></tr>
<tr><td>+</td></tr>
<tr><td>Coût d'acheminement de l'électricité</td></tr>
<tr><td>+</td></tr>
<tr><td>Coût de commercialisation</td></tr>
<tr><td colspan="2">+</td></tr>
<tr><td colspan="2">« Rémunération normale »</td></tr>
</table>

Source : recherches internes Selectra

C. Toutefois, le dispositif établi par la loi NOME est limité et devra être complété.

Le marché français de l'électricité est un marché en transition. Tant qu'EDF reste de fait en situation de monopole sur la production (à prix compétitif) d'électricité, la concurrence entre les fournisseurs d'électricité ne peut être au mieux que partielle. Les marges de manœuvre des fournisseurs dépendent de la marge dont le fournisseur dispose sur chacun des éléments qui compose le prix final présenté au consommateur. Or, pour un fournisseur d'électricité qui ne produit pas d'énergie et achète toute l'énergie consommée par ses clients au prix de l'ARENH, 95% du prix est induit par les coûts qu'il doit supporter (achat de l'énergie, transport, distribution, taxes). Dès lors, le fournisseur ne peut agir que sur environ 5% du prix facturé (c'est-à-dire, en particulier, sur les frais commerciaux). La conséquence en est qu'on ne verra pas de différences importantes entre les prix tant que plusieurs fournisseurs dépendent de la même source de production.

Ce constat amène à une conclusion intéressante. L'ouverture à la concurrence du marché de l'électricité ne pourra être totale que lorsque le marché de la production d'électricité sera moins concentré et que les fournisseurs disposeront, en propre, de capacités de

[19] IMPORTANT : le Décret n°2014-1250 du 28 octobre 2014 modifiant le décret n°2009-975 du 12 août 2009 relatif aux tarifs réglementés de vente de l'électricité prévoit que la période transitoire s'achevant le 31/12/2015 prend fin à l'entrée en vigueur de ce décret.

production. Le dispositif de l'ARENH n'est donc qu'un palliatif temporaire (le dispositif prendra d'ailleurs fin en 2025) en raison du monopole actuellement quasi complet d'EDF sur la production d'électricité.

De surcroît, **le partage de la rente nucléaire d'EDF reste limité**. Celui-ci concerne un quart de la production nucléaire d'EDF (le volume d'électricité d'origine nucléaire dont peuvent bénéficier les fournisseurs alternatifs est plafonné à 100TWh). Il est donc adapté à une situation où EDF reste dominante par rapport aux autres fournisseurs et où les autres fournisseurs adoptent une politique d'émergence. Par contre, si le parc de clients des autres fournisseurs augmentait significativement, ces fournisseurs pourraient se retrouver en situation de ne plus pouvoir bénéficier de l'ARENH. Les tarifs que les fournisseurs alternatifs pourraient proposer seraient alors moins compétitifs. Autrement dit, ce partage de rente est provisoire et s'inscrit dans une logique d'octroi de la possibilité, pour les nouveaux entrants, de grossir mais ne pourra aider les fournisseurs à prendre une taille considérable.

***In fine*, il semble que l'émergence, en taille, et sur le long terme d'un concurrent sérieux d'EDF sur le marché français ne pourrait s'effectuer qu'à condition que ce concurrent soit également un producteur d'électricité** et puisse ainsi disposer d'une marge de manœuvre en termes de fixation de ses prix et ne pas dépendre du partage provisoire de la rente du parc nucléaire d'EDF.

Pour comparaison, le tableau ci-dessous récapitule la consommation d'électricité telle qu'elle s'établissait au 30 juin 2014 (d'après l'observatoire trimestriel publié par la CRE) :

71,5% du quota d'électricité pouvant être acheté par l'ARENH est déjà utilisé alors même que les fournisseurs alternatifs sont encore peu présents sur le marché de l'électricité en France.

Consommation annualisée en TWh au 30/06/2014		TYPE D'OFFRE			
		Tarifs réglementés (uniquement proposés par les fournisseurs historiques)	**Offre de marché**		**Total**
			Proposées par les fournisseurs historiques et alternatifs	***DONT* *Offre de marché chez les fournisseurs alternatifs***	
TYPE DE CLIENT	**Particuliers**	143,6	10,3	*10,3*	153,9
	Professionnels	167,2	114,1	*58,2*	281,3
	Total	310,8	124,4	***68,5 TWh***	435,2

RAPPEL PDM des fournisseurs alternatifs en nombre de sites	*Résidentiels*	***8,7 %***
	Non résidentiels	***8,5 %***
*PLAFOND ANNUEL DE L'ARENH**		*100TWh*

* : Article L 336-2 du code de l'énergie

Quantité d'électricité cédée au titre de l'ARENH

2011 – S2	2012 – S1	2012 – S2	2013 – S1	2013 – S2	2014 – S1	2014 – S2
30,9 TWh	**30,2 TWh**	**30,6 TWh**	**32,9 TWh**	**31,4 TWh**	**36,9 TWh**	**34,6 TWh**
	60,8 TWh		**64,3 TWh**		**71,5 TWh**	

Source des données : CRE

NB : Les modalités d'accès à l'ARENH sont fixées par le Décret n°2011-466 du 28 avril 2011 fixant les modalités d'accès régulé à l'électricité nucléaire historique

Section 1.03 Le choix du mode d'ouverture à la concurrence en France

1.03.1 Les différents modes d'ouverture à la concurrence du marché de l'énergie

Dans sa communication de 2007 intitulée « *Une politique énergétique pour l'Europe* », la Commission européenne critiquait le **conflit d'intérêts inhérent à l'intégration verticale des activités de fourniture et de réseau**. En effet, dans la perspective de l'ouverture à la concurrence des marchés de l'électricité et du gaz en Europe, la persistance de groupes exerçant à la fois des activités de production, de transport, de distribution et de fourniture d'énergie posait un problème vis-à-vis des nouveaux entrants sur le marché. Ces derniers pouvaient se trouver défavorisés par un système dans lequel leur principal concurrent sur le marché de la fourniture de l'énergie disposait du réseau qu'ils devaient emprunter pour fournir, eux aussi, leur énergie.

Pour éviter tout conflit d'intérêt de ce type, **la législation européenne a prévu trois options**, charge à chaque État-membre, dans le cadre de la transposition de la directive dans son droit national, de décider de l'option la plus appropriée à son système.

Légende : Ancien monopole — Nouveaux acteurs

La situation avant l'ouverture à la concurrence des marchés de l'énergie :

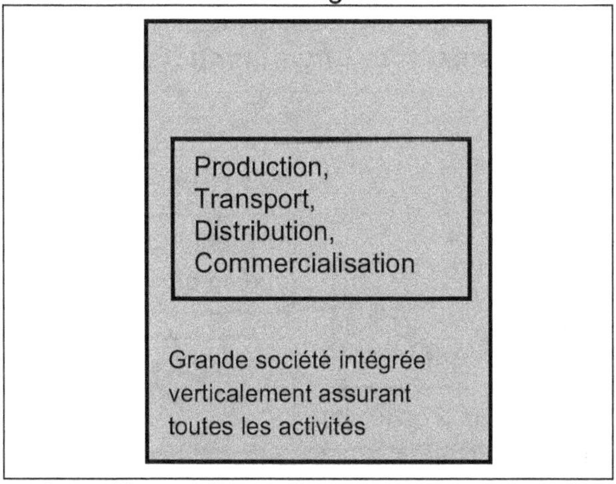

<u>*Avant l'ouverture :*</u> *Une seule et même entreprise est en charge de toutes les activités.*

I. L'Ownership Unbundling (OU) : séparation radicale des différentes activités

D'abord, **la solution la plus évidente**, pour éviter qu'un fournisseur d'électricité ou de gaz ne soit avantagé, vis-à-vis de ses concurrents, en raison de la possession par lui du réseau de transport d'électricité ou de gaz, est **d'interdire à toute société de combiner une activité de production et/ou de fourniture d'énergie avec une activité de transport et/ou de distribution d'énergie**. Ce modèle, appelé « *Ownership Unbundling* » (OU ; **dissociation intégrale des structures de propriété**) a été le modèle privilégié par la Commission européenne et le Parlement européen. De fait, il est le modèle le plus communément adopté par les États-membres de l'UE.

Option n°1

La dissociation intégrale des structures de propriété – *Ownership Unbundling* (OU)

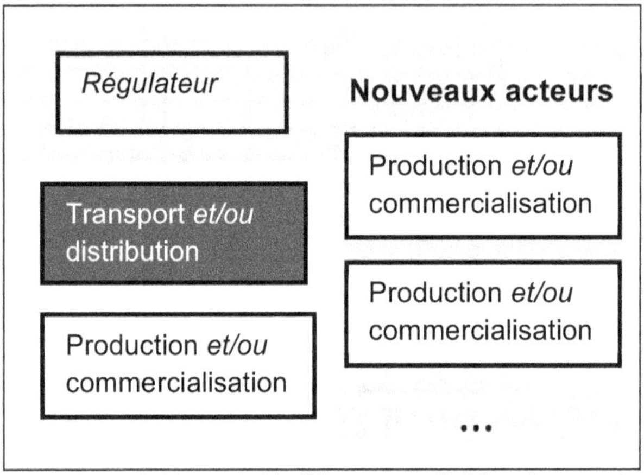

L'ancien monopole est démantelé. Chaque activité est exercée par une ou plusieurs entreprises distinctes. Un régulateur, organisme indépendant, est créé afin de coordonner les différents acteurs.

II. L'Independent System Operator (ISO) : la gestion indépendante du système électrique

Une autre option envisagée dès la directive 2003/54/CE du 26 juin 2003 a été de **séparer, du point de vue de la gestion, les sociétés en charge de l'acheminement de l'électricité**, sans pour autant interdire à un opérateur de posséder les réseaux de transport et de distribution. En d'autres termes, l'entreprise de fourniture d'énergie peut rester propriétaire des actifs physiques du réseau de transport et de distribution, mais les responsabilités de l'exploitation, de la maintenance et des investissements dans le réseau incombent à une société indépendante. Il s'agit de l' « *Independent System Operator* » (ISO ; gestionnaire de réseau indépendant). L'idée sous-jacente est que, en ne gérant pas l'entreprise de distribution et/ou de transport, l'opérateur d'énergie n'aura pas d'influence sur sa politique commerciale et ne pourra en particulier pas l'inciter à le favoriser par rapport à ses concurrents.

Cependant, ces deux options présentent l'inconvénient majeur, en obligeant les anciens monopoles à se séparer *de facto* d'une de leurs activités, de réduire leur taille et de supprimer toutes les synergies entre les anciennes divisions de l'entreprise, ce qui peut les rendre moins armées pour conquérir d'éventuels nouveaux marchés dans les pays émergents par exemple. On peut en effet penser que le fait qu'EDF pratique des activités dans le secteur de la production, du transport, de la distribution et de la fourniture en fait un partenaire avec une vue sur les problématiques de l'énergie plus globale et complète et que cette globalité de métier rend EDF plus attractif pour un pays souhaitant bénéficier de son expérience qu'un opérateur n'exerçant qu'un type d'activité.

Option n°2

Le gestionnaire de réseau indépendant – *Independent System Operator* (ISO)

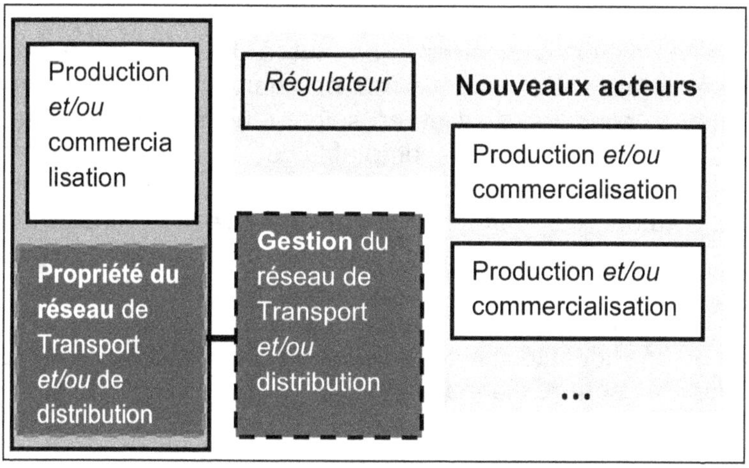

Légende :

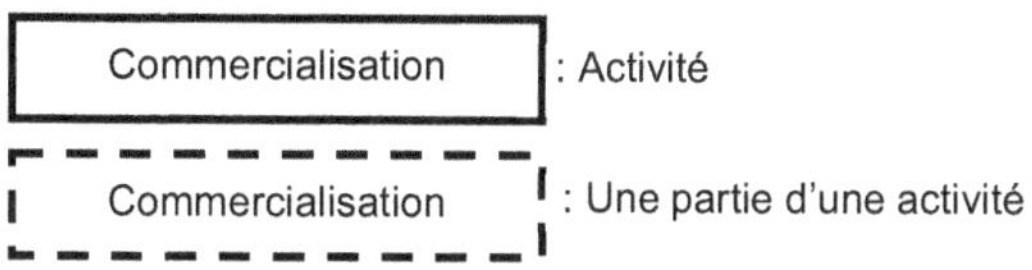

L'ancien monopole conserve la propriété du réseau de transport et de distribution mais sa gestion est assurée par une société totalement indépendante

III. L'Independent Transmission Operator (ITO) : la séparation, au sein de l'ancien monopole, des activités d'acheminement de ses autres activités

Aussi, certains pays – dont la France – ont-ils proposé, lors des débats relatifs au troisième paquet de l'énergie (janvier 2008), une troisième option, l' « *Independent Transmission Operator* » (ITO ; gestionnaire de transport indépendant). Cette troisième option, comme la deuxième, a pour objet de dépasser le dilemme initial (absence de conflits d'intérêt mais des opérateurs centrés sur une activité ou des entreprises intégrées risquant d'entraver la concurrence) en dissociant la question de la propriété de la gestion. Cependant, là où le système de l'ISO aboutit pour l'ancien opérateur historique à posséder un réseau géré par une autre entreprise, le système de l'ITO, *a contrario*, permet à l'ancien fournisseur de conserver la propriété des divisions en charge du transport et de la distribution à condition qu'elles en soient strictement séparées, d'un point de vue managérial, comptable et stratégique. Les deux entreprises doivent de plus se conformer à des règles détaillées en matière d'autonomie, d'indépendance et d'investissements. Dans le cas d'EDF, cela a abouti, par exemple, à la création de RTE et d'ERDF, toutes deux filiales d'EDF mais indépendantes du point de vue de la gestion. L'intérêt de cette option est qu'elle permet de conserver une identité d'acteurs entre le propriétaire du réseau de distribution et son gestionnaire, tout en assurant l'indépendance de celui-ci par rapport à sa maison mère.

Option n°3

Le gestionnaire de transport indépendant – *Independent Transmission Operator* (ITO)

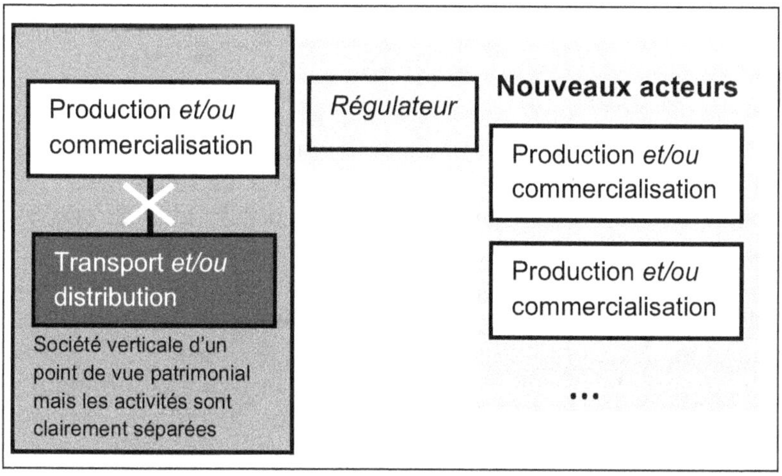

L'ancien monopole est réorganisé en filiales autonomes mais n'est pas démantelé ; s'y ajoutent de nouveaux acteurs.

1.03.2 La France : un choix original

I. Les pays européens ont procédé à l'ouverture à la concurrence de manière différente, reflétant leurs traditions nationales

En France, l'ouverture à la concurrence a entraîné une profonde réorganisation des deux anciens établissements publics chargés de la production, du transport, de la distribution et de la commercialisation du gaz et de l'électricité. Cette réorganisation est cependant plus globale et résulte d'une réforme à l'échelle européenne. La Commission européenne a publié le 15 novembre 2012 une brochure intitulée « *Marchés énergétique dans l'Union européenne en 2011* », qui synthétise l'état du marché de l'énergie dans les différents États-membres en 2011.

Afin de simplifier la comparaison, un tableau a été réalisé (voir page n+2). Nous avons choisi d'étudier plus particulièrement le cas de la France, de l'Allemagne, du Royaume-Uni et de l'Italie qui sont chacun symboliques d'une façon différente de procéder à cette ouverture. Il apparaît que le niveau de concentration du marché français reste élevé malgré les évolutions législatives, en particulier s'agissant de la production d'électricité (voir diagramme en page n+3). Un tableau (voir page n+4) reflète cette concentration importante en France. Il témoigne, a contrario, de l'ouverture radicale du marché italien à la concurrence.

II. Les États-membres ont en majorité opté pour l'*Ownership Unbundling* ; comme alternative, dans les faits, l'*Independent Transmission Operator* a été préféré à l'*Independent System Operator*.

De fait, si le modèle d'« *Ownership Unbundling* » a été le plus adopté par les États membres, le modèle ISO n'en est pas moins devenu une alternative pérenne. En effet, séparer le propriétaire du réseau du gestionnaire de réseau est assez dangereux, puisqu'il est dès lors difficile d'inciter le propriétaire du réseau à réaliser les investissements nécessaires pour l'améliorer. De plus, les questions de maintenance deviennent problématiques puisque l'ordonnateur et le payeur appartiennent à deux sociétés distinctes. Cela a conduit à ce que la plupart des pays européens ayant initialement opté pour le modèle de l'ISO évoluent après quelques années vers le système de l'OU ou de l'ITO. L'Italie a ainsi finalement opté pour le système d'« *Ownership Unbundling* » en raison, en partie, du sous-investissement constaté dans le réseau du fait du choix du système de l'ISO en 2000. De même, le gestionnaire du réseau espagnol a finalement racheté le réseau dont il n'était plus le propriétaire, conduisant à l'adoption du système d'*Ownership Unbundling*. Enfin, la Grèce et la Suisse sont passées du système de l'ISO au système de l'ITO. Seuls le Luxembourg, la Lettonie, l'Irlande, et, au sein du Royaume-Uni, l'Ecosse et l'Irlande du Nord ont conservé le système de l'ISO.

Le modèle d'ITO est par contre en vigueur dans 7 États-membres - France, Autriche, Hongrie, Grèce, Bulgarie, Estonie, Allemagne (en partie) ainsi qu'en Suisse et qu'en Croatie.

En résumé :

		Antérieur	OU	ISO	ITO
Conflit d'intérêt potentiel entre activités de réseau et de fourniture ?		Oui	Non	Non	Non
L'ancien monopole (qui s'occupe également de la fourniture)...	...possède le réseau ?	Oui	Non	Oui	Oui
	...gère le réseau ?	Oui	Non	Non	Non
Le gestionnaire de réseau possède-t-il le réseau ?		Oui	Oui	Non	Oui
Nombres d'États-membres de l'Union européenne		0	15*/26	3,5*/26	7,5*/26

* Le Royaume-Uni et l'Allemagne ont respectivement fait le choix d'un mix des modèles d'OU et d'ISO et d'OU et d'ITO, d'où les ½.
Il n'existe pas de données pour Malte et Chypre, mais la Croatie, qui est devenue membre le 01/07/2013 est incluse.

Source des infographies précédentes : recherches internes Selectra

Pour les quatre tableaux ci-*après* :

- Les chiffres en gras indiquent le nombre d'opérateurs principaux dans un domaine donné.
- Le HHI (*Herfindahl-Hirschman Index*) est une mesure de la concentration d'un marché donné. Il est calculé en additionnant le carré des parts de marché des différentes entreprises en compétition. C'est pourquoi plus le résultant est important, plus il témoigne d'un marché concentré.
- Concentration modérée : 750-1 800 – Concentration importante : 1 800-5 000 – Concentration très élevée : > 5 000.

Source des données :
Commission européenne, Energy Markets in the European Union in 2011
Avec la mention (*) : *Xerfi Market Analysis* – 2011-2016 Trends – Corporate Strategies, déc. 2011

			France
Régulation	Transposition	*Troisième package*	Transposé
		Deuxième package	Une procédure d'infraction toujours ouverte
	Régulateur	*Nom du régulateur*	*Commission de Régulation de l'énergie* (CRE)
		Staff	131
		Budget	21m€
		Début	2000
	Type de dégroupage : Ownership Unbundling (*OU*) ou Independant System Operator (ISO) ou Independent Transmission Operators (*ITO*)		*ITO* pour les opérateurs de transport d'électricité et de gaz.
Transport	Nombre de gestionnaire de réseau de transport (GRT / TSO)	*Electricité*	**1** : *RTE*
		Gaz	**2** : *GRTgaz* et *TIGF*
Distribution	Nombre de gestionnaire de réseau de distribution (GRD / DSO)	*Electricité*	**1** : ERDF (95 % de la distribution) Le restant : ~160 ELD
		Gaz	**1** : GrDF (95 % de la distribution) Le restant : ~24 ELD
Approvisionnement	Production	*Electricité*	**1 acteur dominant :** *EDF* : 91% de capacité installée – 86,5% de part de marché ; *GDF-Suez* : 5,5% de cap. installée ; *E.On France* : 3% 1er : 86,5% de PDM.
		Gaz	Importé par 16 entités (**3** principales) 1er : 73% de PDM. Norvège (32.5%), les Pays-Bas (15%), la Russie (14%), l'Algérie (14%)
Marché de détail	Fourniture	*Electricité*	**1 acteur dominant (EDF –** 95% de PDM**)** 2 acteurs alternatifs significatifs (GDF Suez et Direct Energie) ~180 autres acteurs dont ~160 ELD
		Gaz	**1 acteur dominant (GDF Suez –** 65% de PDM**)** 3 acteurs alternatifs significatifs (EDF, Eni et Direct Energie) ~50 autres acteurs dont ~24 ELD
État du marché	% de personnes aux tarifs réglementés fin 2011	*Electricité*	94% (rés.) - 85% (ind.)
		Gaz	86% (rés.) - 58% (ind.)
	Evolution des prix	*Electricité*	Stable
		Gaz	Augmentation
	Niveau relatif des prix*	*Electricité*	Faibles
	Date d'ouverture à la concurrence		Professionnels depuis juillet 2004, particuliers depuis juillet 2007
	Switching en 2011	*Electricité*	3.7%
		Gaz	4,5%
Taille du marché		*Electricité*	43,579MM€
		Gaz	26,726MM€
Concentration	Production	*Electricité*	8880
		Gaz	4000
	Fourniture	*Electricité*	4374
		Gaz	4000

			 **Allemagne**
Régulation	Transposition	*Troisième package*	Transposé
		Deuxième package	Une procédure d'infraction toujours ouverte
	Régulateur	*Nom du régulateur*	*Bundesnetzagentur* (NB : électricité, gaz, télécommunications, postes et rails)
		Staff	185
		Budget	18m€
		Début	1998
	Type de dégroupage : Ownership Unbundling (*OU*) ou Independant System Operator (ISO) ou Independent Transmission Operators (*ITO*)		*ITO* ou *OU* selon les différents opérateurs de transport d'électricité et de gaz.
Transport	Nombre de gestionnaire de réseau de transport (GRT / TSO)	*Electricité*	**4** : *Tennet*, *Amprion*, *50Hertz* et *TransnetBW*
		Gaz	**18** : les plus grands sont *Open Grid Europe*, *Wingas*, *Ontras*, et *Thyssengas*
Distribution	Nombre de gestionnaire de réseau de distribution (GRD / DSO)	*Electricité*	**54** au niveau régional, qui desservent 800 distributeurs locaux
		Gaz	**27** opérateurs régionaux, 743 locaux
Approvisionnement	Production	*Electricité*	**Plus de 450 acteurs** **4** : E.ON, RWE, EnBW et Vattenfall (82% du marché) 1er : 28,4% de PDM.
		Gaz	Importé par 22 entités (**7** principales) ; Interne (13%), 37% Russie, 33% Norvège, 25% Pays-Bas et 5% des autres pays.
Marché de détail	Fourniture	*Electricité*	**Plus de 1000 acteurs** **4** compagnies les plus grosses (pr les résidentiels) = 43,8% PDM ; 3 compagnies ont plus de 5% PDM. 1er : 28,4% de PDM. Mais : des situations de monopole local (ex : Munich : *Stadtwerke*)
		Gaz	**820 acteurs** **2** compagnies principales ; chacune a plus de 5% de PDM. 1er : 25% de PDM.
État du marché	% de personnes aux tarifs réglementés fin 2011	*Electricité*	Non
		Gaz	Non
	Evolution des prix	*Electricité*	Augmentation
		Gaz	Augmentation et volatiles
	Niveau relatif des prix*	*Electricité*	Elevés
	Date d'ouverture à la concurrence		1998
	Switching en 2011	*Electricité*	6,3%
		Gaz	
Taille du marché		*Electricité*	88,054 MM€
		Gaz	55,250 MM€
Concentration	Production	*Electricité*	2021
		Gaz	1886
	Fourniture	*Electricité*	NC
		Gaz	300

			Royaume-Uni
Régulation	Transposition	*Troisième package*	Partiellement transposé
		Deuxième package	Deux procédures d'infraction toujours ouvertes
	Régulateur	*Nom du régulateur*	*Office of Gas and Electricity Markets* (OFGEM) et *Northern Ireland Authority for Utility Regulation* (UREGNI)
		Staff	441
		Budget	79m£
		Début	2000
	Type de dégroupage : Ownership Unbundling (*OU*) ou Independant System Operator (ISO) ou Independent Transmission Operators (*ITO*)		Angleterre et Pays de Galles : *OU* Ecosse, Irlande du nord : *ISO*
Transport	Nombre de gestionnaire de réseau de transport (GRT / TSO)	*Electricité*	**3** : Angleterre et Pays de Galles : *National Grid* ; Ecosse : ScottishPower *SP* et *SSE* Irlande du Nord : propriétaire: *Northern Ireland Electricity* (NIE) et géré par *System Operator for Northern Ireland* (SONI).
		Gaz	**1** : *National Grid Gas plc* (NGG) – Irlande du Nord : *Bord Gáis Éireann* et *Mutual Energy*
Distribution	Nombre de gestionnaire de réseau de distribution (GRD / DSO)	*Electricité*	**19** Entreprises locales de distribution
		Gaz	
Approvisionnement	Production	*Electricité*	**19 acteurs** **9 acteurs avec PDM > 5%** **3** plus gros sont : EDF Energy, E.ON et Drax (44%) 1er : 20% de PDM.
		Gaz	Importé par 25 entités (**6** principales) 1er : 22% de PDM. Norvège (48.5%), Emirats arabes unis (27%).
Marché de détail	Fourniture	*Electricité*	**22 acteurs** **6** compagnies intégrées (« Big 6 ») = 99% du marché ; chacun a une part de marché > 10%. Il s'agit de British Gas, E.ON UK, EDF Energy, RWE npower, Scottish and Southern Energy (SSE), et Scottish Power.
		Gaz	**19 acteurs** « Big **6** » = 99% du marché. 1er : British gaz = 41% de PDM
État du marché	% de personnes aux tarifs réglementés fin 2011	*Electricité*	Non
		Gaz	Non
	Evolution des prix	*Electricité*	Augmentation
		Gaz	Augmentation
	Niveau relatif des prix*	*Electricité*	Faibles
	Date d'ouverture à la concurrence		Années 1990
	Switching en 2011	*Electricité*	15%
		Gaz	
Taille du marché		*Electricité*	46,824 MM€
		Gaz	47,539 MM€
Concentration	Production	*Electricité*	947
		Gaz	1125
	Fourniture	*Electricité*	1768
		Gaz	2452

			Italie
Régulation	Transposition	*Troisième package*	Transposé
		Deuxième package	Une procédure d'infraction toujours ouverte
	Régulateur	*Nom du régulateur*	*Autorità per l'Energia Elettrica e il Gas* (AEEG)
		Staff	168
		Budget	39m€
		Début	1997
	Type de dégroupage : Ownership Unbundling (*OU*) ou Independant System Operator (ISO) ou Independent Transmission Operators (*ITO*)		*ISO* pour l'électricité jusqu'en 2004 et pour le gaz jusqu'en 2012. Depuis 2012, *OU*.
Transport	Nombre de gestionnaire de réseau de transport (GRT / TSO)	*Electricité*	**11** : Mais *TERNA* est le principal)
		Gaz	**3** : les deux grands sont *Snam Rete Gas* et *Edison Group*.
Distribution	Nombre de gestionnaire de réseau de distribution (GRD / DSO)	*Electricité*	**1** : ENEL (86%) ; 145 au total.
		Gaz	**Multiples** : 239 (Eni = 23,1%)
Approvisionnement	Production	*Electricité*	**217 acteurs** **5 acteurs dont PDM > 5%** **4** plus gros : ENEL 26%, Eni (9.4%), Edison (8.5%), E.On (5.1%) et Edipower (4.8%) 1er : 26% de PDM.
		Gaz	Importé par 63 entités (**3** principales : Eni, Edison et Enel : 74.3% du gaz fourni) ; 1er : 39% de PDM. 90% sont importés : Algérie (37%), Russie (20%) et Libye (12.5%)
Marché de détail	Fourniture	*Electricité*	**342 acteurs** **3** plus gros = 49,6% Enel (36.8%), Edison (8.2%), et Acea/Electrabel (4.6%).
		Gaz	**305 acteurs** 5 ont plus de 5% de PDM **3** plus gros = 53,1% PDSM : Eni (29.6%), Edison (13.5%) et ENEL (10%). 1er : 29,6% de PDM.
État du marché	% de personnes aux tarifs réglementés fin 2011	*Electricité*	Non, mais, par défaut, « offre standard » (77%)
		Gaz	Non, mais, par défaut, « offre standard » (env. 90%)
	Evolution des prix	*Electricité*	Augmentation
		Gaz	Augmentation
	Niveau relatif des prix*	*Electricité*	Moyens
	Date d'ouverture à la concurrence		Janvier 2003 pour le gaz, janvier 2007 pour électricité.
	Switching en 2011	*Electricité*	7%
		Gaz	5,3%
Taille du marché		*Electricité*	49,501 MM€
		Gaz	41,699 MM€
Concentration	Production	*Electricité*	1087
		Gaz	2575
	Fourniture	*Electricité*	1763
		Gaz	1102

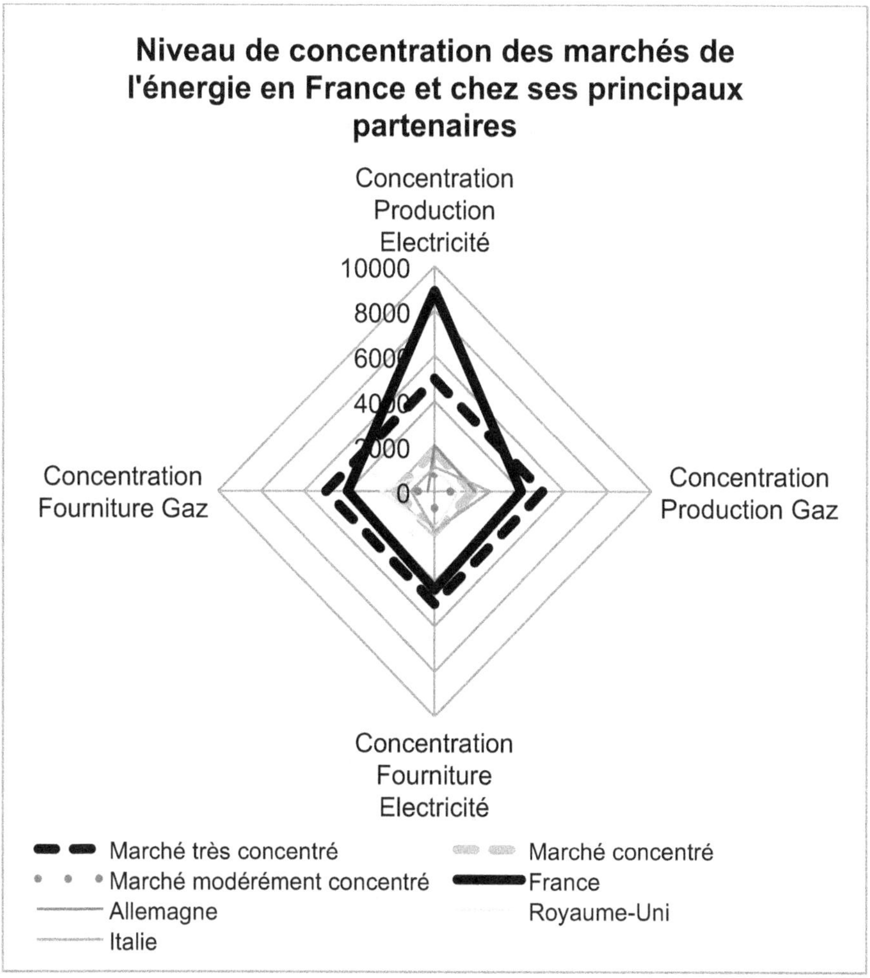

Légende :

- Concentration modérée : 750-1 800
- Concentration importante : 1 800-5 000
- Concentration très élevée : > 5 000.

Evolution de la part de marché dans chaque pays du plus grand producteur d'électricité dans divers pays européens entre 1999 et 2010

Pays \ Année	1999	2010		Varia
Pologne	20,8	17,4	↘	-3,4
Royaume-Uni	21	21	⇨	0
Espagne	51,8	24	⇩	-27,8
Finlande	26	26,6	⇨	0,6
Italie	71,1	28	⇩	-43,1
Allemagne	28,1	28,4	⇨	0,3
Norvège	30,4	29,8	⇨	-0,6
Irlande	97	34	⇩	-63
Lituanie	73,7	35,4	⇩	-38,3
Suède	52,8	42	↘	-10,8
Hongrie	38,9	42,1	↗	3,2
Danemark	40	46	↗	6
Portugal	57,8	47,2	↘	-10,6
République tchèque	71	73	↗	2
Belgique	92,3	79,1	↘	-13,2
Slovaquie	83,6	80,9	↘	-2,7
Grèce	98	85,1	↘	-12,9
France	**93,8**	**86,5**	↘	-7,3
Lettonie	96,5	88	↘	-8,5
Estonie	93	89	↘	-4
Chypre	99,7	100	⇨	0,3
Malte	100	100	⇨	0

Légende :

- Plus la couleur vire vers le blanc, moins la part de marché du plus grand producteur d'électricité est importante ;
- Inversement, plus la couleur vire vers le noir, plus la part de marché du plus grand producteur d'électricité est importante ;
- La dernière colonne indique la variation entre la part de marché du plus grand producteur d'électricité en 1999 et 2010 ;

Exemple de lecture : Entre 1999 et 2010, la part de marché d'EDF est passée de 93,8% à 86,5%, soit une baisse de 7,3%, ce qui place la France à la 10ème position (sur 22) des pays européens dans lesquels le plus grand producteur d'électricité a connu la plus importante érosion de ses parts de marché.

Source des données : Eurostat

Partie 2. Le fonctionnement du marché de détail de l'énergie

La première partie a dressé un rapide historique de la construction des réseaux d'électricité et de gaz naturel en France et présenté les réformes qui ont conduit à l'ouverture à la concurrence des métiers de la production et de la fourniture d'énergie. Cependant, elle est peu rentrée dans les détails du fonctionnement du marché de détail de l'énergie. En particulier, la question des prix n'a pas été abordée.

Cette section étudie le fonctionnement du marché de détail de l'énergie en France. Pour ce faire, nous avons choisi d'analyser successivement l'offre et la demande sur ce marché puis de nous intéresser au prix tel qu'il résulte de cette confrontation. L'idée est de comprendre que, malgré l'ouverture à la concurrence des marchés de l'énergie, les tarifs réglementés restent prédominants. Plus qu'à la législation, cette domination doit toutefois davantage à un défaut d'information encore important.

Section 2.01 L'offre de fourniture sur le marché de détail : entre tarifs réglementés et offres de marché

L'analyse des offres de fourniture d'énergie en France révèle une tension entre une sur-réglementation historique et une tendance plus récente à la libéralisation (2.01.1). En témoigne la juxtaposition de tarifs réglementés dont le prix est fixé par les pouvoirs publics (2.01.2) avec des offres de marché dont le prix est librement fixé par le fournisseur (2.01.3). Le paysage est rendu particulièrement complexe par les règles diverses qui déterminent l'éligibilité aux tarifs réglementés et aux offres de marché.

2.01.1 Vue d'ensemble : coexistence de types de contrats différents et de règles d'éligibilité variées.

I. Sur le marché de détail coexistent des tarifs réglementés et des offres à prix de marché

Depuis l'ouverture à la concurrence des marchés de l'électricité et du gaz, deux types de contrats coexistent.

- Les contrats aux **tarifs réglementés** sont des contrats dont les ***tarifs*** sont fixés par arrêté ministériel[20]. Ce type d'offres n'est proposé que par les fournisseurs historiques sur leur territoire de desserte. Seuls EDF pour l'électricité, GDF Suez pour le gaz ainsi que les entreprises locales de distribution peuvent donc proposer ces tarifs à la souscription[21]. Il existe une diversité de tarifs réglementés pour l'électricité comme pour le gaz. Pour l'électricité par exemple, trois catégories de tarifs réglementés sont disponibles en fonction de la puissance du compteur du consommateur.
- Les contrats en **offre de marché** sont des formules dont les ***prix*** sont libres et fixés dans le contrat conclu entre le fournisseur et le consommateur. Ces contrats sont proposés à la fois par les fournisseurs historiques (en complément des tarifs réglementés qu'ils proposent) et par les fournisseurs alternatifs qui ne peuvent proposer que ce type de contrats. Si les prix de ces contrats peuvent théoriquement être fixés librement, on verra toutefois qu'ils sont souvent indexés sur les tarifs réglementés afin d'apporter une sécurité au consommateur.

[20] A partir du 7 décembre 2015, les tarifs réglementés de vente de l'électricité seront fixés par la CRE et applicables sauf opposition d'un ou de deux des ministres chargés de l'énergie et de l'économie (art. L337-4 et suivants du Code de l'énergie). Les tarifs réglementés de vente du gaz naturel sont fixé par les ministres chargés de l'économie et de l'énergie, sur avis de la CRE (art. L445-2).

[21] Total Energie Gaz est également un fournisseur historique de gaz (pour les clients raccordés directement au réseau de transport de gaz, dans la zone de desserte de TIGF. Ses tarifs réglementés sont toutefois en extinction : ils ne sont plus proposés à la souscription.

II. Tarif réglementé ou offre de marché ? Des règles d'éligibilité aux tarifs réglementés complexes

Les règles d'éligibilité aux tarifs réglementés sont nombreuses et varient en fonction du type de client (particulier ou professionnel). Ces règles sont cependant rendues plus complexes s'agissant de l'électricité, par exemple, en raison de l'**extinction programmée des tarifs jaunes et verts**[22], c'est-à-dire de ces tarifs pour certains professionnels. Selon que le client professionnel est un petit consommateur d'électricité ou qu'il consomme une quantité importante d'énergie et selon que l'ancien occupant a exercé son éligibilité aux offres de marché ou qu'il a conservé le bénéfice des tarifs réglementés, il peut en effet ou non bénéficier des tarifs réglementés. Par contre, un particulier peut toujours choisir d'opter pour les tarifs réglementés.

Les tableaux[23] ci-dessous sont le reflet de cette complexité.

[22] Le 31 décembre 2015

[23] Source des données : CRE.

- <u>CAS 1 :</u> **Particulier et professionnel ayant une petite consommation d'électricité (puissance inférieure ou égale à 36 kVA) et de gaz (consommation de moins de 30 000 kWh par an).**

<table>
<tr><td colspan="3" rowspan="2"></td><th colspan="2">Possibilité de souscrire...</th></tr>
<tr><th>...aux tarifs réglementés[24]</th><th>...à une offre de marché</th></tr>
<tr><td rowspan="3">Situation</td><td colspan="2">Pas d'offre (contrat résilié ou nouveau raccordement)</td><td>Oui</td><td>Oui</td></tr>
<tr><td rowspan="2">Le client dispose d'un contrat</td><td>Tarif réglementé</td><td></td><td>Oui</td></tr>
<tr><td>Offre de marché</td><td>Oui (principe dit de "réversibilité")</td><td></td></tr>
</table>

- <u>CAS 2 :</u> **Professionnel ayant une consommation moyenne ou importante (puissance supérieure à 36 kVA pour l'électricité ; et consommation de plus de 30 000 kWh par an pour le gaz).**

[24] Depuis un arrêté du 12 août 2010, les tarifs réglementés relatifs aux puissances comprises entre 18 et 36 kVA sont en extinction pour les clients résidentiels.

a - Electricité

<table>
<tr><td colspan="4"></td><th colspan="2">Possibilité de souscrire...</th></tr>
<tr><td colspan="4"></td><th>...aux tarifs réglementés</th><th>...à une offre de marché</th></tr>
<tr><th rowspan="4">Situation</th><th colspan="3">Le local n'a jamais été fourni en électricité</th><td>Oui, il est possible de bénéficier des tarifs réglementés de vente pour une durée qui ne peut être inférieure à 1 an.*</td><td>Oui</td></tr>
<tr><td rowspan="3"></td><th colspan="2">...au tarif réglementé</th><td>Le contrat ne peut être conservé que jusqu'au 31/12/2015</td><td>Oui</td></tr>
<tr><th rowspan="2">...en offre de marché ...</th><th>...souscrite avant le 8/12/2010</th><td>Non</td><td rowspan="2">Oui</td></tr>
<tr><th>...souscrite à partir du 8/12/2010</th><td>Oui, jusqu'au 31/12/2015, à condition d'être resté au moins 1 an en offre de marché et de conserver le tarif réglementé pour une durée minimum d'une année*.
En cas d'emménagement, je peux souscrire au tarif réglementé immédiatement, mais pour une durée minimale d'un an*.</td></tr>
</table>

* : NB : au-delà de 36 kVA, les tarifs réglementés disparaissent le 31/12/2015 dans tous les cas.

b - Gaz

				Possibilité de souscrire…	
				…aux tarifs réglementés	…à une offre de marché
Situation	Pas d'offre (emménagement ou nouveau raccordement)	Le précédent occupant avait une offre de marché ou il s'agit d'un raccordement (il n'y a jamais eu de gaz par le passé)		Non	Oui
		Le précédent occupant était aux tarifs réglementés	Et il consomme moins de 4GWh et n'est pas raccordé au réseau de transport	Oui, mais les TRV disparaissent progressivement (voir ci-dessous)	Oui
			Et il consomme plus de 4GWh ou est raccordé au réseau de transport	Non	Oui
	Le client dispose d'un contrat	Tarif réglementé			Oui
		Offre de marché		Non (Pas de principe de réversibilité)	

Source : recherches internes Selectra

Ainsi, aucun principe de réversibilité n'a été consacré pour les professionnels ayant une consommation moyenne ou importante de gaz naturel. L'article 25 de la Loi n°2014-344 du 17 mars 2014 relative à la consommation prévoit la disparition des tarifs réglementés de vente du gaz naturel pour les consommateurs de plus de 30 MWh de gaz par an (par dérogation, les propriétaires uniques d'immeubles à usage d'habitation ou les syndicats de ces immeubles pourront continuer à bénéficier des tarifs réglementés lorsque leur consommation annuelle est inférieure à 150 MWh). Ces tarifs disparaissent progressivement :

- 3 mois après la publication de la loi (19 juin 2014), les contrats au tarif réglementé des consommateurs raccordés au réseau de transport ont été résiliés ;

- le 31 décembre 2014, les tarifs réglementés du gaz prennent fin pour les utilisateurs consommant plus de 200 MWh de gaz naturel par an ;
- Enfin, le 31 décembre 2015, ils s'éteignent pour toutes les consommations supérieures à 30 MWh (sauf dans le cas des immeubles à usage d'habitation).

En ce qui concerne l'électricité, un mécanisme transitoire est mis en place avant la suppression des tarifs réglementés le 31 décembre 2015. La complexité reflétée par les tableaux ci-dessus est en fait la conséquence de l'extinction progressive des tarifs réglementés de l'électricité pour les professionnels les plus gros. Les tarifs réglementés sont destinés à ne subsister à terme que pour les particuliers et les certains « petits » professionnels.

III. Le marché de l'énergie dans les territoires insulaires : un monopole conservé en raison de systèmes électriques fragiles

A. Des conditions particulières

L'organisation du marché de l'énergie hors du territoire continental est spécifique et répond aux caractéristiques géographiques particulières des départements d'outre-mer (DOM), des collectivités d'outre-mer (COM) ainsi que de certains territoires insulaires de la métropole (comme la Corse).

Le système électrique dans ces zones insulaires, parce qu'il fonctionne de façon autonome, est moins stable que le réseau métropolitain. Sa taille réduite rend plus difficile la préservation d'un équilibre entre l'offre et la demande sur le réseau, dans la mesure où il est plus vulnérable aux pics de demande ainsi qu'au risque de la défaillance d'un moyen de production.

Par ailleurs, les coûts de production dans les territoires insulaires sont plus élevés qu'en métropole dans la mesure où le système électrique est de dimension plus petite. Surtout, il n'y a pas de centrales nucléaires dans ces territoires ; l'importation d'hydrocarbures est nécessaire, ce qui renchérit les coûts de production.

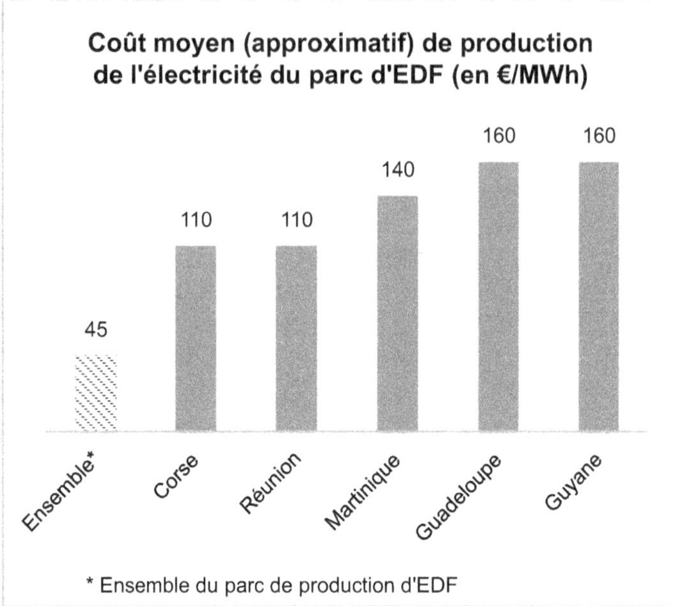

Source : EDF

B. Une organisation spécifique

En conséquence, le marché de la fourniture d'énergie n'est pas ouvert à la concurrence dans ces territoires insulaires. Les systèmes électriques dans ces « Zones non interconnectées au réseau métropolitain continental » (ZNI) sont gérés par une même entité pour le transport, la distribution et la fourniture. Par contre, le segment de la production est concurrentiel.

Afin d'assurer l'égalité entre les habitants de France métropolitaine et des territoires insulaires français, la Contribution aux charges de Service Public de l'Électricité (CSPE) permet, entre autres, une redistribution destinée à diminuer le coût de l'électricité pour les résidents de Corse, des départements d'outre-mer, de Saint-Pierre et Miquelon et des îles bretonnes.

Les différentes zones non interconnectées au réseau métropolitain continental

<table>
<tr><th>Nom</th><th>Collectivité</th><th>Organisation</th><th>Actionnariat</th></tr>
<tr><td>Corse</td><td>Une des 22 régions de métropole, mais caractère insulaire</td><td colspan="2" rowspan="9">Direction des Systèmes Energétiques Insulaires (SEI) d'EDF</td></tr>
<tr><td>Îles du Ponant et Chausey</td><td>Métropole, mais caractère insulaire</td></tr>
<tr><td>Archipel de la Guadeloupe</td><td>DOM</td></tr>
<tr><td>Île de Saint-Barthélemy</td><td>COM</td></tr>
<tr><td>Île de Saint-Martin</td><td>COM</td></tr>
<tr><td>Guyane</td><td>DOM</td></tr>
<tr><td>Martinique</td><td>DOM</td></tr>
<tr><td>Île de La Réunion</td><td>DOM</td></tr>
<tr><td>Archipel de Saint-Pierre-et-Miquelon</td><td>COM</td></tr>
</table>

(Suite sur la page suivante)

<table>
<tr><th>Nom</th><th>Collectivité</th><th>Organisation</th><th>Actionnariat</th></tr>
<tr><td>Mayotte</td><td>DOM</td><td>Electricité de Mayotte (EDM)</td><td>Société Anonyme d'Economie Mixte
• 50,01% pour le Conseil Général de Mayotte,
• 24,99% pour EDEV (Groupe EDF),
• 24,99% pour SAUR International,
• 0,01% pour l'État.</td></tr>
<tr><td>Nouvelle Calédonie</td><td>Collectivité sui generis</td><td>Électricité et eau de Calédonie (EEC) et la Société néo-calédonienne d'énergie (Enercal)</td><td rowspan="2">GDF Suez</td></tr>
<tr><td>Polynésie française</td><td>COM</td><td>Principalement Electricité de Tahiti (EDT)</td></tr>
<tr><td>Wallis et Futuna</td><td>COM</td><td>Eau et électricité de Wallis et Futuna</td><td>• 67 % pour EEC
• 32% pour le Territoire de Wallis et Futuna</td></tr>
</table>

Source : recherches internes Selectra

Légende : DOM : Département d'Outre-mer ; COM : Collectivité d'Outre-mer

2.01.2 Tarifs règlementés : une diversité importante, des augmentations récurrentes

De très nombreux tarifs réglementés existent tant s'agissant de l'électricité (**I.**) que du gaz naturel (**II.**). Malgré leur cadre régulé, les tarifs réglementés ont augmenté de manière soutenue ces dernières années (**III.**).

I. Les tarifs réglementés de fourniture d'électricité

Les tarifs réglementés de fourniture d'électricité sont divers. Ils dépendent de plusieurs facteurs et notamment de la **puissance souscrite** (A.) et de l'**option tarifaire choisie** (B.).

A. La puissance souscrite

Exprimée en kilovoltampères (kVA), la **puissance souscrite**[25] indique la quantité d'électricité maximale qu'un client peut consommer à un instant *t*. Plus la puissance du compteur est grande, plus un consommateur peut consommer une quantité importante d'électricité. C'est une sorte de droit de tirage : si ce droit est dépassé, l'installation électrique disjoncte (ou un dépassement est facturé dans certains cas, pour des compteurs en tarifs jaune ou vert).

Pour l'électricité, il existe ainsi trois types de tarifs en fonction de la puissance souscrite par le consommateur.

[25] La puissance de raccordement correspond à la capacité de l'installation électrique à supporter la livraison, à un instant donné, d'une certaine quantité d'électricité. La puissance souscrite, qui est toujours inférieure ou égale à la puissance de raccordement, est la quantité contractuelle maximale d'électricité que le fournisseur s'engage à être en mesure de mettre à disposition de son client.

<table>
<tr><th>Catégorie de tarif</th><th>Bleu</th><th>Jaune</th><th>Vert A</th><th>Vert B et C</th></tr>
<tr><td>Puissance souscrite</td><td>3 – 36 kVA</td><td>42 – 240 kVA</td><td colspan="2">A partir de 250 kVA</td></tr>
<tr><td rowspan="2">Type de raccordement (les tensions données valent pour un régime de tension alternative)</td><td colspan="2" rowspan="2">Basse Tension :
U < 1 kV</td><td colspan="2">Haute Tension</td></tr>
<tr><td>1 kV < U < 50 kV</td><td>U > 50 kV</td></tr>
<tr><td>Type de client</td><td>Particulier et professionnel (petits sites)</td><td>Professionnel (sites moyens)</td><td colspan="2">Professionnel (sites moyens et grands sites)</td></tr>
<tr><td>Réseau</td><td colspan="3">Distribution</td><td>Transport</td></tr>
<tr><td>Tarifs réglementés ?</td><td>Oui</td><td>Jusqu'au 31/12/2015</td><td colspan="2">Jusqu'au 31/12/2015</td></tr>
</table>

Source : recherches internes Selectra

B. L'option tarifaire

Une facture d'électricité est toujours composée d'une partie fixe et d'une partie variable.

- La **partie fixe** (appelée « abonnement » ou « prime fixe ») est exprimée en euros et dépend généralement de la puissance souscrite.
- La **partie variable** dépend de la quantité d'énergie consommée. Cette partie du tarif est exprimée en centimes d'euros par kilowattheure (kWh) et dépend de l'offre proposée (type de client et option).

Pour chaque catégorie de tarif, il existe une ou plusieurs options tarifaires. L'option tarifaire correspond au mode de calcul retenu afin de calculer le montant facturé au consommateur.

1) L'option Base

Lorsqu'un client est en **option Base**, alors le prix du kWh est fixe et ne dépend pas du moment de la journée (tarifs bleus). Pour les tarifs jaunes et verts, l'option Base ne signifie pas que le prix de l'électricité est fixe, puisque celui-ci peut varier en fonction de la période. 17 millions de clients bénéficient de cette option du tarif réglementé chez EDF.[26]

2) L'option Heures pleines / Heures creuses

Lorsqu'un client est en **option Heures Pleines / Heures Creuses**, le prix du kWh est moins cher pendant huit heures (heures creuses) et plus cher pendant le reste du temps (heures pleines). Les horaires des heures creuses sont déterminés localement par le gestionnaire du réseau de distribution en fonction des contraintes d'exploitation du réseau. Elles varient donc en fonction du lieu d'habitation. Ce tarif a été créé en 1965. Environ 12 millions de particuliers et de professionnels ont fait le choix de cette option tarifaire dans le cadre des tarifs réglementés.

3) L'option Effacement des Jours de Pointe

En option Effacement des Jours de Pointe (EJP), le prix du kWh est moins cher 343 jours par an mais plus élevé pendant 22 jours (choisis par le fournisseur historique entre novembre et mars). Comme son nom l'indique, cette option participe d'un mécanisme d'effacement : en faisant payer plus cher la consommation d'électricité en période de pointe, il s'agit de dissuader les consommateurs de consommer (et donc « d'effacer » une partie de la demande d'électricité) (voir *effacement*). L'option EJP concerne plus de 700 000 sites, dont 600 000 particuliers.

4) L'option Tempo

En option Tempo, le prix du kWh varie selon l'heure de la journée (heure pleine / heure creuse) et le jour de l'année (300 jours bleus, 43 jours blancs et 22 jours rouges). Cette option concerne 300 000 particuliers.

---

[26] Ces chiffres sont issus du rapport n°667 de M. Jean DESESSARD, fait au nom de la Commission d'enquête sur le coût réel de l'électricité du Sénat et déposé le 11 juillet 2012. La commission était présidée par M. PONIATOWSKI.

Le graphique ci-après précise la manière dont les tarifs réglementés d'EDF se répartissaient à la fin de l'année 2011.

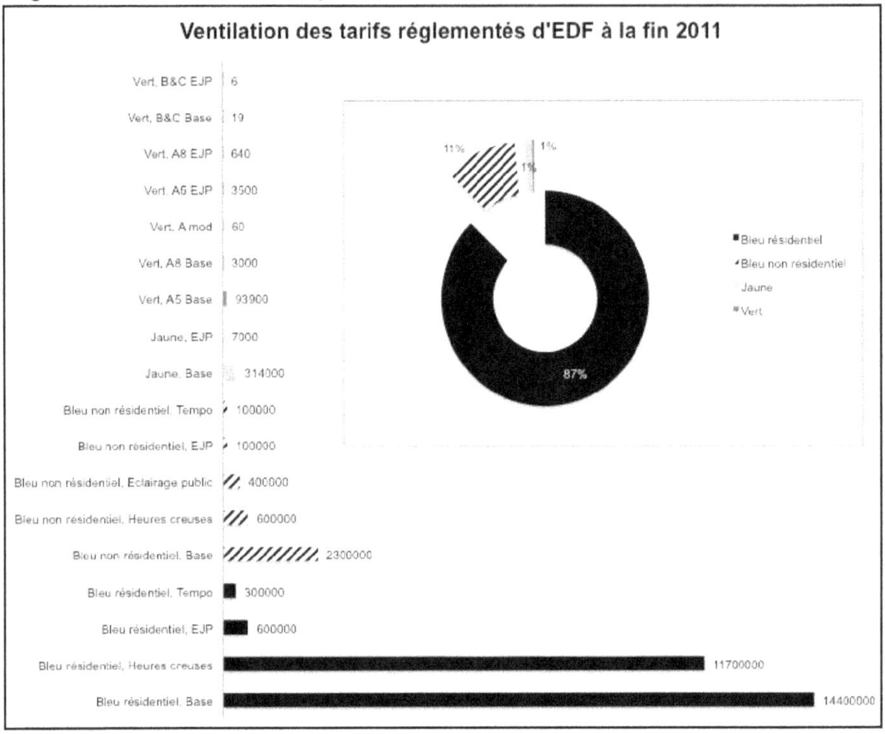

Source des données : CRE

C. Les tarifs réglementés proposés

Les tarifs réglementés proposés à la vente sont donc nombreux.

1) *Particuliers*

Le tarif bleu est proposé aux particuliers.

Chaque client a la possibilité de choisir un niveau de puissance compris entre 3 et 36 kVA (chaque niveau est séparé par des pas de 3kVA entre 3 et 18kVA et de 6kVA entre 18 et 36 kVA. Il existe donc 9 possibilités de puissance qui peuvent être souscrites pour les tarifs bleus : 3, 6, 9, 12, 15, 18, 24, 30 et 36 kVA).

Les options suivantes sont proposées :

- L'option Base (NB : pour les particuliers, les offres en option Base pour des puissances souscrites entre 18kVA et 36kVA ne sont plus proposées à la souscription) ;

- L'option Heures pleines / Heures creuses ;
- L'option EJP (NB : l'option EJP est en extinction, autrement dit, elle n'est plus disponible à la souscription) ;
- L'option Tempo.

Le graphique ci-dessous permet d'apprécier les différences de prix existant entre ces différentes options pour un même logement.

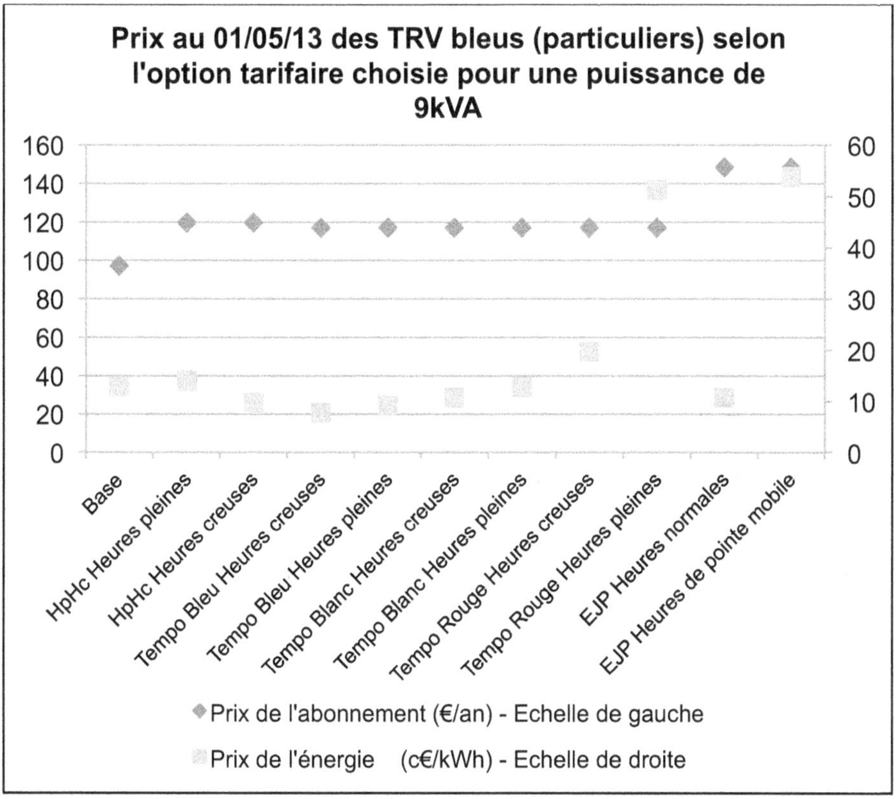

Source : EDF

2) *Professionnels*

Les professionnels peuvent souscrire trois types de tarifs différents (voir *supra*). Différentes options existent en fonction de la catégorie de tarifs choisie.

a) *Tarif bleu professionnel*

S'agissant des tarifs bleus, le professionnel a le choix entre l'option base, heures pleines / heures creuses, tempo ou EJP. Toutefois, les options Tempo et EJP sont en extinction pour les professionnels. Elles ne sont donc plus disponibles à la souscription.

Il existe, de plus, des tarifs bleus spécifiques comme le tarif bleu pour l'éclairage public.

b) *Tarif jaune*

Pour les tarifs jaunes, le prix facturé au client est fonction d'une *version* choisie par le client. Il existe deux versions : une version utilisation longue et une version utilisation moyenne.

Deux options sont disponibles pour les tarifs jaunes. L'option Base et l'option EJP : quelle que soit l'option choisie, le prix facturé diffère en fonction de 4 périodes tarifaires. Par exemple, pour l'option Base, 4 périodes tarifaires existent en fonction de la saison (*hiver* de novembre à mars ou *été* d'avril à octobre) et de l'heure (*pleine* de 6h à 22h ou *creuse* de 22h à 6h).

c) *Tarif vert*

Pour les tarifs verts, le prix facturé dépend :

- du tarif : au sein des tarifs verts, il existe le tarif vert A5, A8, B et C en fonction de la puissance du compteur de l'installation ;
- de la version d'utilisation choisie : très longue utilisation, longue utilisation, moyenne utilisation, courte utilisation ;
- de la période, définie par deux variables :
    - la saison : hiver, été, demi-saison (dans certains cas), juillet et août (dans certains cas) ;
    - l'heure : heures pleines, heures creuses ou heure de pointe (ces heures de pointes ne sont présentes qu'en hiver).

Le tableau ci-dessous récapitule les règles d'éligibilité aux tarifs réglementés de l'électricité en France.

	Option Base	Option Heures Pleines / Heures creuses	Option EJP	Option Tempo
Tarifs bleus (alimentation en basse tension et puissance entre 3 et 36kVA)	Oui (entre 18 et 36kVA, ces offres sont en extinction)	Oui	En extinction	Oui
Tarifs jaunes (alimentation en basse tension et puissance entre 42 et 240 kVA)	Oui	Non	Oui	X
Tarifs verts (puissance supérieure à 250 kVA, alimentation en haute tension)	Oui	X	Oui	X

Source : recherches internes Selectra

II. Les tarifs réglementés de fourniture de gaz naturel

A. Principe

Comme les tarifs réglementés de fourniture d'électricité, les tarifs réglementés de fourniture de gaz naturels sont divers. Le paysage des tarifs réglementés pour la fourniture de gaz est organisé autour de **tarifs réglementés de vente en distribution publique** et de **tarifs réglementés de vente à souscription**.

Les tarifs réglementés de vente en **distribution publique** sont les tarifs proposés aux particuliers et professionnels raccordés au réseau de distribution et consommant moins de 4 GWh de gaz naturel par an. Ces tarifs sont proposés par GDF Suez et vingt-deux entreprises locales de distribution.

Les tarifs réglementés de vente à **souscription** sont les tarifs proposés aux gros professionnels, c'est-à-dire aux professionnels raccordés au réseau de transport et aux professionnels raccordés au réseau de distribution et consommant plus de 4 GWh de gaz naturel par an. Ils sont commercialisés[27] par GDF Suez (pour les clients raccordés directement aux réseaux GRTgaz ou GrDF), Total Energie Gaz (pour les clients directement raccordés au réseau TIGF) et 4 entreprises locales de distribution : Enerest (pour Strasbourg), Gaz de Bordeaux (à Bordeaux), Gaz de Grenoble (à Grenoble) et Vialis (à Colmar).

B. Diversité des tarifs réglementés

Le tableau ci-dessous récapitule les différentes catégories de tarifs réglementés.

<table>
<tr><th colspan="12">GAZ</th></tr>
<tr><td>Type de site</td><td colspan="2">Sites résidentiels</td><td colspan="2">Sites résidentiels et non résidentiels</td><td colspan="7">Sites non résidentiels</td></tr>
<tr><td rowspan="3">Type d'achemine-ment</td><td colspan="9">Réseau de distribution</td><td colspan="2">Réseau de transport</td></tr>
<tr><td colspan="7">Les tarifs en distribution publique (option tarifaire sans souscription)</td><td colspan="4">Les tarifs à souscription***</td></tr>
<tr><td colspan="2">Option tarifaire T1</td><td colspan="2">T2</td><td colspan="3">T3</td><td>T4</td><td colspan="2">TP**</td><td>–</td></tr>
<tr><td>Type d'utilisation</td><td>Cuisson</td><td>Cuisson et eau chaude</td><td>Chauffage individuel</td><td>Petite chaufferie</td><td>Moyenne chaufferie</td><td colspan="2">Grande chaufferie</td><td colspan="4">Industriels</td></tr>
<tr><td>Type de tarif réglementé (barème)</td><td>Base</td><td>B0</td><td>B1</td><td>B2I</td><td>B2S</td><td>TEL</td><td>TEL nuit</td><td colspan="2">S2S*</td><td colspan="2">STS*</td></tr>
<tr><td>Quantité consommée</td><td colspan="2">Moins de 6 MWh/an</td><td colspan="2">Entre 6 et 300 MWh/an</td><td colspan="3">Entre 0,3 et 4 GWh/an</td><td colspan="4">Plus de 4 GWh</td></tr>
</table>

Source : recherches internes Selectra

* Ces tarifs à souscription concernent GDF Suez. Pour Total Energie Gaz (sur le réseau de transport de TIGF), d'autres tarifs sont proposés

** TP : tarif de proximité : ouvert pour les points de livraison concernant des clients finals ayant la possibilité réglementaire de se raccorder au réseau de transport

*** : Il existe également un tarif H pour les anciens clients de la Compagnie Française du Méthane[28].

[27] L'article 2 du décret n°2009-1603 du 18 décembre 2009 relatif aux tarifs réglementés de vente de gaz naturel liste les fournisseurs habilités à proposer les tarifs réglementés de fourniture de gaz naturel

[28] Voir focus « Le cas du sud-ouest de la France » dans la partie 3.

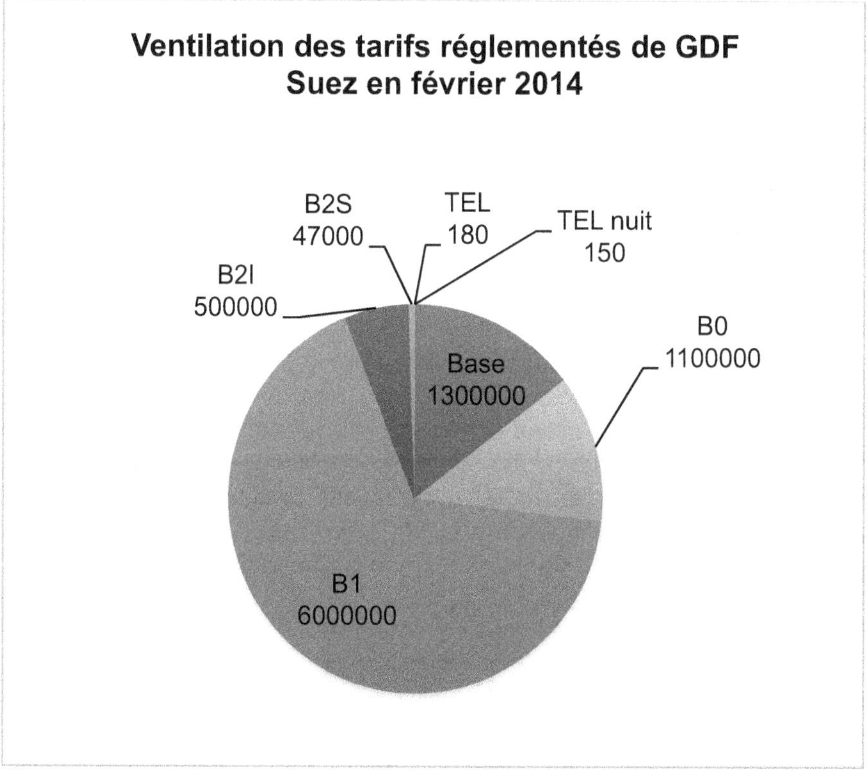

Source des données : CRE

III. Les tarifs sociaux : des tarifs réglementés spéciaux pour les situations de précarité

En France, des tarifs sociaux existent pour l'électricité depuis 2005 et pour le gaz naturel depuis 2008. Ils permettent aux personnes disposant de faibles revenus de bénéficier de **réductions forfaitaires** sur leurs factures d'énergie. Le nombre de bénéficiaires de ces aides a été étendu par la loi du 15 avril 2013[29]. Le décret d'application est intervenu le 15 novembre 2013.

Parallèlement à cette extension, le format des tarifs sociaux a été profondément modifié. Jusqu'en novembre 2013, seul le fournisseur historique était habilité à proposer le tarif social de l'électricité. L'application de ce tarif se traduisait d'ailleurs par une réduction calculée par rapport aux tarifs réglementés. Depuis novembre 2013, le régime du tarif social de l'électricité est similaire à celui du tarif social du gaz : le bénéfice de ces tarifs se traduit par une réduction forfaitaire. Elle s'applique indifféremment du type d'offre souscrit, aussi tous les fournisseurs d'électricité et de gaz peuvent-ils proposer ces tarifs sociaux[30].

La réforme de la fin 2013 s'est accompagnée de l'instauration d'une trêve hivernale conformément aux dispositions de la loi Brottes. Pendant une période de près de 6 mois, du 1er novembre au 15 mars, les coupures d'électricité et de gaz naturel pour situation d'impayé sont impossibles[31]. En revanche, il reste possible d'installer un réducteur de puissance (électricité) et les impayés restent pleinement exigibles.

Le tarif social de l'électricité est le « **Tarif de Première Nécessité** ». Pour le gaz naturel, il s'agit du « **Tarif Spécial de Solidarité Gaz** ».

---

[29] Loi n°2013-312 du 15 avril 2013 visant à préparer la transition vers un système énergétique sobre et portant diverses dispositions sur la tarification de l'eau et sur les éoliennes.

[30] Jusqu'en novembre 2013, tous les fournisseurs de gaz pouvaient proposer les tarifs sociaux. En revanche, cette possibilité n'existait, s'agissant de l'électricité, que pour les fournisseurs historiques (EDF et les entreprises locales de distribution).

[31] Toutefois, le gestionnaire de réseau de distribution conserve la faculté de couper à tout moment l'alimentation en énergie d'un logement qui ne disposerait pas d'un contrat de fourniture.

A. Les conditions d'éligibilité

Les tarifs sociaux de l'énergie concernent les foyers les plus modestes. Deux conditions cumulatives doivent être réunies pour ouvrir le bénéfice de ces tarifs :

- les revenus du ménage doivent être inférieurs à un plafond :
- soit, le revenu fiscal de référence annuel par part du ménage est inférieur à 2 157€,
- soit, les ressources du ménage le rendent éligible à la couverture maladie universelle complémentaire ou à l'assurance complémentaire santé (CMU-C ou ACS) ;
- la résidence doit être une résidence principale (le bénéfice du TPN est cumulable avec le bénéfice du TSS).

Plafond de revenus mensuels donnant droit au tarif social de l'électricité

Revenus mensuels nets, au 01/01/2013, ouvrant le droit au bénéfice de l'ACS (ou de la CMU-C)				
Nombre de personnes	**Plafond mensuel ACS métropole**	**Plafond mensuel ACS DOM**	*OU*	**Revenu fiscal de référence par part < 2157€ (montant au 17/11/2013)**
1	967	1076		
2	1 450	1 614		
3	1 740	1 937		
4	2030	2 259		
5	2417	2 690		
Par personne en plus	+ 387	+ 430		

Source des données : Ministère en charge de l'énergie

B. Montant de la réduction

Le bénéfice des tarifs sociaux de l'énergie ouvre le droit à trois avantages :

- une réduction forfaitaire (présentée ci-dessous),
- la gratuité de la mise en service[32],
- un abattement de 80% sur le coût occasionné par le déplacement d'un technicien en situation d'impayé.

1) Réduction forfaitaire incluse dans le Tarif de première nécessité

Le montant de la réduction est forfaitaire. Il dépend de la puissance souscrite et du nombre d'unités de consommation, c'est-à-dire de la composition du ménage.

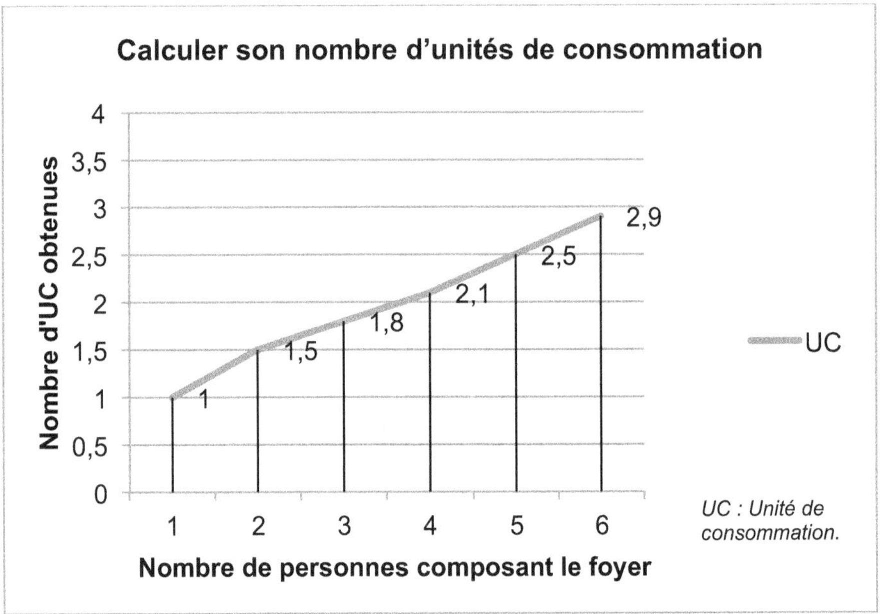

Source : recherches internes Selectra

[32] Des frais sont facturés lors d'un déménagement, que la fourniture d'énergie soit suspendue ou non par le gestionnaire de réseau de distribution. En 2014, ils s'élèvent à 27€ pour l'électricité (ERDF) et à 17,54€ pour le gaz naturel (GrDF).

L'unité de consommation est une variable communément utilisée par l'INSEE. Le nombre d'unités de consommation dépend du nombre d'habitants dans le logement :

- 1 UC est attribuée à la première personne du foyer,
- 0,5 UC est attribuée à la deuxième personne du foyer,
- 0,3 UC est attribuée pour les 3e et 4e personnes du foyer,
- au-delà, chaque personne supplémentaire incrémente le compteur de 0,4 UC.

Tarif de première nécessité – Montant du rabais maximal annuel en €TTC/an :

		3kVA	6kVA	≥ 9kVA
1 UC	• Une personne seule	- 71 €	- 87 €	- 94 €
1 < UC < 2	• Un adulte avec un enfant • Un couple sans enfant ou avec un enfant • Un adulte avec deux enfants	- 88 €	- 109 €	- 117 €
2 UC	• Un couple avec deux enfants et plus	- 106 €	- 131 €	- 140 €

Source : service-public.fr – 2013

2) Réduction forfaitaire incluse dans le Tarif spécial de solidarité

Le montant de la réduction incluse dans le TSS est également forfaitaire. Elle dépend de la composition du foyer et du type d'utilisation du gaz naturel.

Tarif spécial de solidarité – Déduction ou versement forfaitaire en fonction de la composition du foyer en €TTC/an :

		Chauffage Individuel	*Chauffage Individuel*	*Chauffage Individuel*	*Chauffage Collectif*
		0-1000 kWh/an [cuisson]	**1000-6000 kWh/an** [eau chaude]	**> 6000 kWh/an** [chauffage]	
1 UC	• Une personne seule	23 €	72 €	123 €	100 €
1 < UC < 2	• Un adulte avec un enfant • Un couple sans enfant ou avec un enfant • Un adulte avec deux enfants	30 €	95 €	153 €	123 €
2 UC	• Un couple avec deux enfants et plus	38 €	117 €	185 €	147 €

Source : service-public.fr – 2014

C. Dynamique

Le nombre de bénéficiaires du tarif de première nécessité et du tarif spécial de solidarité gaz est en forte augmentation. L'année de la création de la tarification de l'électricité comme produit de première nécessité (2005), 358 000 personnes bénéficiaient de ce tarif. En 2008, suite à la création du tarif spécial de solidarité pour le gaz, 132 000 personnes ont été concernées. En 2012, d'après les données publiées par le Ministère en charge de l'énergie, 1 205 000 personnes bénéficiaient du TPN et 457 000 bénéficiaient du TSS. **Le nombre de bénéficiaires des tarifs sociaux a donc crû, depuis 2005, à un rythme annuel de près de 25%.**

Les conditions d'éligibilité ayant été étendues dans le cadre des réformes récentes[33], le nombre de bénéficiaires des tarifs sociaux devrait continuer d'augmenter. D'après le gouvernement, 4 millions de personnes devraient être concernées.

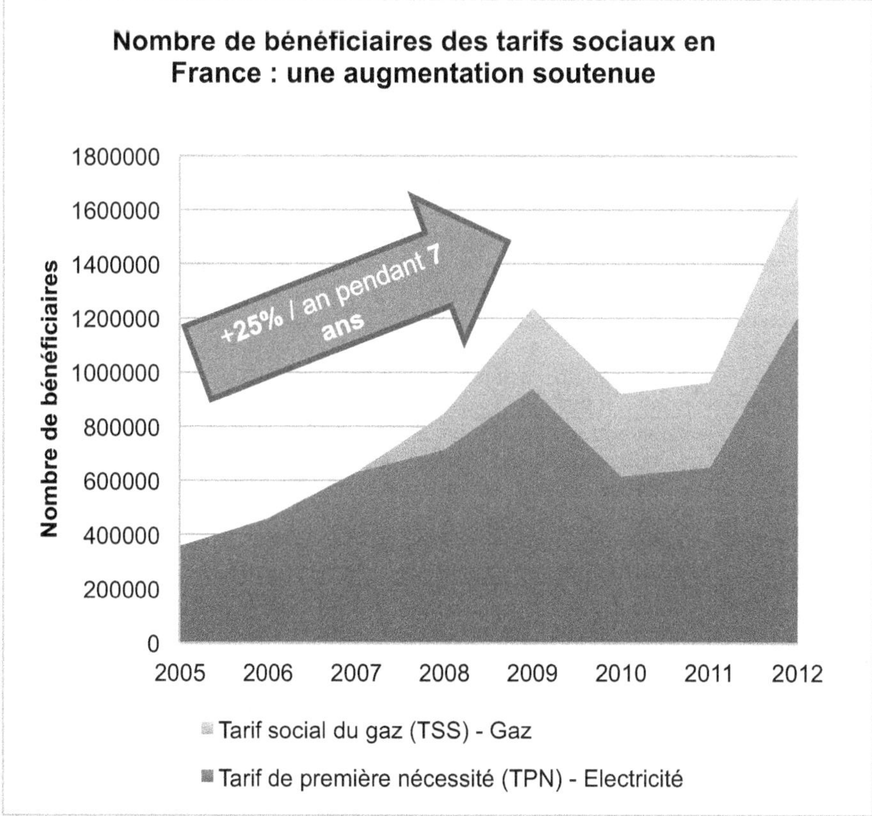

[33] Loi n°2013-312 du 15 avril 2013 visant à préparer la transition vers un système énergétique sobre et portant diverses dispositions sur la tarification de l'eau et sur les éoliennes, dite « loi Brottes », et Décret n°2013-1031 du 15 novembre 2013 portant extension à de nouveaux bénéficiaires des tarifs sociaux de l'électricité.

<u>Synthèse : les tarifs sociaux en France en 2014</u>

<table>
<tr><th></th><th>Electricité</th><th>Gaz</th></tr>
<tr><td>Nom</td><td>« Tarif de Première Nécessité » (TPN)</td><td>« Tarif Spécial de Solidarité Gaz » (TSS)</td></tr>
<tr><td rowspan="3">Conditions d'éligibilité</td><td colspan="2">Résidence principale</td></tr>
<tr><td>Contrat de fourniture d'électricité</td><td>Contrat individuel de fourniture de gaz naturel
– ou –
Habiter un immeuble chauffé collectivement au gaz naturel</td></tr>
<tr><td colspan="2">Être bénéficiaire de la couverture maladie universelle complémentaire (CMU-C) ou être éligible à l'assurance complémentaire santé (ACS).
En 2012, les ressources d'une personne seule devaient être inférieures ou égales à 893 € par mois.
Voir « B. »
– ou –
Disposer d'un revenu fiscal annuel de référence inférieur à 2157 euros par part.</td></tr>
<tr><td>Application</td><td colspan="2">Automatique depuis mars 2012 : les organismes d'assurance maladie le signalent dès lors que la personne répond aux critères ci-dessus directement au fournisseur d'électricité et les tarifs sociaux sont appliqués.
La personne reçoit une attestation par son fournisseur d'énergie l'informant de l'application du TPN et/ou du TSS.</td></tr>
<tr><td>Variation de la réduction</td><td>Réduction forfaitaire annuelle.
Elle peut atteindre jusqu'à 140€ TTC.</td><td>La réduction forfaitaire appliquée varie en fonction de critères de consommation et de composition du foyer.
La réduction peut atteindre jusqu'à 156€ TTC.</td></tr>
<tr><td>Avantages hors réductions tarifaires</td><td colspan="2">Gratuité de la mise en service et de l'enregistrement du contrat,
Abattement de 80 % sur le coût du déplacement d'un technicien dans le cadre d'une interruption de fourniture résultant d'un défaut de règlement.</td></tr>
<tr><td>Réduction tarifaire</td><td>Réduction forfaitaire</td><td>Réduction sur chaque facture pour les titulaires d'un contrat individuel
– ou –
Réduction forfaitaire annuelle si le chauffage est inclus dans les charges de l'immeuble.</td></tr>
<tr><td>Durée</td><td colspan="2">Durée d'un an renouvelable.</td></tr>
<tr><td>Personnes concernées</td><td colspan="2">Environ 4 millions, selon le Gouvernement.</td></tr>
</table>

IV. Évolution des tarifs réglementés : une progression variable mais importante

Si les tarifs réglementés du gaz se sont appréciés en suivant l'augmentation plus générale et internationale du prix du gaz, les tarifs réglementés de l'électricité se sont moins appréciés. Toutefois, l'augmentation des tarifs réglementés pour ces deux énergies est significative. Il en ressort que les tarifs réglementés ne mettent pas à l'abri d'augmentations importantes.

NB : Les graphiques ci-dessous présentent des augmentations hors taxes. Toutefois, les taxes pesant sur les factures d'électricité et de gaz naturel ont également augmenté sur la période.

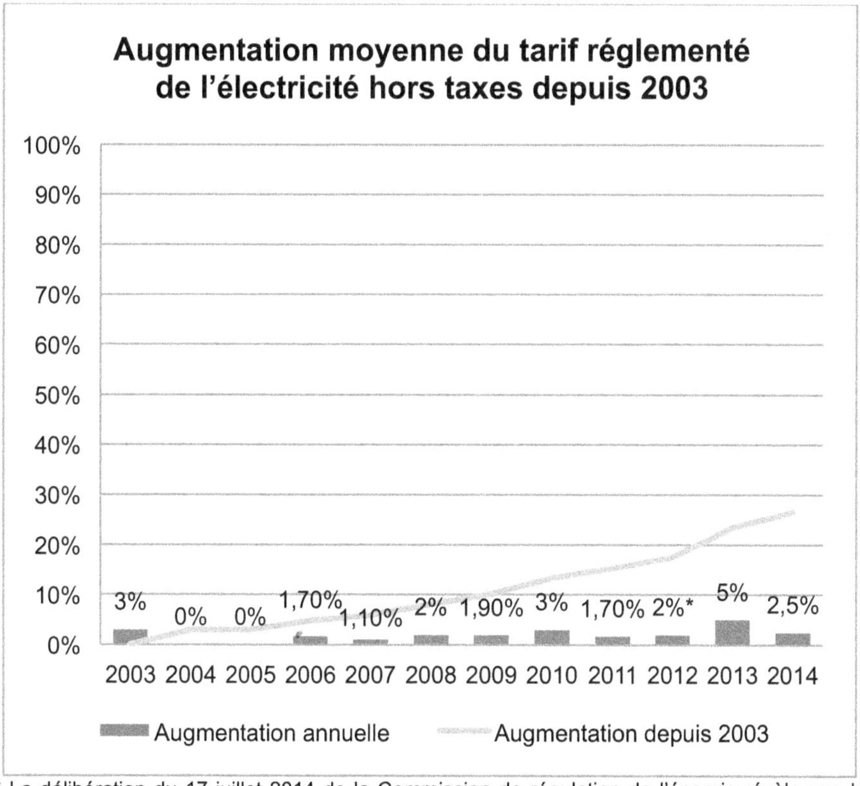

* La délibération du 17 juillet 2014 de la Commission de régulation de l'énergie révèle que la hausse de 2% de 2012 devrait être requalifiée en hausse de 7% En effet, le Conseil d'Etat, dans une décision n°365219 du 11 avril 2014, a annulé l'arrêté du 20 juillet 2012 relatif aux tarifs réglementés de vente de l'électricité car l'augmentation n'était pas suffisante.

Source des données : CRE et Selectra

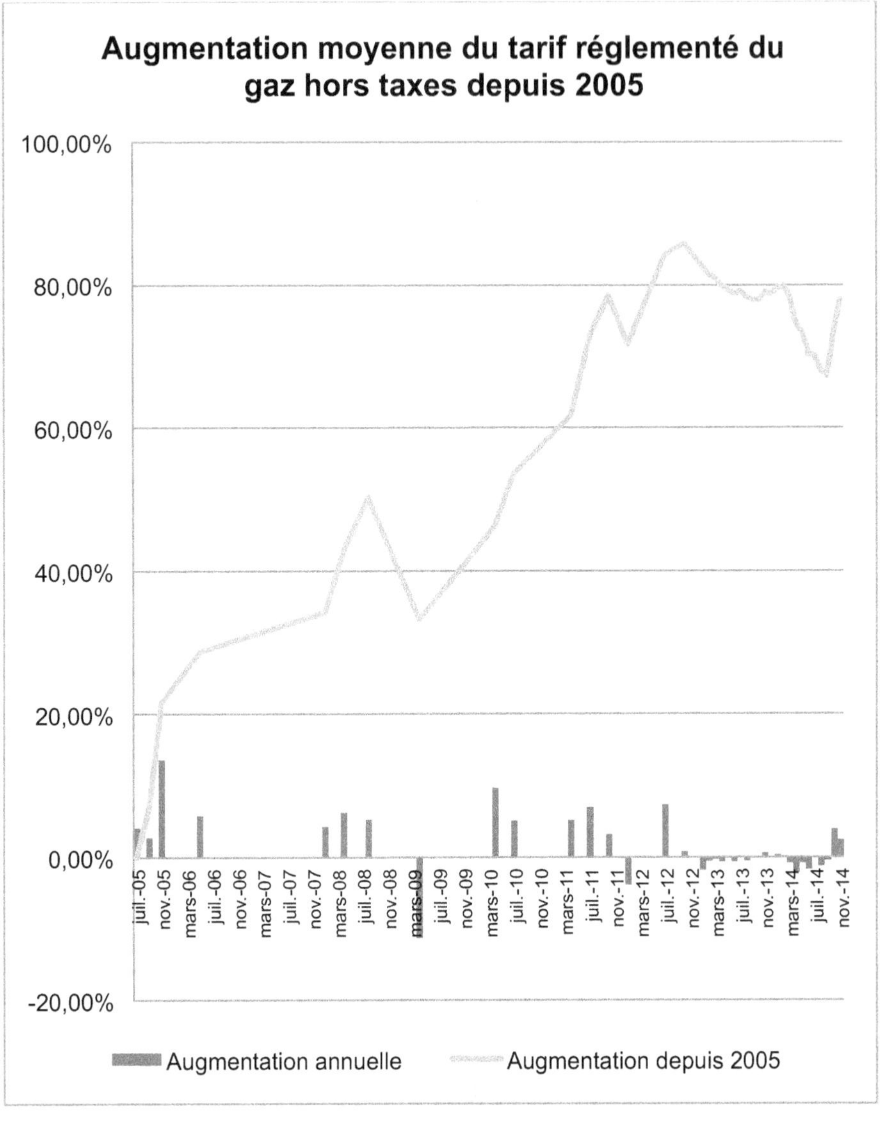

Nota : depuis le 1er janvier 2013, les tarifs réglementés du gaz évoluent jusqu'à une fois par mois.

Source des données : CRE et Selectra

V. Fixation des tarifs réglementés

A. Principes

Les grands principes de fixation des tarifs réglementés sont établis par la loi.

S'agissant des tarifs réglementés de vente de l'électricité, l'article L337-4 du Code de l'énergie dispose ainsi que « *la Commission de régulation de l'énergie transmet aux ministres chargés de l'économie et de l'énergie ses propositions motivées de tarifs réglementés de vente d'électricité [et que] la décision est réputée acquise en l'absence d'opposition de l'un des ministres dans un délai de trois mois suivant la réception de ces propositions* ». Il ajoute toutefois, par dérogation, que jusqu'au 7 décembre 2015, les tarifs réglementés sont arrêtés par les ministres sur proposition de la CRE.

L'article 2 du Décret n° 2009-975 du 12 août 2009 relatif aux tarifs réglementés de vente de l'électricité, tel qu'il résulte des modifications apportées par le Décret n° 2014-1250 du 28 octobre 2014, précise que « *sous réserve de la prise en compte des coûts de l'activité de fourniture de l'électricité aux tarifs réglementés d'Electricité de France et des entreprises locales de distribution* », le niveau des tarifs réglementés de l'électricité est déterminé par l'addition des coûts :

- de l'ARENH, déterminés en fonction du prix de l'Accès régulé à l'électricité nucléaire historique en vigueur ;
- du complément d'approvisionnement, incluant la garantie de capacité, calculé « en fonction des caractéristiques moyennes de consommation et des prix de marché à terme constatés » ;
- d'acheminement de l'électricité, déterminés en fonction du tarif d'utilisation des réseaux publics d'électricité (TURPE) ;
- de commercialisation, déterminés à partir des coûts de commercialisation d'un fournisseur d'électricité « au moins aussi efficace qu'Electricité de France dans son activité de fourniture des clients ayant souscrit aux tarifs réglementés de vente de l'électricité » ;
- et d'une « rémunération normale de l'activité de fourniture ».

S'agissant des tarifs réglementés de vente du gaz naturel, l'article L445-2 du même Code prévoit que les tarifs réglementés de vente du gaz sont établis par les ministres, sur avis de la CRE. Ils doivent **couvrir « l'ensemble des coûts » supportés par le fournisseur** (art. L445-3).

B. Règles de fixation

Les règles de fixation concrètes des tarifs réglementés sont complétées par des décrets :

- le Décret n°2009-975 du 12 août 2009 relatif aux tarifs réglementés de vente de l'électricité (électricité) ; ce décret a été modifié par le Décret n°2014-1250 du 28 octobre 2014 ;
- et le Décret n°2009-1603 du 18 décembre 2009 relatif aux tarifs réglementés de vente de gaz naturel ; il a été modifié par le Décret n°2013-400 du 16 mai 2013.

Le tableau ci-après synthétise les règles de fixation de ces tarifs réglementés.

Règles de fixation des tarifs réglementés de vente

	Tarifs réglementés de vente de l'électricité	**Tarifs réglementés de vente du gaz naturel**
Champ	**EDF** et les **distributeurs non nationalisés**	**GDF Suez**, **Total Energie Gaz**[34] et les **distributeurs non nationalisés**
Nombre de tarifs réglementés	**Un seul tarif** réglementé **pour tous** les fournisseurs historiques	**Un tarif pour chaque fournisseur.** On distingue : • une formule tarifaire propre à chaque fournisseur, • laquelle sert à déterminer des barèmes.
Nouvel examen général	Au moins une fois par an En cas d'évolution des prix de l'accès régulé à l'électricité nucléaire historique ou des tarifs d'utilisation des réseaux publics d'électricité, au maximum 1 mois après l'évolution	Le barème peut être réexaminé et révisé s'il y a lieu en fonction de l'évolution de la formule tarifaire et des coûts d'approvisionnement.

[34] Total Energie Gaz est le fournisseur historique de gaz naturel pour les clients raccordés directement au réseau de transport de gaz naturel dans la zone sud-ouest de la France (TIGF).

	Tarifs réglementés de vente de l'électricité	Tarifs réglementés de vente du gaz naturel
Procédure de fixation	• Les ministres chargés de l'économie et de l'énergie saisissent la CRE d'un projet d'arrêté, • La CRE dispose d'1 mois pour rendre un avis motivé (ce délai peut être porté à 2 mois), • Suite à cet avis motivé (ou en l'absence d'avis rendu dans le délai imparti[35]), les ministres chargés de l'économie et de l'énergie prennent un arrêté fixant les tarifs réglementés de vente d'électricité.	• La CRE doit, au plus tard le 15 mai de chaque année, publier **une analyse des coûts des fournisseurs**, • A partir de cette analyse, elle peut proposer au Ministère de revoir **la formule tarifaire** (fixée par arrêté), • Un arrêté des ministres chargés de l'économie et de l'énergie pris après avis de la CRE **fixe les barèmes** à l'issue de l'analyse détaillée, au plus tard le 1er juillet.
Base sur laquelle la CRE se repose pour rendre son avis	Voir A. (addition des coûts)	Éléments comptables produits par le fournisseur
Examen entre deux examens généraux	En cas d'évolution du prix de l'ARENH ou du TURPE	Au maximum **une fois par mois**, chaque fournisseur peut modifier ses barèmes en y répercutant les variations des coûts d'approvisionnement en gaz naturel, telles qu'elles résultent de l'application de sa formule tarifaire, sauf opposition du Premier ministre. Le fournisseur doit saisir la CRE et attendre un délai de 20 jours avant de pouvoir appliquer son augmentation.

Source : Décrets °2009-975 du 12 août 2009 et n°2009-1603 du 18 décembre 2009 (tels que modifiés par les Décrets n°2013-400 du 16 mai 2013 et n° 2014-1250 du 28 octobre 2014)

[35] Dans un tel cas, l'avis est réputé favorable.

2.01.3 Les offres de marché

Alors que les tarifs réglementés sont, comme leur nom l'indique, fixés dans le cadre d'une réglementation – ce qui n'offre de marge de manœuvre ni aux fournisseurs, ni aux consommateurs, les offres de marché sont diverses et reflètent le caractère beaucoup plus libre du cadre dans lequel elles évoluent. Cette partie présente une rapide typologie des offres de marché. Des informations plus détaillées sur les différents types de fournisseurs sont données dans la partie 3.

I. Types d'offres

Les offres de marché proposées sont diverses puisque chaque fournisseur est libre de déterminer l'offre qu'il souhaite. Néanmoins, on peut distinguer des traits communs aux différentes offres de marché proposées. Généralement, pour les particuliers, les offres de marché se partagent en trois catégories : les **offres à prix fixe garanti dans le temps**, les **offres avec une réduction mais dont le prix n'est pas garanti**, généralement indexées sur les tarifs réglementés en vigueur (TRV), et les **offres vertes**.

Aussi, les tarifs des offres de marché sont-ils généralement moins chers que les tarifs réglementés en vigueur. Lorsqu'ils sont plus chers, c'est classiquement que le fournisseur s'engage en contrepartie sur une durée de fixation des prix ou sur la source de l'énergie (origine verte, garantie d'origine ou certificat de compensation carbone). Les fournisseurs proposant des offres de marché significativement plus chères que les tarifs réglementés en vigueur sans aucune contrepartie sont en fait rares. C'est notamment le cas de l'offre « Mon contrat électricité 2012 » d'EDF qui est, selon l'observatoire du premier trimestre 2013 de la CRE[36], 11,2% plus chère que les tarifs réglementés en vigueur et n'est pas une offre à prix fixe.

Les sous-parties suivantes détaillent les différents types d'offres de marché susceptibles d'être proposées à un consommateur résidentiel. On distingue en effet des offres à prix indexé sur les tarifs réglementés en vigueur (A.), des offres à prix fixe (B.) et des offres qui ne sont ni indexées, ni fixes (D.). Il existe de plus des offres « vertes » promouvant le développement durable (C.).

---

[36] Observatoire du premier trimestre 2013, CRE, p. 19. Comparaison des prix pour un client en heures pleines et heures creuses ayant souscrit pour une puissance de 9 kVA. La comparaison établie révèle que l'offre « Mon contrat électricité 2012 » d'EDF est l'offre la plus chère.

Différence* entre les offres de marché à prix fixe et à prix indexé

<table>
<tr><th colspan="2"></th><th>Offres de marché à prix fixe</th><th>Offres de marché à prix indexé</th></tr>
<tr><td colspan="2">Prix au moment de la souscription</td><td>Généralement plus cher que les TRV (pour les particuliers, si la garantie s'applique sur plusieurs années)</td><td>Moins cher que les TRV</td></tr>
<tr><td colspan="2">Garantie sur la durée</td><td>Stable : prix garanti pendant une durée déterminée dans le contrat (généralement 1, 2 ou 3 ans)</td><td>Pas de garantie : évolue à la hausse ou à la baisse dans les mêmes proportions que les TRV</td></tr>
<tr><td rowspan="2">Prix à échéance du contrat</td><td>Par rapport au prix au moment de la souscription</td><td>Egal (le prix est fixe)</td><td>Peut avoir évolué à la hausse ou à la baisse</td></tr>
<tr><td>Par rapport aux TRV</td><td>• Si les TRV ont augmenté, l'offre à prix fixe peut se retrouver moins chère, voire beaucoup moins chère que les TRV
• Si les TRV n'ont pas augmenté ou ont baissé, l'offre à prix fixe est toujours plus chère que les TRV
NB : De fait, la tendance est à l'augmentation des TRV dans la durée (voir page précédente)</td><td>Moins cher que les TRV, dans les mêmes proportions qu'au moment de la souscription</td></tr>
</table>

Source : recherches internes Selectra

* : Ce tableau est un résumé permettant de comprendre la différence entre ces deux types d'offres. Il y a cependant des exceptions.

A. Les offres à prix indexé sur les tarifs réglementés en vigueur

1) Les offres avec une réduction par rapport aux tarifs réglementés en vigueur

Le premier type d'offres proposées correspond à des offres dont **le prix est indexé sur les tarifs réglementés en vigueur**. Pour ces offres, le fournisseur s'engage, pour une durée déterminée dans le contrat, à ce que les prix de l'énergie s'établissent à un certain niveau par rapport aux tarifs réglementés. Par exemple, le fournisseur peut s'engager à ce que le prix du kilowattheure d'électricité qu'il facturera à son client soit toujours 5% en-dessous du prix du kilowattheure d'électricité hors taxes tel qu'il est défini par les pouvoirs publics dans le cadre des tarifs réglementés.

Même si le prix peut être désindexé des tarifs réglementés après une période minimale, ordinairement d'un an, le fournisseur s'engage généralement à ce que le tarif commercialisé s'établisse à tout moment en-dessous du tarif réglementé en vigueur.

Ce type d'offres est proposé par les fournisseurs alternatifs souhaitant attirer de nouveaux clients par des prix bas. C'est ainsi un des types d'offres proposées par des fournisseurs comme Direct Energie, Eni, Proxelia, ou encore Planète Oui[37]. La réduction peut toutefois varier fortement en fonction du fournisseur. Certains proposent une réduction sur le prix du kWh HT[38] (Direct Energie, Eni), d'autres sur le prix de l'abonnement HT (Planète Oui) et d'autres sur les prix HT du kWh et de l'abonnement (Proxelia) EDF et GDF Suez ne proposent pas de telles offres.

2) Un cas particulier : les offres à prix égal aux tarifs réglementés en vigueur

Ces offres ressemblent à bien des égards aux offres à prix indexés. En effet, **le prix de ces offres suit également l'évolution**

---

[37] La réduction proposée par Planète Oui porte sur l'abonnement et non sur le prix du kWh. Elle est conditionnée à une consommation ne dépassant pas un plafond et à une auto-relève mensuelle.

[38] Prix indexés ou prix fixes, les garanties sont toujours apportées par rapport aux prix *hors taxes*. Une offre dont le prix du kWh est 5% sous les tarifs réglementés est donc, en réalité, 5% en-dessous des tarifs réglementés *hors taxes*. De même, une dont les prix de l'abonnement et du kWh sont fixes pendant 1 an est en fait une offre dont les prix *hors taxes* sont fixes pendant 1 an.

des tarifs réglementés en vigueur. Par contre, ces offres ne comprennent pas de réduction sur le prix des tarifs réglementés.

Ces offres sont pour la plupart proposées par des fournisseurs bénéficiant d'une réputation locale (Energem, fournisseur créé par l'ELD de Metz ou encore Lucia Energie) ou nationale, et qui revendiquent une qualité de service client particulière ou vendent leur proximité. C'est le cas des entreprises locales de distribution qui véhiculent une image de proximité et d'expérience dans la gestion de leur clientèle. Toutefois, ce type d'offres reste globalement peu répandu.

B. Les offres à prix fixe

1) Les offres plus chères au moment de la souscription, mais dont le prix est garanti dans le temps

Certains fournisseurs proposent des **offres de marché dites à prix fixe**. Pour une durée variant généralement de 1 à 4 ans[39], le fournisseur s'engage à ne pas augmenter ses tarifs. Habituellement plus chères que les tarifs réglementés au moment de la souscription, ces offres peuvent donc s'avérer intéressantes à terme en cas d'augmentation du tarif réglementé. GDF Suez, Eni, Direct Energie et Enerest commercialisent ce type d'offres.

L'engagement du fournisseur sur la durée se fait sans contrepartie du côté du consommateur, qui est libre de mettre fin à son abonnement quand il le souhaite.

2) Les offres à prix fixe et moins chères, dès la souscription, que les tarifs réglementés

Quelques offres à prix fixe sont proposées avec un prix égal ou inférieur aux tarifs réglementés au moment de la souscription, ce qui les rend particulièrement compétitives. Lampiris propose par exemple une offre d'électricité et une offre de gaz naturel inférieure au TRV. Antargaz propose aussi des prix fixes moins chers que les tarifs réglementés. L'offre Astucio Eco d'Eni est également moins chère que les tarifs réglementés au moment de la souscription[40].

---

[39] En décembre 2014, Eni a lancé une offre de gaz à prix fixe pendant 4 ans. Cette durée n'avait jamais été atteinte auparavant pour les particuliers.

[40] Source : comparateur Selectra – décembre 2014

C. Les offres dites « vertes »

La plupart des fournisseurs proposent des offres « vertes » : c'est le cas de Lampiris, Planète oui, Enercoop, Proxelia, Sélia, Alterna, Direct Energie, Eni et GDF Suez. Si les plus gros fournisseurs intègrent ces offres au sein d'une gamme plus large, certains petits acteurs s'en sont fait une spécialité. Certaines offres vertes sont plus chères que les TRV tandis que d'autres s'établissent à des prix plus bas.

Comprendre les offres « vertes »

		Offres vertes	
		Offres portant sur l'origine verte de l'énergie	**Offres reposant sur une équivalence**
Electricité	L'électricité peut être d'origine renouvelable ou non renouvelable. Toutefois, puisque l'électricité transite par un réseau commun, il n'est à aucun moment possible de distinguer les électrons provenant d'un moyen de production renouvelable des électrons provenant d'un moyen de production non renouvelable.	Existent (exemple, offre proposée par Enercoop). Le fournisseur garantit que l'électricité a été *directement* achetée auprès d'un producteur d'ENR.[41]	Existent. Le fournisseur garantit une équivalence au moyen de certificats de « garantie d'origine » : une quantité d'électricité d'origine renouvelable équivalente à la quantité d'électricité consommée a été injectée dans le réseau. Toutefois, le fournisseur peut s'approvisionner physiquement en électricité au moyen d'une énergie non renouvelable. (Par exemple, l'offre proposée par Planète Oui, Lampiris et l'offre 100% Pur Jus de Direct Energie)

[41] De fait, Enercoop doit garantir une équivalence. Comme les autres fournisseurs d'électricité verte, il a donc recours à des garanties d'origine. A la différence de ces derniers, il s'engage toutefois à ne pas dissocier la garantie d'origine de l'électricité qui a justifié son émission.

Gaz	Le gaz en lui même n'est pas une énergie verte puisque sa combustion produit du CO_2. Toutefois, l'utilisation de biogaz (gaz produit à partir de matières organiques) permet de réduire les émissions de gaz à effet de serre.	N'existent pas, par définition (voir colonne de gauche). Le biogaz, cependant, est un gaz en développement qui a un impact écologique plus faible.	Existent, de la même manière, avec les certificat de compensation d'émission de CO_2.

Source : recherches internes Selectra

Les garanties d'origine (certification de l'origine renouvelable)

Les garanties d'origine certifient que l'électricité consommée a été compensée par l'injection dans le réseau d'une quantité équivalente d'énergie en provenance d'un moyen de production d'électricité d'origine renouvelable.

La directive 2009/28/CE a organisé le système de garanties d'origine au niveau européen. Depuis le 1er janvier 2012, il est en effet prévu qu'il existe un seul système de certification de l'origine renouvelable de l'électricité par État membre. Pour chaque MWh d'énergie renouvelable produit, une « Garantie d' Origine » est émise. Chaque garantie d'origine (*Guarantees of Origin* – GoOs) contient des informations qui apportent la preuve que le MWh d'électricité a été produit en utilisant un moyen de production renouvelable.

Chaque certificat émis a une durée de validité de 12 mois, c'est-à-dire qu'il doit être utilisé dans les 12 mois suivant son émission. Jusqu'à son utilisation, le certificat peut être vendu sur des marchés. EEX est par exemple une plateforme d'échange de ces certificats.

D. Les offres non indexées sur les TRV et non fixes

Enfin, certains fournisseurs, comme EDF, Alterna, Enalp et Sélia commercialisent des offres de marché plus ou moins chères que les tarifs réglementés en vigueur sans y adjoindre de garantie des prix pendant une certaine durée, de caractéristique verte, ou d'indexation sur les tarifs réglementés. Ils construisent leur grille tarifaire par empilement de coûts à un moment donné pour se garantir une marge et non par rapport aux tarifs réglementés.

Parmi ces fournisseurs, Alterna, Sélia ou encore Enalp ont été créés par des entreprises locales de distribution avec une forte dimension rurale. Enalp propose notamment une offre d'électricité économique. Enfin, les offres d'Alterna peuvent être plus ou moins intéressantes selon les profils.

Les différentes offres de marché d'électricité proposées aux particuliers au troisième trimestre 2014

Niveau par rapport aux TRV au moment de la souscription	Nom de l'offre	Fournisseur	Type d'offre
Moins chères que les tarifs réglementés en vigueur	Online	Direct Energie	Indexée sur le TRV
	Domelia	Proxelia	Prix fixe
	Directe	Direct Energie	Indexée sur le TRV
	100% Pur Jus	Direct Energie	Indexée sur le TRV *et* « verte »
	Offre unique d'électricité 100% renouvelable (Base)	Planète Oui	Indexée sur le TRV *et* « verte »*
	100% Energie Verte	Lampiris	Prix fixe *et* « verte »
Egales aux tarifs réglementés en vigueur	e-Dolce 2 ans, DolcePrimo 1 an et 2 ans	GDF Suez	Prix fixe
	Mistral	Lucia	Prix fixe
	Objectif élec	Energem	Indexée sur le TRV
Plus chères que les tarifs réglementés en vigueur	Integrall	Sélia	Non indexée sur les TRV *et* non fixe
	AlpÉnergie	Proxelia	« Verte »
	Integreen	Sélia	« Verte »
	Idéa	Alterna	Non indexée sur les TRV *et* non fixe
	Idéa vert	Alterna	« Verte »
	DolceVert 1 an et 2 ans	GDF Suez	Prix fixe
	Offre unique d'électricité 100% renouvelable (HP/HC)	Planète Oui	« Verte »*
	Esprit Libre	Direct Energie	Prix fixe
	Mon Contrat Electricité	EDF	Non indexée sur les TRV *et* non fixe
	Offre particuliers	Enercoop	« Verte »

* L'offre de Planète Oui est un peu particulière. Alors que les offres indexées sur les tarifs réglementés en vigueur comportent généralement une réduction sur le prix du kilowattheure par rapport aux TRV, l'offre de Planète Oui comporte une réduction sur le prix de l'abonnement. Le prix du kilowattheure est égal au prix des TRV. Par contre, dans le cas d'une option heure pleine / heures creuses, les heures creuses sont plus onéreuses que les TRV. Autre particularité : la réduction, chez Planète Oui, est soumise à conditions.

Les différentes offres de marché de gaz naturel proposées aux particuliers au troisième trimestre 2014

Niveau par rapport aux TRV au moment de la souscription	Nom de l'offre	Fournisseur	Type d'offre
Moins chères que les tarifs réglementés en vigueur	Le gaz au prix du gaz	Lampiris	Prix fixe
	Essentiel	Eni	Indexée sur le TRV
	Online	Direct Energie	Indexée sur le TRV
	Idéa gaz	Alterna	Prix fixe
	Le Pack 2 ans	Antargaz	Prix fixe
	Le Pack 1 an	Antargaz	Prix fixe
	Astucio Eco	Eni	Prix fixe révisable à la baisse
	Directe	Direct Energie	Indexée sur le TRV
Egales aux tarifs réglementés en vigueur Plus chères que les tarifs réglementés en vigueur	e-Dolce 2 ans, Dolce Primo 1, 2 ou 3 ans	GDF Suez	Prix fixe
	DolceVert 1 ou 2 ans	GDF Suez	Prix fixe et « Verte »
	Mon contrat Gaz Naturel	EDF	Prix fixe
	Esprit Libre	Direct Energie	Prix fixe
	Planète	Eni	Prix fixe révisable à la baisse et « Verte »
	Assistance	Eni	Prix fixe révisable à la baisse

Source : ces tableaux ne sont pas exhaustifs. Ils ont été réalisés à partir d'informations extraites de l'Observatoire des marchés de l'électricité et du gaz, du troisième trimestre 2014 de la CRE (p. 19, 20, 37 et 38). Seules les offres citées dans ces deux pages ont été rapportées ici.

Même si la CRE, dans observatoire, ne retient que deux types d'offres (prix fixe ou prix indexés), nous avons choisi de retenir un éventail de classement plus étendu. Aussi, lorsqu'une offre ne met en avant ni des prix par rapport aux tarifs réglementés, ni des prix fixes et n'est pas verte, nous avons considéré qu'elle était « Non indexée sur les TRV et non fixe ».

TRV = tarifs réglementés de vente

NB : la disposition des offres à l'intérieur d'une catégorie (« Moins chères que les tarifs réglementés en vigueur » par exemple) ne traduit aucun classement.

E. La spécificité des offres à destination des Professionnels

La catégorie des professionnels est en fait une catégorie hétérogène puisqu'elle regroupe des professionnels ayant des besoins en consommation très divers :

- profils de basses consommations : professions libérales, petits artisans, commerçants ;
- consommation moyenne : entreprises, grandes surfaces ;
- consommation élevée : industriels.

Les offres de marché à destination des professionnels se déclinent en deux types : les **offres à prix *fixe*** et les **offres à prix *indexés***.

Comme pour les particuliers, les **offres à prix fixe pour les professionnels** sont des offres destinées à apporter au consommateur une sécurité et une visibilité à moyen terme. Le client professionnel se voit garantir par avance, pour une durée comprise entre 1 et 3 ans, un niveau de prix pour son énergie. Aussi, à consommation d'énergie équivalente, le consommateur paiera le même prix, quelle que soit l'évolution des tarifs réglementés ou des prix du marché de l'électricité ou du gaz naturel.

Les offres à prix indexés sont différentes, pour les professionnels, des offres à prix indexés pour les particuliers. En effet, les professionnels disposent de la faculté d'indexer le prix de leur énergie sur les tarifs réglementés ou sur les prix de marché. D'une part, **ils peuvent décider d'indexer le prix auquel ils achètent l'électricité ou le gaz naturel sur les tarifs réglementés en vigueur** au moment de la souscription du contrat ou de la première livraison d'énergie. Ce type d'offre permet à l'entreprise de bénéficier d'une réduction sur le prix du kilowattheure d'électricité ou de gaz naturel par rapport aux tarifs réglementé en vigueur. Le professionnel est ainsi sûr de payer son énergie toujours moins chère que les tarifs réglementés. Par contre, il n'obtient pas de garantie dans le temps de stabilité des prix : si les tarifs réglementés augmentent, le prix auquel l'énergie est facturée au client augmente également dans les mêmes proportions.

D'autre part, pour les grands clients professionnels (profil tarif vert pour l'électricité et profil de tarif B2S ou supérieur pour le gaz), le client peut opter pour **l'indexation du prix de son énergie sur les cours du marché**. Dans ce cas, le contrat stipule que le prix facturé au client est indexé sur **un des indices** (ou éventuellement sur un panier d'indice) **du marché de gros** de l'électricité ou du gaz naturel. Dans le cas du gaz naturel, le prix peut également être indexé sur **les produits pétroliers**.

Ainsi, différentes offres existent pour les professionnels selon leur degré d'aversion au risque. Un professionnel très averse au risque préférera opter pour une offre à prix fixe ou une offre à prix indexé sur les tarifs réglementés. Au contraire, un professionnel peu averse au risque et souhaitant tirer profit de l'évolutions des cours sur les marchés de l'énergie préférera opter pour une offre à prix indexé sur les cours du marché.

II. Aspects techniques des offres de marché

A. Champ des offres de marché

La plupart des offres de fourniture d'électricité incluent également son acheminement. Dans ce cas, le fournisseur est l'interlocuteur privilégié du client. Ce sont des **contrats uniques**.

Toutefois, certains clients (entreprises) peuvent décider de ne souscrire avec un fournisseur qu'un **contrat de fourniture et de souscrire séparément un contrat d'acheminement** (un CARD : contrat d'acheminement par le réseau de distribution ou un CART : contrat d'acheminement par le réseau de transport). Cela permet au client de pouvoir opter pour le fournisseur d'énergie de son choix, quand bien même ce fournisseur n'aurait pas souscrit avec le gestionnaire de réseau de distribution dont le client relève un contrat d'acheminement[42]. Cette possibilité est particulièrement utile pour les industriels présents sur un territoire de desserte d'une entreprise locale de distribution.

B. Offres de marché et risques

Un contrat de fourniture, qu'il soit unique ou pas, n'a de conséquences que sur la partie fourniture de la chaîne de la valeur de l'énergie. Le prix de l'abonnement et du kWh d'énergie dépend donc du fournisseur choisi et la qualité du service client peut varier d'un fournisseur à l'autre. Par contre, quel que soit le fournisseur retenu, l'acheminement reste du ressort des gestionnaires des réseaux d'acheminement dont relève le client. Il n'y a donc pas de différence pour ce qui est de la qualité de l'énergie fournie et le

[42] Ces contrats entre le gestionnaire du réseau de distribution (GRD) et le fournisseur sont appelés « contrats GRD-F ».

changement de fournisseur n'occasionne ni coupure d'alimentation, ni modification technique de l'installation.

Les particuliers et petits consommateurs professionnels conservent en outre la faculté de revenir aux tarifs réglementés (voir partie 2, « règles d'éligibilité »)[43].

Le devoir d'information du fournisseur.

Tout fournisseur d'électricité ou de gaz naturel a pour obligation d'informer de manière claire et lisible les consommateurs de l'offre commercialisée. Afin de faciliter la comparaison et la compréhension, un consommateur peut toujours trouver, en plus des conditions générales de ventes, une **fiche d'information standardisée** qui contient les informations suivantes :

1. Caractéristiques de l'offre (tarifs réglementés ou offre de marché et options incluses, le cas échéant) ;
2. Prix (et le cas échéant, durée de la promotion) ;
3. Durée du contrat ;
4. Facturation et modalités de paiement ;
5. Conditions de révision des prix ;
6. Conditions de résiliation à l'initiative du client et à l'initiative du fournisseur ;
7. Coordonnées du service client et du service réclamation.

Le droit de rétractation

Tout consommateur bénéficie d'un droit de rétractation qu'il peut exercer dans les 14 jours ouvrés suivant la conclusion d'un contrat à distance. Ce droit ne s'applique pas lorsque le client a souscrit son contrat en boutique. Par contre, il s'applique dès lors que le client a conclu son contrat à distance (par téléphone ou sur internet) ou qu'il a été l'objet d'un démarchage (porte-à-porte). Toutefois, en situation de mise en service (déménagement), le client peut renoncer à son délai de rétractation pour disposer de son énergie dans les meilleurs délais.

[43] Puissance souscrite inférieure à 36 kVA (électricité) ; consommation annuelle inférieure à 30 MWh (gaz).

Section 2.02 Demande : un marché dynamique mais des consommateurs peu informés

6 millions de contrats sont signés chaque année pour l'électricité et 1,5 millions de contrats sont signés chaque année pour le gaz naturel. Cette forte demande est supportée par les fréquents déménagements. Toutefois, les professionnels du secteur du logement et les médias peinent, dans une large mesure, à informer les clients de leur possibilité de souscrire un contrat chez un fournisseur alternatif. Il en résulte que les clients restent encore peu informés et que les fournisseurs historiques effectuent la majorité des souscriptions, même si les fournisseurs alternatifs sont en progression, en particulier s'agissant du gaz.

2.02.1 Une demande encore empreinte de l'esprit de monopole

La demande sur le marché de l'énergie français est encore fortement liée au rythme des emménagements. Ce constat est positif, dans la mesure où le taux de renouvellement des contrats est important. Toutefois, il traduit une méconnaissance encore importante du marché de l'énergie par les consommateurs, ceux-ci ayant tendance à ne se préoccuper de leur fourniture d'énergie qu'en situation d'emménagement.

I. Des souscriptions dynamisées par les mises en service

A. Un taux de renouvellement de contrat élevé

Le marché est **dynamique** puisque la proportion de nouvelles souscriptions par rapport aux contrats existants est en France de 3 à 4% par trimestre, en moyenne, soit de 12 à 16% par an.

Le nombre de souscriptions de contrats d'électricité et de gaz, chaque année, est relativement important puisque, tous les ans, 16 contrats d'électricité et 12 contrats de gaz, pour 100 sites, sont conclus.

Pour comparaison, le nombre de ventes de nouveaux contrats de téléphonie mobile, d'après l'*Observatoire des marchés des communications* publié par l'ARCEP[44] était, entre décembre 2011 et septembre 2012, de 10% en moyenne par trimestre par rapport au parc existant, soit de 40% par an.

---

[44] L'Autorité de régulation des communications électroniques et des postes (ARCEP) est l'autorité administrative indépendante chargée, en particulier, de la régulation du secteur de la téléphonie mobile en France. Elle est à ce secteur ce que la CRE est aux marchés de l'énergie.

	Electricité	Gaz	*Téléphonie mobile (à titre comparatif)*
Nb. de sites	**35 700 000**	**11 200 000**	*67 460 000*
Nb. de contrats par trimestre (moyenne 2011-2012)	**1 603 300**	**355 000**	*6 754 000*
Taux trimestriel de changement	**4%**	**3%**	*10%*
Taux annuel de changement	**16%**	**12%**	*40%*

Sources des données : CRE et ARCEP

B. L'emménagement, un moment clef

1) La grande majorité des souscriptions de contrats d'électricité et de gaz est faite lors de l'emménagement dans un nouveau logement.

L'analyse des parts de marché des fournisseurs historiques et alternatifs, en dynamique (c'est-à-dire non pas en nombre de clients mais en nombre de nouveaux clients) révèle en effet que **seule une minorité des souscriptions de contrats concerne des changements de fournisseur** (16% des souscriptions de contrats d'électricité et 10% des souscriptions de contrats de gaz).

FOCUS – Les mises en service et les changements de fournisseur

Au sein des nouvelles souscriptions, on distingue communément les **mises en service**, qui correspondent à la **souscription d'un nouveau contrat d'énergie** (soit parce que la fourniture est coupée dans le nouveau logement, soit parce que le titulaire du contrat a changé) des **changements de fournisseurs**, qui recouvrent les cas où le titulaire d'un contrat d'électricité ou de gaz pour une installation donnée décide de **changer son fournisseur d'énergie**.

Le nombre trimestriel de mises en service et de changements de fournisseur (nombre moyen par trimestre constaté entre octobre 2011 et juin 2012)

Electricité

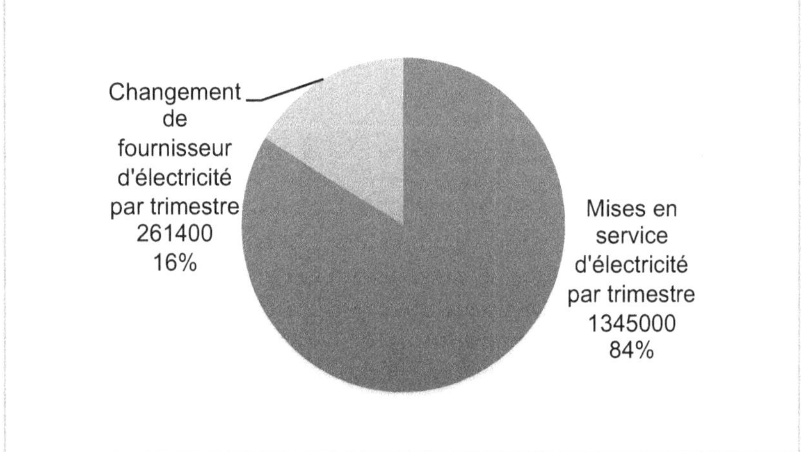

Gaz

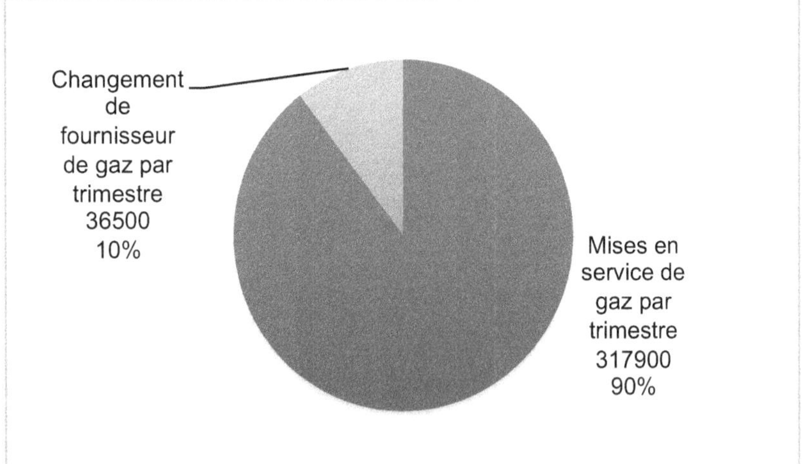

Source des données : CRE

C. Un dynamisme saisonnier (les principales périodes favorables à la souscription sont l'été et le début de l'hiver)

La dynamique des nouvelles souscriptions étant fortement liée aux emménagements, le marché des souscriptions des contrats d'électricité et de gaz a une **dynamique saisonnière très notable.** On observe des différences en nombre de souscriptions d'environ 30% selon les saisons.

Cette saisonnalité est largement due à l'influence du calendrier sur les mises en service puisque celles-ci représentent une large part des souscriptions de contrats d'électricité et de gaz.

On note deux pointes de souscriptions pour les contrats d'électricité et de gaz. Une correspond à **l'été**, c'est-à-dire à une période propice aux déménagements et locations de logements étudiants. L'autre correspond à la **fin de l'automne et au début de l'hiver** à un moment où de nombreux clients procèdent à une souscription qu'ils avaient repoussé jusque-là en prévision des chutes de température. D'ailleurs, le nombre de souscriptions de contrats de gaz **varie davantage selon le mois de l'année que pour l'électricité** car si l'électricité est un service indispensable tout au long de l'année, les chaudières à gaz ne fonctionnent en priorité que l'hiver.

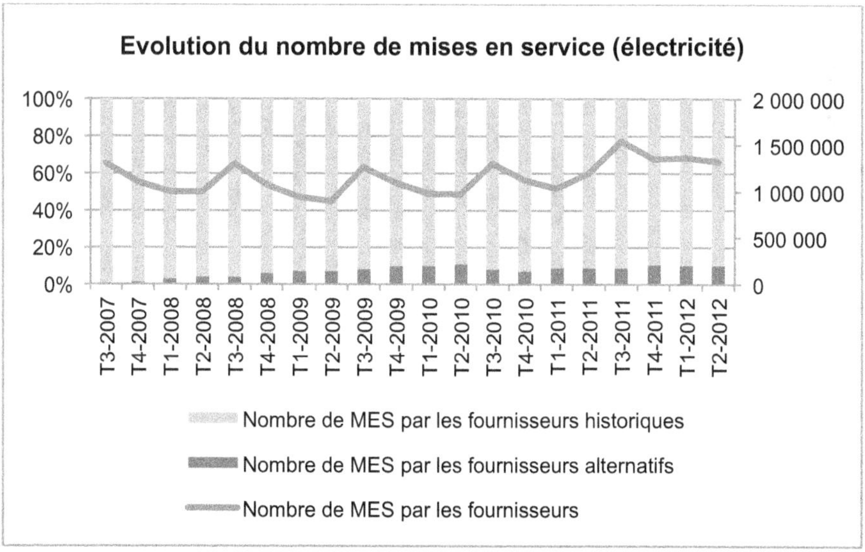

NB : Les valeurs maximales correspondent à chaque fois aux troisièmes trimestres de l'année (on observe un pic). En revanche, un minimum est observé de manière récurrente les deuxièmes (et éventuellement premiers) trimestres. L'écart est de 28% en moyenne.

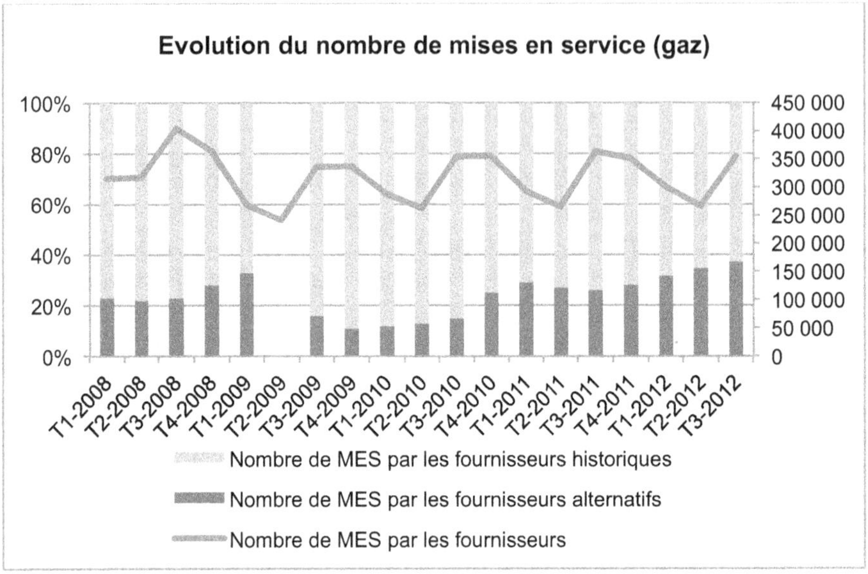

NB : Les valeurs maximales correspondent, chaque année, aux troisième (et quatrième) trimestres. Les ventes sont minimales pour lors du deuxième trimestre (mois d'avril à juin). La différence entre le nombre de vente moyen lors des troisièmes trimestres et lors des deuxièmes trimestres est de 34%.

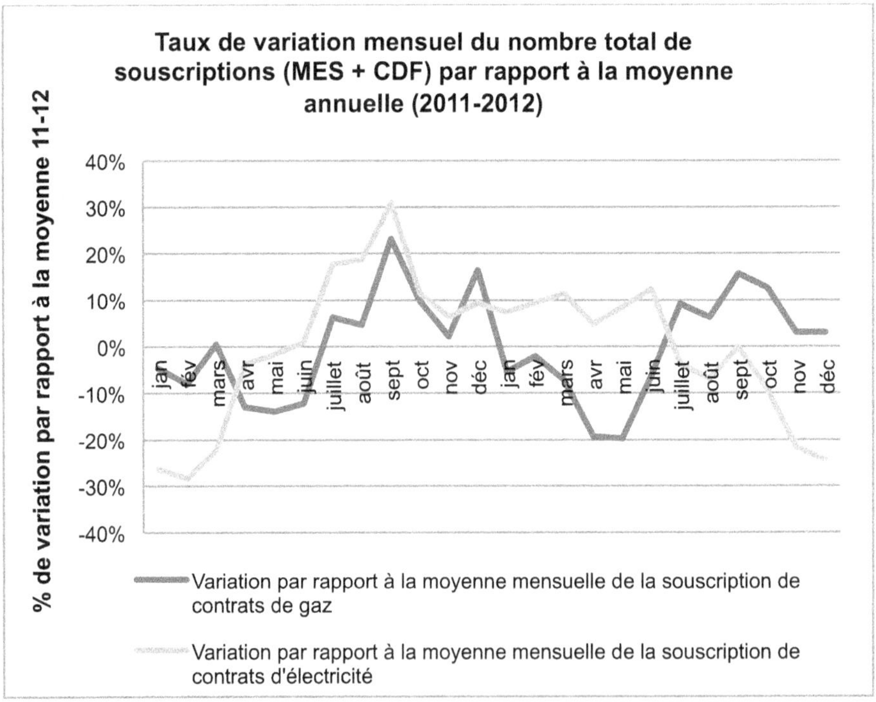

Source des données : CRE

II. Des dynamiques encore défavorables aux offres des fournisseurs alternatifs

Le manque d'information des consommateurs empêche que le dynamisme du marché bénéficie de manière plus forte aux fournisseurs alternatifs. Malgré la forte dynamique du marché des souscriptions de contrats de fourniture d'énergie en France, les fournisseurs alternatifs ne captent encore qu'une minorité de ces nouveaux contrats. Cette situation est la conséquence d'un manque général d'information et d'une réticence diffuse des professionnels à communiquer auprès des consommateurs sur les opportunités liées à l'ouverture des marchés de l'énergie.

A. Des consommateurs mal informés

La progression relative des fournisseurs alternatifs (et en particulier des nouveaux entrants) sur le marché français de l'énergie est à mettre en relation avec la faible connaissance par les Français des possibilités offertes par l'ouverture à la concurrence du marché.

Le médiateur national de l'énergie et la Commission de régulation de l'énergie ont entrepris de publier chaque année, depuis 2007, un baromètre annuel sur l'ouverture des marchés. La ***8ème édition du baromètre annuel Energie-Info sur l'ouverture des marchés publié le 31 octobre 2014 par le médiateur national de l'énergie et la commission de régulation de l'énergie***[45] révèle que les Français[46] sont encore peu informés de la possibilité qu'ils ont de changer de fournisseur d'énergie.

Les baromètres successifs permettent de dégager quatre tendances notables.

Un peu moins de la moitié des Français ne savent pas qu'ils peuvent changer de fournisseur de gaz ou d'électricité : en 2014, seuls 50% des sondés savent qu'ils peuvent changer de fournisseur d'électricité. La proportion est légèrement plus importante s'agissant du gaz (54%).

La connaissance des Français de leur possibilité de changer de fournisseur s'est peu améliorée en 5 ans : en effet, la proportion de sondés informés, bien qu'en hausse, reste relativement faible, cinq années après l'ouverture à la concurrence du

[45] Enquête téléphonique, réalisée en septembre 2012 par l'institut CSA sur un échantillon de 1503 foyers français.
[46] Les sondés sont des particuliers et non des professionnels.

marché puisqu'elle est passé entre 2007 et 2012 de 30% environ à près de 50%. Si elle est légèrement orientée à la baisse en 2014, la connaissance varie selon la catégorie socio-professionnelle, l'âge et l'énergie utilisée, les jeunes CSP+ consommateurs de gaz étant plus informés que les personnes âgées sans qualification ne consommant que de l'électricité.

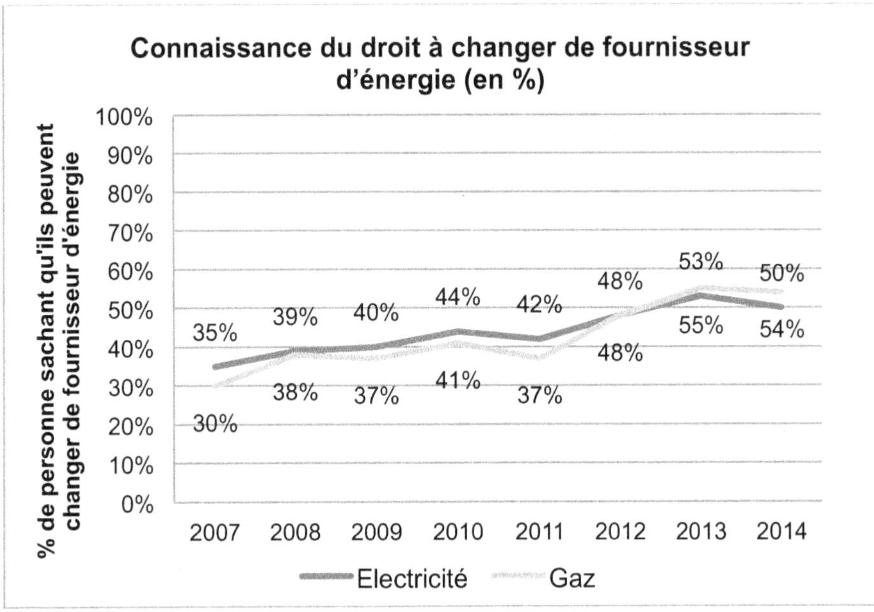

Sources des données : Baromètre annuel Energie-Info sur l'ouverture des marchés – Octobre 2014

Plus spécifiquement, une large proportion des Français reste mal informée sur les différents acteurs du marché de l'énergie. En 2014, 31% seulement savaient qu'EDF et GDF Suez étaient deux entreprises « différentes et concurrentes ». De plus, les tarifs réglementés bénéficient d'une image positive puisqu'ils sont perçus comme moins chers que les offres de marché (32%) ou au même prix (33%) même si 71% des ménages considèrent que l'ouverture du marché à la concurrence est une bonne chose en 2014 (ils étaient 59% en 2007).

Enfin, la notoriété des concurrents d'EDF et GDF est améliorable. En 2010, le baromètre (LH2) révélait que si spontanément, 100% des personnes de l'étude connaissaient EDF en tant que fournisseur d'électricité et que 82% avaient entendu parler de GDF comme fournisseur d'électricité (vraisemblablement, pour la plupart, en amalgamant EDF et GDF), seulement 58% citaient spontanément Direct Energie, 5% Alterna, 4% Planète Oui et 2% Enercoop. De même s'agissant du gaz, alors que 100% des sondés citaient GDF et 75% EDF, seuls 52% ont cité Direct Energie, et 13% Altergaz[47].

Et ce en dépit de l'intérêt apparent des Français pour la question de l'énergie puisque près de 4 foyers sur 5 déclarent que la consommation d'énergie est un sujet important et que 64% des Français estiment que leurs factures d'énergie représentent une part importante des dépenses totales du foyer.

B. Un environnement conservateur

En plus du manque d'information des consommateurs sur les offres de marché, ceux-ci évoluent dans un environnement qui reste assez défavorable à ce type d'offres. En effet, au-delà de la méconnaissance des mécanismes d'éligibilité, l'essor des fournisseurs alternatifs et de gaz est rendu difficile par **un environnement qui reste assez conservateur**.

1) *Des professionnels souvent réticents à informer les consommateurs*

Les professionnels, normalement censés informer les consommateurs de leurs possibilités, restent assez frileux face aux offres de marché. La pleine concurrence, plus qu'elle n'est empêchée par le défaut d'information des consommateurs sur l'organisation du marché de l'énergie depuis les réformes de 2004 et de 2007, est surtout rendue difficile par la perception négative des offres de marchés véhiculée de manière récurrente par ceux qui sont censés être experts de ce domaine. Certains professionnels apportent des informations parcellaires ou inexactes aux consommateurs au moment de souscrire un contrat. Cet environnement donne aux consommateurs une perception biaisée des offres de marché.

a) *Les agences immobilières jouent globalement un rôle négatif dans la pénétration des fournisseurs alternatifs en orientant très régulièrement les consommateurs vers « EDF-GDF ».*

Dans leur accession au logement, les particuliers sont amenés à rencontrer différents professionnels (agences immobilières, notaires) ou, plus généralement, des tiers (propriétaire d'un logement mis en

[47] Altergaz est depuis devenu Eni.

location par exemple). Certains de ces interlocuteurs ne participent cependant pas à leur rôle d'information.

A la souscription d'un contrat de location, l'**agence immobilière** est souvent l'interlocuteur principal du particulier, qui s'en remet à elle pour le guider dans le cadre des démarches administratives. Mais au lieu de les informer sur le fonctionnement du marché, ces agences véhiculent régulièrement des informations inexactes. D'une part, elles conseillent dans la plupart des cas à leur client « d'appeler EDF », « d'appeler GDF » ou encore « d'appeler EDF-GDF », faisant ainsi preuve d'une méconnaissance singulière des évolutions en ce domaine depuis 2005. D'autre part, quand le locataire mentionne l'existence de fournisseurs alternatifs et demande à son agence s'il a l'autorisation de souscrire chez un fournisseur alternatif, l'agence véhicule bien souvent des informations qui ne sont non plus des omissions mais de vraies contre-vérités.

De plus, alors que le locataire a la pleine liberté contractuelle en matière de contrat de fourniture d'énergie, certains propriétaires, généralement par manque d'information, forcent la main de leur locataire.

Quelques unes des contrevérités *parfois* relayées par les agences immobilières	
L'information donnée par l'agence	**La vérité**
« Appelez EDF. »	**FAUX :** Il faudrait dire « Appelez un fournisseur d'électricité ».
« Appelez GDF. »	**DOUBLEMENT FAUX :** GDF s'appelle GDF Suez, et il faudrait dire « appelez un fournisseur de gaz) ».
« Appelez EDF-GDF. »	**TRIPLEMENT FAUX :** • Il faudrait dire « appelez un fournisseur d'électricité et de gaz ou un fournisseur d'électricité puis un fournisseur de gaz » ; • GDF s'appelle GDF Suez et EDF-GDF n'existe plus depuis 2005 ; Si le client appelle EDF croyant appeler EDF-GDF et bénéficier des tarifs réglementés, EDF lui proposera les tarifs réglementés pour l'électricité mais ne pourra lui proposer de tels tarifs pour le gaz (puisque c'est GDF Suez qui propose ces tarifs).
« Une intervention technique sur le compteur est nécessaire si l'on change de fournisseur. »	**FAUX :** Aucune intervention technique n'est nécessaire en cas de changement de fournisseur ; plus généralement, il n'y a aucune différence technique entre les fournisseurs puisque le réseau de distribution est commun.
« Il y a risque de coupure en cas de changement. »	**FAUX :** Le changement de fournisseur n'a aucune conséquence technique.
« Le locataire ne doit pas quitter les tarifs réglementés sous peine de ne plus pouvoir y revenir et d'engager son propriétaire de manière irréversible. »	**FAUX :** Le principe de réversibilité fait que tout consommateur résidentiel a le droit de revenir aux tarifs réglementés après les avoir quittés.
« Le locataire doit obtenir l'autorisation de son propriétaire avant de faire le choix d'un fournisseur alternatif. »	**FAUX :** Le locataire est toujours libre de son choix de fournisseur d'énergie, et ce d'autant plus que ce choix n'a aucune incidence technique. Le choix d'un fournisseur alternatif n'a donc aucune conséquence, ni sur le propriétaire du logement, ni sur le locataire suivant.

Source : recherches internes Selectra

b) *La couverture de l'organisation du marché de l'électricité et du gaz par les médias nourrit généralement les idées reçues assez négatives à leur égard.*

L'entrée en vigueur de la nouvelle organisation du marché de l'électricité et du gaz s'établit dans un contexte médiatique qui lui est dans l'ensemble **assez indifférente dans ses aspects positifs et appuyée dans ses aspects négatifs.** Cette couverture, si elle n'a globalement pas conduit à l'éducation des consommateurs, a de fait **largement accru leur méfiance vis à vis des fournisseurs d'énergie dans leur ensemble**.

Certes, certains articles sont informatifs et présentent le fonctionnement du marché de l'électricité et du gaz.

On note en effet la présence d'articles informatifs sur le sujet. A l'occasion de l'ouverture du marché à la concurrence, de rares articles ont expliqué, d'une manière neutre, les **possibilités ouvertes par la nouvelle organisation du marché de l'énergie en France**. C'est le cas de différents articles parus dans « les échos[48] ». Quelques articles mentionnant la disponibilité d'offres « **vertes** » ont aussi été publiés. D'autres journaux se sont de plus fait l'écho de brèves diverses sur l'évolution des entreprises du secteur. Enfin, certains journaux ont publié des articles suite à la création, par le Médiateur de l'énergie, d'un site internet permettant de comparer en ligne les offres des différents fournisseurs d'électricité et de gaz.

Par contre, **les articles d'opinion sur le sujet sont relativement rares** (quelques articles d'opinion ont émis un jugement sur l'organisation du marché de l'énergie, comme un article du Figaro du 6 mars 2013[49]) et les informations sur la vie des entreprises du secteur, quand elles sont relayées, le sont souvent sous la forme de dépêches d'agences.

Enfin, les offres des fournisseurs alternatifs ne sont globalement pas relayées dans les médias. A titre d'exemple, entre 2007 et 2012, tout média français confondu[50], il y a une occurrence de la mention « offre Directe » de Direct Energie qui permet pourtant des économies substantielles (de 5% sur le prix du kWh d'électricité pour les ménages à 10% pour les professionnels jusqu'en 2013). L'offre « horizon » d'eni n'est à aucun moment citée.

---

[48] « La facture de gaz ou d'électricité : à qui préférez-vous l'acquitter ? », FRANCOIS LEBRUN, 744 mots, 9 octobre 2009, Les Echos

[49] « Énergie : la concurrence bénéficie aux particuliers », Le Figaro, 6 mars 2013, Frédéric De Monicault

[50] Cette analyse a été effectuée en utilisant Factivia, un service en ligne qui agrège les articles de 31 000 sources à travers le monde et permet d'effectuer des recherches par mots-clés

Planète Oui, qui permet pourtant des économies de 20% sur le prix de l'abonnement et, plus généralement, est un fournisseur « vert » n'a bénéficié sur la période que d'un seul article de journal (une interview de son P-DG), les autres articles citant Planète Oui ne le mentionnant que dans la parenthèse située après l'expression « concurrents d'EDF GDF ».

Cependant, les journaux présentent le marché de l'électricité et du gaz sous un angle globalement négatif.

D'une part, les **journaux font de manière récurrente le lien entre l'augmentation des prix de l'énergie et son ouverture à la concurrence**. C'est le cas, par exemple, dans des articles publiés dans de grands quotidiens nationaux[51].

D'autre part, la tonalité des articles qui évoquent le sujet paraît davantage négative que positive. En effet, la grande majorité des articles de journaux évoquant les fournisseurs d'électricité et de gaz ou plus spécifiquement l'ouverture à la concurrence du marché **sont tournés sous un jour critique ou sceptique**. Les articles de tendance sur le sujet présentent le paysage d'une réforme ayant induit des changements majeurs qui ne sont pas nécessairement dans l'intérêt du consommateur. Certains articles évoquent ainsi les conflits internes entre les fournisseurs, véhiculant une image brouillonne et désorganisée quand ils ne suggèrent pas l'apprêté d'un combat entre des intérêts particuliers au détriment de l'intérêt général (conflit entre EDF et GDF Suez, sous l'angle des conflits de personnalité entre leur deux P-DG, conflit de stratégie s'agissant de leurs filiales ERDF et GrDF qui utilisent des services communs et qui évoluent vers une séparation, conflit entre les fournisseurs alternatifs et les fournisseurs historiques, ou entre le gouvernement et les fournisseurs alternatifs dans une logique qui laisse supposer que les fournisseurs alternatifs, avec l'appui de l'Union européenne, attaqueraient de front le gouvernement, lequel préserverait les intérêts des ménages français).

D'autres articles font état des **modifications profondes (et négatives) induites par la concurrence**. Il peut s'agir des modifications de l'organisation d'EDF et de GDF Suez, de l'augmentation des prix, établissant un lien de causalité entre l'ouverture à la concurrence des marchés de l'électricité et du gaz et l'augmentation des prix de l'énergie en France – ainsi, la loi NOME de 2010 est bien souvent présentée comme une conséquence des décisions prises à Bruxelles dans un sens défavorable au

[51] « Cinq ans après, la concurrence dans l'énergie est un échec », Le Figaro.fr - 01/07/2012 - 411 mots et « Pourquoi l'ouverture du marché de l'énergie a-t-elle échoué ? », Le Monde.fr - 03/07/2012 - 676 mots

consommateur[52]. C'est ainsi qu'on peut noter, très régulièrement, une tonalité nostalgique dans ces articles, évoquant par exemple la « disparition des voitures bleues d'EDF-GDF » puisque ERDF et GrDF vont « divorcer ». Il est aussi parfois évoqué l'instillation d'une logique commerciale qui prive les agents de la faculté de négocier (avant de couper la fourniture en énergie d'un logement par exemple) et témoignent d'une disparition de l'humain.

De plus, il est souvent fait référence au marché de l'énergie à l'occasion de **faits divers qui accroissent l'image négative de la réforme dans l'opinion publique**. De nombreux faits divers relayés dans les médias témoignent d'une supposée dégradation du service public ; cette thématique est en effet le fil conducteur liant une multitude d'échos. Il peut s'agir des mésaventures de clients privés d'électricité (l'article suggérant que de telles pratiques n'existaient pas avant) – avec pour conséquence la progression de violences à l'encontre des personnels d'ERDF-GrDF, ce qui alimente la nostalgie évoquée précédemment, ou encore de cas très particuliers – et au demeurant choquants, alimentant la perception d'une dégradation du service public[53].

Enfin, si les journaux ne relaient que rarement les brèves des fournisseurs d'énergie, ils le font de manière fréquente pour des dépêches qui attirent de facto la méfiance des consommateurs vis-à-vis des fournisseurs alternatifs. Par exemple, ils relaient les appels à la vigilance d'EDF suite à une campagne de spams. Cela est louable, mais attise la méfiance des utilisateurs vis-à-vis des modalités de souscriptions de contrats à distance. De plus, les médias tendant à véhiculer les mésaventures de clients abusés par des ventes forcées de contrats, ce qui a des retombées négatives sur les fournisseurs alternatifs[54].

---

[52] « Une hausse des tarifs, au nom de la concurrence », 517 mots, 26 novembre 2010, Sud Ouest ou encore « Electricité: la rente nucléaire cédée au privé », Mediapart (site web) - 21/09/2011

[53] « Elle paie depuis onze ans la facture de son voisin », Laurent Mansart, 439 mots, 22 février 2013, Le Parisien-Aujourd'hui en France ou « À Fresnes, sans électricité pendant cinq jours et personne pour la mettre au jus », 637 mots, 13 février 2013, La Voix du Nord

[54] « Un lecteur nous raconte sa mésaventure avec un faux agent d'EDF », Nord Éclair - 02/03/2013 - 648 mots

FOCUS – Des fournisseurs alternatifs désavantagés ?

Les fournisseurs alternatifs pâtissent de plusieurs désavantages.

Les distributeurs d'électricité et de gaz sont astreints à une stricte neutralité vis-à-vis des fournisseurs d'énergie puisqu'ils ne doivent privilégier aucun d'entre eux. Cette question prend un relief particulier s'agissant des mises en service. En effet, c'est le distributeur qui est mandaté par le fournisseur pour mettre en service l'installation du client. Aussi, le distributeur ne doit-il théoriquement pas avantager le fournisseur historique par rapport aux fournisseurs alternatifs. Toutefois, certains clients rapportent que les distributeurs proposeraient dans certains cas des délais de mise en service moins longs pour les clients du fournisseur historique que pour les clients de fournisseurs alternatifs. En fait, les fournisseurs alternatifs peuvent se plaindre d'un traitement différencié. En conséquence, il est peu vraisemblable d'imaginer une absence de neutralité d'un point de vue global. Par contre, certains agents d'ERDF et de GrDF peuvent dissuader les clients de choisir un fournisseur alternatif.

De plus, les fournisseurs alternatifs ne sont pas placés dans la même situation que les fournisseurs historiques lorsqu'il s'agit de retrouver l'installation de consommation d'énergie du client. Le fournisseur, pour pouvoir finaliser la souscription, doit en effet retrouver un le point de livraison du consommateur (PDL) pour l'électricité ou le point de comptage et d'estimation du consommateur (PCE), pour le gaz naturel. Afin de retrouver ce numéro, un logiciel est mis à la disposition des fournisseurs par le gestionnaire de réseau de distribution. ERDF met à disposition un logiciel appelé SGE tandis que GrDF met à disposition un logiciel appelé Omega. Alors qu'EDF peut effectuer des recherches en utilisant le nom de l'ancien occupant, puisqu'il dispose d'une base commerciale très étendue, les fournisseurs alternatifs ne peuvent, avec SGE, qu'effectuer une recherche par adresse. Si l'opérateur de saisie entre ensuite le nom de l'ancien occupant et que ce nom correspond effectivement à l'adresse saisie, le logiciel est configuré pour le lui dire. Par contre, le logiciel ne communique pas le nom de l'ancien occupant qui reste grisé sur l'interface. Cette impossibilité complexifie la tâche des fournisseurs alternatifs. De plus, elle peut conduire, dans de rares cas, à des erreurs.

Un autre désavantage réside dans le mode de signature du contrat. En cas de contentieux entre un consommateur et son fournisseur, une preuve de signature du contrat est nécessaire pour le fournisseur. Le mode de preuve est toutefois différent selon le type de contrat. Lorsqu'un client bénéficie des tarifs réglementés de vente ou, plus largement, souscrit un contrat dans une situation d'emménagement, la signature du client n'est pas nécessaire. En revanche, en cas de changement de fournisseur pour une offre de marché, un contrat signé est nécessaire. Certains petits fournisseurs alternatifs exigent donc, par mesure de sécurité, d'obtenir un contrat signé avant de commencer la fourniture d'énergie. Cela les prive d'une partie importante du flux de clientèle, beaucoup de consommateurs ne souhaitant pas perdre du temps à envoyer un contrat signé avant de bénéficier de leur fourniture d'énergie.

III. Bilan : des consommateurs frileux à rassurer

Les consommateurs sont généralement peu et mal informés sur l'organisation du marché de l'énergie en France depuis son ouverture à la concurrence et ils évoluent dans un environnement largement défavorable au développement des offres de marché. De ce fait, les consommateurs expriment de la méfiance vis-à-vis des offres à prix de marché, et de manière générale, adoptent une **attitude assez défensive** lorsque toutes les subtilités de ce nouveau fonctionnement leur sont présentées. Il en découle des tactiques commerciales qui tendent, pour certaines, à réduire l'information donnée au consommateur, ce qui peut, *a posteriori*, accroître sa méfiance vis-à-vis des fournisseurs alternatifs et enrichir un « cercle vicieux », dont l'existence est attestée par la propagation de témoignages de consommateurs s'estimant trompés sur internet, lesquels, parfois relayés par la presse, donnent une vision déformée et négative de la réalité.

Lorsque la possibilité de souscrire une offre de marché distincte des tarifs réglementés est présentée à un client potentiel, le *prospect* réagit de manière variée ; ses différentes réactions témoignent de l'existence de profils de clients différents. Cette diversité requiert, de la part du commercial, une réponse appropriée. On fera d'abord la liste des craintes qui sont généralement exprimées avant de s'essayer à catégoriser les prospects selon des « profils types ».

A. Les craintes exprimées en amont de la souscription du contrat

Les craintes exprimées par les prospects sont de trois dimensions. Elles concernent l'offre présentée, la portée de l'action de quitter le fournisseur historique (c'est-à-dire de changer pour un fournisseur alternatif ou de ne pas souscrire chez le fournisseur historique pour un fournisseur alternatif) et, plus généralement, ce qui est parfois perçu comme un manque de capital de crédibilité. Cet état de fait impose une œuvre de pédagogie visant à rassurer le client.

1) Les craintes liées aux offres de marché

Les craintes ont d'abord trait à l'offre présentée.

De prime abord, **le fait que le mot « offre » puisse être associé à la fourniture d'électricité et de gaz paraît déconcertant pour certains consommateurs habitués au tarif réglementé**. Il y a ici un aspect affectif fort lié à l'ancienneté de ces offres, un scepticisme plus traditionnel vis-à-vis de la concurrence. Enfin – et surtout, la fourniture d'électricité et de gaz est encore largement perçue comme un service uniforme en contrepartie d'un tarif (assimilé à une sorte d'impôt) davantage qu'un bien dont les caractéristiques, potentiellement différentes, peuvent donner lieu à des offres à des prix différents. Aussi, le contenu de l'offre présentée suscite-il également des interrogations récurrentes de la part des clients, lesquels sont parfois étonnés de l'existence de ces offres multiples.

La qualité des offres proposées est ensuite parfois un sujet d'inquiétude, le client ne **comprenant pas toujours la différence entre ERDF et EDF** et pensant que les clients d'EDF, en l'espèce, bénéficieront pour l'électricité d'un **service de meilleur qualité**. Aussi, s'agissant des mises en service pour des logements où l'électricité est coupée, certains clients préfèrent-ils contracter avec le fournisseur historique, pensant pouvoir bénéficier d'une mise en service sous un délai plus rapide.

Le prix de l'offre peut donc déconcerter le client qui ne comprend pas la raison pour laquelle un fournisseur peut lui proposer un prix moindre pour un même service. Le client est alors soucieux de s'assurer que le service sera bien de qualité identique.

Conséquemment, les offres à prix fixes suscitent communément moins de questionnements du point de vue de la qualité du service proposé. Elles peuvent néanmoins générer des questions sur l'après, le client craignant une augmentation soudaine des prix à l'échéance de son contrat. D'autres consommateurs peuvent être découragés par une offre leur paraissant plus (ou aussi) chère que les tarifs réglementés tandis que d'autres se montreront intéressés par une offre qui leur garantira un prix fixe sur la durée.

2) Les craintes liées à la portée de l'action de quitter le fournisseur historique

Un nombre non négligeable de clients expriment leur inquiétude sur les conséquences à long terme de leur décision de quitter le fournisseur historique. Ces inquiétudes portent sur la réversibilité de ce choix et prennent un relief particulier lorsque le client se croit dans l'incapacité de prendre une telle décision.

Certains prospects **craignent de ne pouvoir retourner aux tarifs réglementés** s'ils souscrivent une offre de marché. La persistance de cette crainte diffuse dans la population est le résultat d'une **publicité médiatique assez forte sur le fait qu'avant 2010, il n'était en effet pas possible de retourner aux tarifs réglementés** si ceux-ci avaient été quittés. Peu d'information ayant été donnée sur la nouvelle législation depuis 2010 qui instaure le principe de réversibilité (voir supra), l'ambiguïté n'apparaît pas toujours levée dans l'esprit des clients, constituant, d'une certaine manière, une entrave à la concurrence.

Cette remarque est **particulièrement valable pour les locataires**, qui ne souhaitent pas engager leur propriétaire. En fait, cette crainte démontre une méconnaissance du fait que le choix d'un fournisseur d'électricité et de gaz incombe à l'occupant du logement et non à son propriétaire, d'une part, et que, d'autre part, le choix du locataire n'a aucune conséquence, ni présente, ni future, pour le propriétaire.

3) Les craintes liées à un déficit de crédibilité

Si EDF et GDF Suez bénéficient d'une forte image de marque associée à « EDF » et « GDF », les rendant identifiables, comme le montrent les enquêtes de notoriété, par 99,9% de la population, les marques des fournisseurs alternatifs sont beaucoup moins connues. Un premier obstacle à la concurrence est donc le **peu de notoriété dont bénéficient les concurrents des deux fournisseurs historiques** et, par corollaire, **le faible capital de confiance** dont ils disposent (celui-ci étant souvent associé à l' « image de marque »). Toutefois, l'image de marque de certains fournisseurs alternatifs progresse rapidement, comme celle de Direct Energie.

La crédibilité des fournisseurs alternatifs a été défavorablement affectée par le recours massif au porte-à-porte afin d'augmenter leur portefeuille de clients. Les fournisseurs sous-traitent généralement cette activité à des sociétés spécialisées et des cas de ventes forcées ont été rapportés. Aussi, les fournisseurs qui ont recours au porte-à-porte sont amenés depuis quelques années à mettre en place des procédures de contrôle plus strictes afin de s'assurer que le client a bien été informé de l'offre et que son accord a bien été recueilli.

Enfin, le nombre d'informations demandées lors de la souscription d'un nouveau contrat est régulièrement un sujet d'étonnement pour les clients. Ceux-ci pensent pouvoir faire suivre leur ancien contrat vers leur nouvelle adresse, ou faire changer le nom du titulaire du contrat pour le logement dans lequel ils emménagent.

En définitive, les motifs d'insatisfaction du client en amont de la souscription du contrat tiennent avant tout au manque de connaissance généralisé des consommateurs sur le sujet.

De plus, on peut se demander la raison pour laquelle on observe une plus grande pénétration des fournisseurs alternatifs sur le marché du gaz que de l'électricité. Outre l'argument de la stratégie commerciale qui pousse les fournisseurs à davantage d'offensive sur le front du gaz, deux autres arguments peuvent être avancés.

En raison d'un marché de gros moins concentré, les marges sont plus élevées sur le métier de fournisseur de gaz que pour le métier de fournisseur d'électricité. Eni n'est donc présent que sur le marché de la fourniture de gaz naturel. Il y est un acteur important et a recours au porte-à-porte pour augmenter son parc de clients. De même, Lampiris propose une remise par rapport aux tarifs réglementés bien plus intéressante pour ce qui est du gaz que s'agissant de l'électricité.

Par ailleurs, alors qu'il a toujours été dans l'habitude d'associer EDF à électricité, ce que la stratégie française gaullienne de l'investissement dans le nucléaire renforce, le gaz a toujours vu plusieurs distributeurs dans le domaine du propane. De plus, il n'est pas associé à une filière de production nationale, puisque le gaz est importé. Aussi, dans l'esprit des consommateurs, le gaz est peut-être associé à GDF de manière moins pavlovienne que l'électricité à EDF.

B. Les principaux motifs d'insatisfaction du client en aval de la souscription du contrat.

Une fois le contrat chez un fournisseur alternatif signé, les principaux motifs d'insatisfaction du client tiennent aux erreurs d'estimation, aux délais de mise en service et au déficit d'information de certains clients qui soit n'ont pas compris que le fournisseur alternatif est distinct du fournisseur historique ou soit, s'étant a posteriori renseignés sur ces fournisseurs, croient devoir exercer leur droit de rétractation.

1) Les erreurs d'estimation

Le motif qui justifie le plus souvent les résiliations des contrats de personnes ayant souscrit chez un fournisseur alternatif sont les erreurs d'estimation, qui, quelles qu'en soit le sens, nuisent à la longévité du contrat.

En effet, deux cas peuvent se présenter :

- Soit la consommation a été sous-estimée. Dans ce cas, les mensualités payées par le client sont faibles et la situation lui paraît avantageuse dans un premier temps. En revanche, après le relevé du compteur par le technicien du GRD, le client reçoit une facture de régularisation élevée, ce qui peut avoir pour conséquence d'entraîner la décision pour le consommateur de changer de fournisseur puisqu'il estimera que sa facture est trop élevée (le surcoût ponctuel annulant les bénéfices du moindre-coût mensuel). Beaucoup de clients décident de ne pas payer leur facture suite à ce phénomène connu sous le nom de *bill shock*.
- Soit la consommation a été surestimée. Dans ce cas là, le client reçoit un échéancier élevé et est amené à payer des mensualités bien supérieures à ce qu'il devrait payer. Avant même qu'un technicien n'ait relevé le compteur et permis l'émission d'un remboursement du trop-perçu pour l'abonné, il est possible que celui-ci décide de quitter le fournisseur qui lui semblera trop cher. De fait, en amont de la souscription du contrat, les consommateurs tendent à comparer les mensualités plutôt que les prix du kWh. Certains commerciaux peuvent donc être incités à sous-évaluer la consommation du client pour le pousser à souscrire.

C'est pourquoi l'estimation au plus juste de la consommation du client apparaît tout à fait primordiale. Le développement de compteurs intelligents est de ce point de vue une évolution souhaitable.

2) *Les autres motifs d'insatisfaction du client a posteriori*

a) *Le changement d'avis du consommateur*

Un petit nombre de consommateurs exercent leur droit de rétraction (de 14 jours après la souscription de leur contrat, sauf s'il y a renoncé). La rétractation est souvent motivée par le sentiment d'avoir trouvé mieux ailleurs entre temps.

b) *Les délais de mise en service*

Un autre motif plus répandu d'insatisfaction du client est les délais de mise en service que certains clients jugent trop long, ce qui les amène à tenter de contracter avec un autre fournisseur dans l'espoir de se voir proposer une date de mise en service plus rapide.

Ces tentatives révèlent en fait un défaut d'information des clients sur le fait que le choix du fournisseur n'impacte pas les délais de mise en service de leur installation.

C. Les « profils » de clients

Il est possible de discerner des comportements similaires selon des critères objectifs tels que l'âge ou la situation professionnelle des clients. On peut ainsi distinguer quatre grands profils types correspondant à quatre attitudes types face aux offres proposées par les fournisseurs alternatifs.

Ces quatre profils s'articuleraient autour d'un profil correspondant au **client moyen** qui se caractérise par quatre traits :

- Il est **pressé** ; généralement peu ou moyennement informé sur les offres d'énergie, il vient d'emménager, doit gérer de nombreuses obligations liées au déménagement, est quelques fois dans une situation d'urgence vis à vis de l'énergie (électricité et/ou gaz coupé) ; aussi souhaite-t-il un service rapide et efficace ;
- Il est **prudent**, **averse au risque** et peu intéressé par une offre qui serait trop différente de celle de son voisin, de l'ancien occupant, ou de ce qu'il se rappelle avoir eu ;
- Le **prix** n'est donc pas un critère déterminant dans le choix de son offre ; le client moyen n'a d'ailleurs pas le réflexe de comparer les différentes offres des différents fournisseurs ;
- En définitive, la fourniture d'électricité et/ou de gaz lui paraît davantage une **formalité à accomplir** pour bénéficier d'un service que l'occasion de trouver l'offre en or ; il sera donc réceptif à des arguments visant à lui proposer une solution simple, réglementée, solide et rapide.

		Niveau d'information sur l'organisation du marche		
		Faible	**Moyen**	**Elevé**
Attitude vis-à-vis de la concurrence	**Négative**	« Le réfractaire, par principe » Personnes âgées ; risque de rétractation	*- jeunes*	« Méfiant » Peu répandu. • *Soit* personnes qui se considèrent très bien renseignées et pensent que les fournisseurs alternatifs sont des pièges (résultat de l'écho négatif donné par certains médias de la situation ante 2010 où l'on ne pouvait plus retourner aux tarifs réglementés une fois ceux-ci quittés) ; • *Soit* personnes déçues par les fournisseurs alternatifs en raison généralement d'un problème d'estimation ou d'impayé (voir ci-dessus)
	Neutre	*- diplômés*	Majorité des gens…	*diplômés*
	Positive	« L'émerveillé » Une minorité : se montrent intéressées lorsqu'elles découvrent l'étendue des possibilités ouvertes par la nouvelle législation	*+ Jeunes*	« Le calculateur » Peu nombreux ; Très renseignés ; Quelques fois intéressés par offre énergie verte etc. Soucieux de beaucoup de renseignements : prix kWh, etc. Client peu pressé (un des seuls cas où le client n'est pas pressé). N'apprécie pas toujours quand il faut souscrire vite et/ou sans trace écrite.

Source : recherches internes Selectra

NB : Plus l'intensité de la couleur est forte, plus il y a de personnes dans la catégorie. Ces profils types, comme leur nom l'indique, sont des profils types, c'est-à-dire qu'ils n'ont aucune prétention à représenter l'intégralité des situations existantes, lesquelles sont bien entendu d'une grande diversité.

2.02.2 Fournisseurs alternatifs : une dynamique encourageante, mais une progression relative

En France, l'ouverture des marchés de l'électricité et du gaz s'est faite sans démanteler l'ancien monopole *(voir section 1.03 – le choix du mode d'ouverture à la concurrence en France : un choix original)*. **Les importantes parts de marché d'EDF et de GDF Suez ne sont donc pas surprenantes**. Afin de déterminer la performance des nouveaux entrants sur le marché, il est intéressant d'analyser les parts de marché des différents fournisseurs sur le segment de marché des *nouvelles* souscriptions. Cette analyse permet de neutraliser l'effet de stock, c'est-à-dire l'impact négatif sur les parts de marché des nouveaux fournisseurs qu'a le stock important de contrats toujours détenus par les fournisseurs historiques).

Sur le segment de marché des nouvelles souscriptions, la performance des fournisseurs alternatifs est très encourageante comme le montre le tableau ci-dessous, en particulier sur le marché du gaz.

Parts de marché des fournisseurs alternatifs (électricité)

	En nombre de sites, au 30/06/2014		En nombre de ***nouvelles*** souscriptions pendant le deuxième trimestre de l'année 2014	
	Sites résidentiels	Sites non résidentiels	Sites résidentiels	Sites non résidentiels
En nombre de sites	8,7%	8,5%	**25,7%**	12,2%*
En consommation fournie	6,7%	20,7%		

* : Cette moindre performance peut s'expliquer par le fait que peu de fournisseurs alternatifs proposaient des offres pour les clients ayant une puissance souscrite comprise entre 42 et 240kVA (clients éligibles au tarif réglementé jaune), même si cela change avec la disparition, fin 2015, des tarifs réglementés.

Parts de marché des fournisseurs alternatifs (gaz naturel)

	En nombre de sites, au 30/06/2014		En nombre de ***nouvelles*** souscriptions pendant le deuxième trimestre de l'année 2014	
	Sites résidentiels	Sites non résidentiels	Sites résidentiels	Sites non résidentiels
En nombre de sites	15,2%	26,9%	**53,8%**	**61,1%**
En consommation fournie	15,4%	50,3%		

Source des données : *Observatoire des marchés de l'électricité et du gaz*, CRE.

L'importante part de marché des fournisseurs alternatifs sur le marché des nouveaux contrats d'énergie doit cependant être relativisée selon le type d'énergie. Elle est **beaucoup plus significative s'agissant du gaz que de l'électricité**. Le marché de gros du gaz naturel, moins concentré que le secteur de la production d'électricité, permet des différences de prix plus importantes entre les fournisseurs. Il rend le marché du gaz plus intéressant pour les fournisseurs alternatifs. Ils tendent de fait à axer leur stratégie commerciale sur l'augmentation de leurs parts de marché sur le segment du gaz naturel.

Les développements ci-après se fondent sur les données des six premiers mois de l'année 2014, telles qu'elles sont présentées dans l'Observatoire des marchés de l'électricité et du gaz de la CRE.

I. Une progression des offres de marché portée par les mises en service

Les fournisseurs alternatifs commencent à bénéficier du flux continu de nouvelles souscriptions. En effet, lors du choix de leur fournisseur d'énergie, une part non négligeable des consommateurs opte pour un fournisseur alternatif.

A. Le quart des souscriptions de contrats d'électricité est réalisé chez un fournisseur alternatif.

S'agissant de l'électricité, 24% des souscriptions (mises en service ou changements de fournisseur) ont été effectuées chez un fournisseur alternatif au cours du premier semestre 2014. Ce chiffre est d'autant moins négligeable que la part de marché des fournisseurs alternatifs sur le marché de l'électricité est aux alentours de 8,7% du nombre de sites résidentiels à la mi 2014.

Les parts de marché des fournisseurs alternatifs sont en nette progression. A titre de comparaison, entre octobre 2011 et juin 2012, seules 16% des souscriptions avaient abouti chez un fournisseur alternatif.

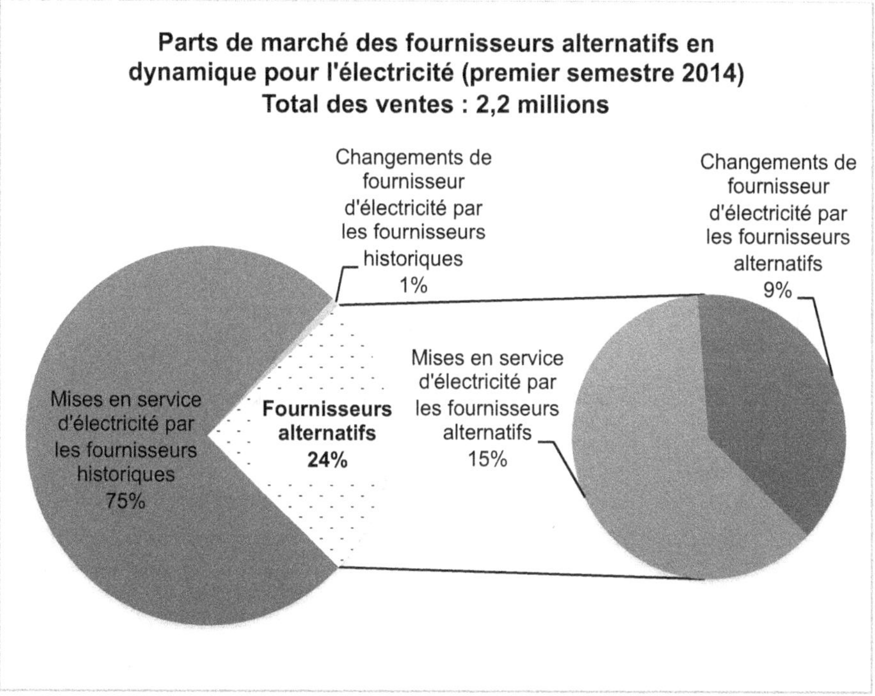

Source des données : Observatoire des marchés de l'électricité et du gaz, CRE

B. Plus de la moitié des souscriptions de nouveaux contrats de gaz naturel sont effectuées chez les fournisseurs alternatifs.

S'agissant du gaz, la proportion de souscriptions prises en charge par un fournisseur alternatif est plus élevée, à 56%, sur les six premiers mois de l'année 2014 alors que la part de marché des fournisseurs alternatifs est au total de 15,2% à la mi 2014.

Les parts de marché des fournisseurs alternatifs sont en nette progression. Entre octobre 2011 et juin 2012, seules 38% en moyenne des nouvelles souscriptions étaient réalisées par un fournisseur alternatif. Les parts de marché des fournisseurs alternatifs représentaient 10,7% fin 2012.

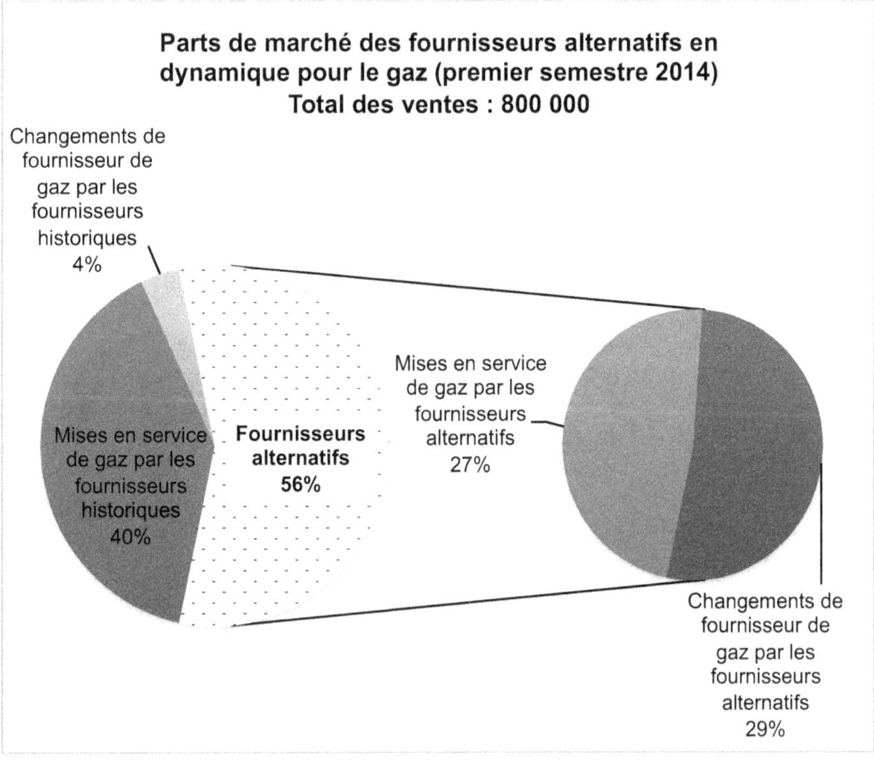

Source des données : Observatoire des marchés de l'électricité et du gaz, CRE

II. Un effet de stock important qui bénéficie aux fournisseurs historiques

Suite à l'ouverture à la concurrence des marchés du gaz et de l'électricité, on observe une **pénétration non négligeable des fournisseurs alternatifs sur le marché**.

Toutefois, la pénétration des fournisseurs alternatifs est **largement contrastée** selon le type **de clients** (résidentiels ou non résidentiels) et selon que l'on analyse la progression du **nombre d'installations** desservies ou qu'on s'attache à étudier la **quantité** d'énergie distribuée. De plus, les offres des fournisseurs historiques restent largement prédominantes.

Les fournisseurs alternatifs ont progressé, particulièrement sur le segment des gros industriels.

1) Electricité

Pour l'électricité, les parts de marché des fournisseurs alternatifs s'agissant du **nombre de sites desservis** ont progressé pour atteindre, tant pour la consommation résidentielle que pour la consommation non résidentielle **près de 9% à la mi-2014** (contre près de 7% à la mi-2012).

L'évolution des parts de marché en quantité d'électricité délivrée est assez différente ; en 2014, la différence est notable entre les parts de marché pour la consommation résidentielle (près de 7%) et pour la consommation non résidentielle (un peu plus de 20%). Cela suggère que les industries très consommatrices d'électricité optent plus facilement pour une offre de marché. Ces proportions ont peu varié en deux ans.

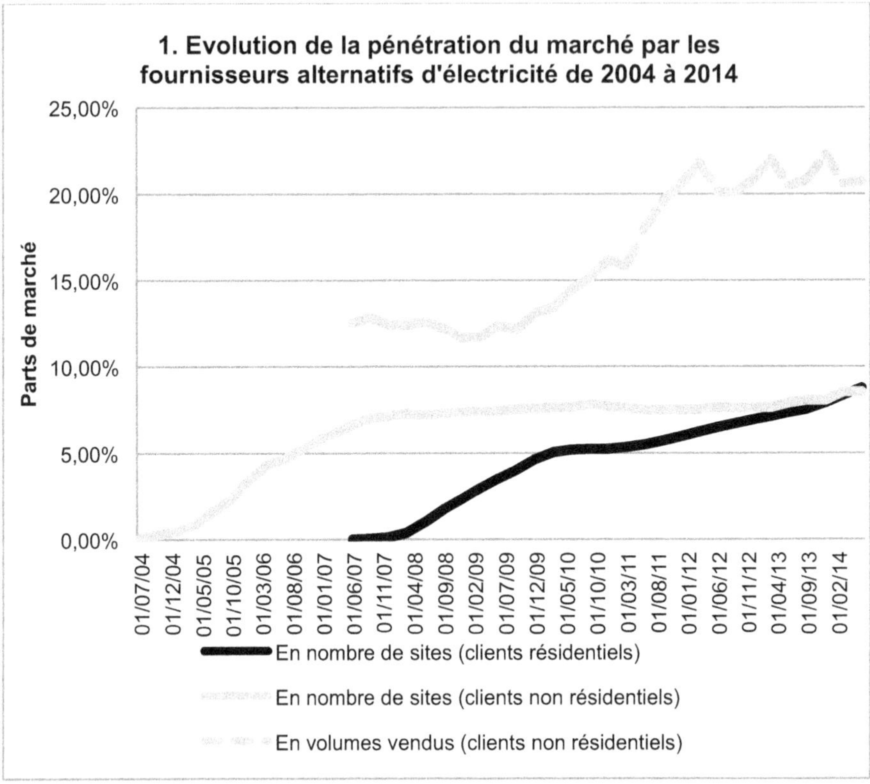

Source des données : CRE

NB : la CRE ne fournit pas de données entre 2004 et 2007 sur les volumes vendus d'électricité Les parts de marché en nombre de sites et en volume vendus sont confondues pour les clients résidentiels.

2) Gaz naturel

Le marché du gaz est davantage pénétré par les fournisseurs alternatifs, et présente une dynamique forte en ce sens.

S'agissant du gaz, les parts de marché des fournisseurs alternatifs, en ce qui concerne le **nombre de sites desservis** ont progressé de manière importante et continue depuis 2004 (clients non résidentiels) ou 2007 (clients résidentiels) jusqu'à 2014, atteignant en fin de période respectivement 27% et un peu plus de 15% (contre 22% et 10% il y a deux ans). Le rythme d'augmentation est similaire dans les deux cas.

En quantité de gaz fournie, la progression des fournisseurs alternatifs est encore davantage notable puisqu'elle atteint jusqu'à 50% pour les sites non résidentiels et 15% pour la consommation résidentielle (contre 40% et 10% il y a deux ans). Ces différences observées peuvent, là encore, s'expliquer par la progression du nombre de gros industriels (ou en tout cas de clients professionnels consommant une quantité supérieure de gaz à la moyenne des consommateurs professionnels) qui ont rejoint les fournisseurs alternatifs d'électricité.

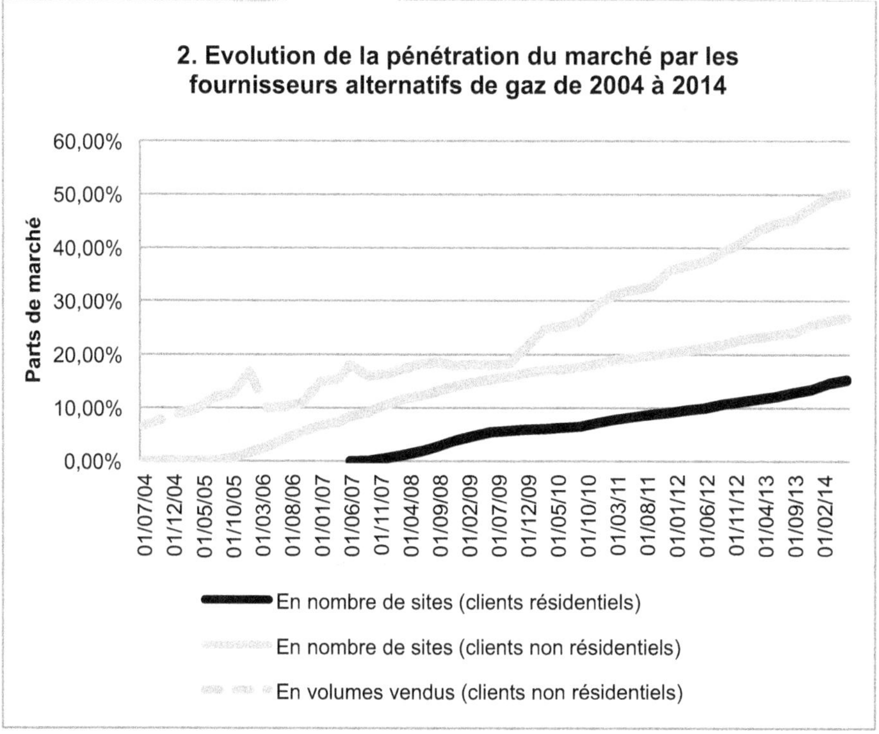

Source des données : CRE

NB : Les parts de marché en nombre de sites et en volume vendus sont confondues pour les clients résidentiels.

III. Une progression des offres de marché en partie due au développement d'EDF sur le marché du gaz et de GDF Suez sur le marché de l'électricité

La performance des offres de marché masque en fait le développement important d'EDF et de GDF Suez. Les deux anciens monopoles publics ont en effet développé leur activité sur les offres de marché soit pour leur énergie historique soit pour une autre énergie.

EDF est un fournisseur historique d'électricité. Il peut à ce titre proposer des offres de fourniture d'électricité aux tarifs réglementés. De plus, il peut aussi proposer des offres de marché de fourniture d'électricité. Enfin, il développe son activité dans la fourniture de gaz naturel. Pour le gaz naturel, il ne peut proposer que des offres de marché et est considéré comme un fournisseur alternatif.

Rappel : Les offres de marché peuvent être proposées par les fournisseurs alternatifs et historiques.

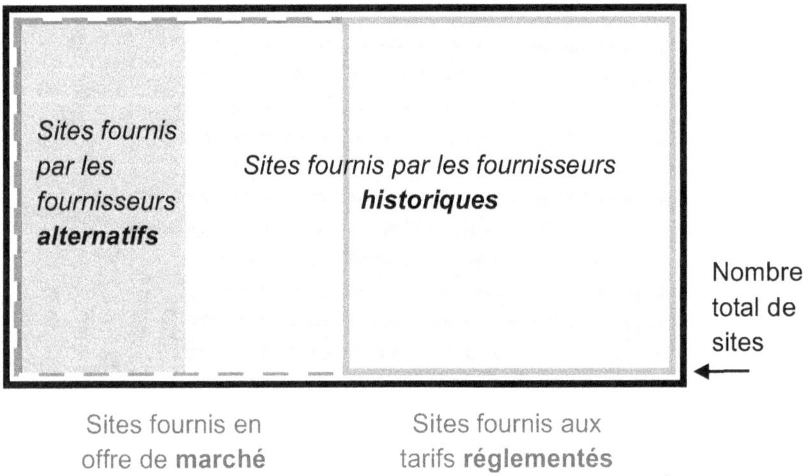

NB : la taille des rectangles n'est pas proportionnelle à l'importance des segments considérés.

A. La forte progression des offres de marché est la conséquence de la **proposition de ces offres par les fournisseurs historiques** pour les gros consommateurs

Un nombre croissant de clients contractent une offre de marché, même en restant chez le fournisseur historique.

L'adoption des offres de marché coïncide généralement, s'agissant des particuliers, avec le choix d'un opérateur alternatif (c'est-à-dire autre qu'EDF pour l'électricité et que GDF Suez pour le gaz). En effet, la pénétration des offres de marché se confond avec celle des fournisseurs alternatifs s'agissant de l'électricité à destination des consommateurs résidentiels. Cependant, un certain nombre de clients particuliers optent pour des offres de marché de gaz tout en restant chez GDF Suez.

En revanche, l'adoption des offres de marché, s'agissant des professionnels, est en constante progression, celles-ci représentant jusqu'à plus de 80% de la consommation de gaz fournie. En fait, les parts de marché des offres de marché d'électricité pour les professionnels se sont stabilisées autour de 40% de la consommation fournie (15% des clients). Cela suggère qu'une part importante des gros consommateurs professionnels d'électricité a opté pour des offres de marché chez EDF ou chez un de ses concurrents. S'agissant du gaz, les offres de marché sont en forte progression et ont atteint plus de 80% de pénétration en termes de consommation (plus de 50% en proportion du nombre d'installations).

B. La pénétration significative des fournisseurs alternatifs est en partie due à la **progression d'EDF sur le marché du gaz et de GDF Suez sur le marché de l'électricité**. La progression des nouveaux fournisseurs d'électricité et de gaz, pour importante qu'elle soit, doit donc être relativisée.

La progression des fournisseurs alternatifs sur les marchés de l'électricité et du gaz doit toutefois être tempérée par les parts de marché importantes d'EDF sur le marché du gaz et de GDF Suez sur le marché de l'électricité. Sur le marché de l'électricité, GDF Suez est ainsi le plus gros fournisseur alternatif tant en nombre de clients qu'en quantité d'électricité fournie. Réciproquement, EDF est le plus gros fournisseur alternatif sur le marché du gaz naturel en nombre de clients.

Parts de marché des fournisseurs d'électricité en France (clients résidentiels et non résidentiels, en nombre de sites raccordés – 2012-2013)

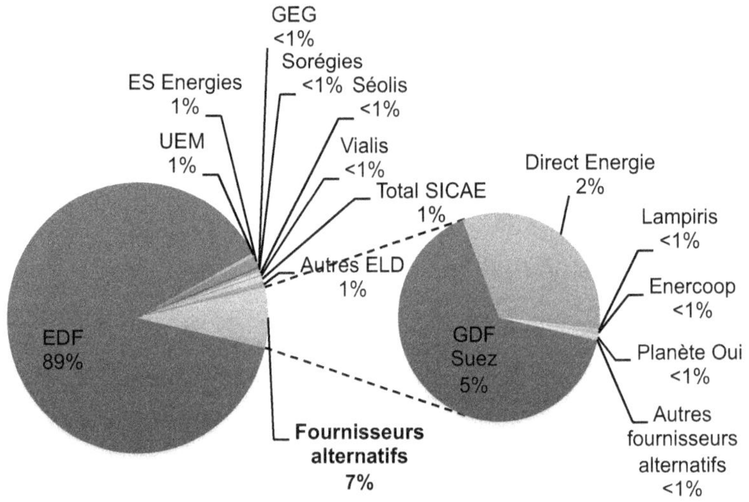

Parts de marché des fournisseurs de gaz en France (clients résidentiels et non résidentiels, en nombre de sites raccordés – 2012-2013)

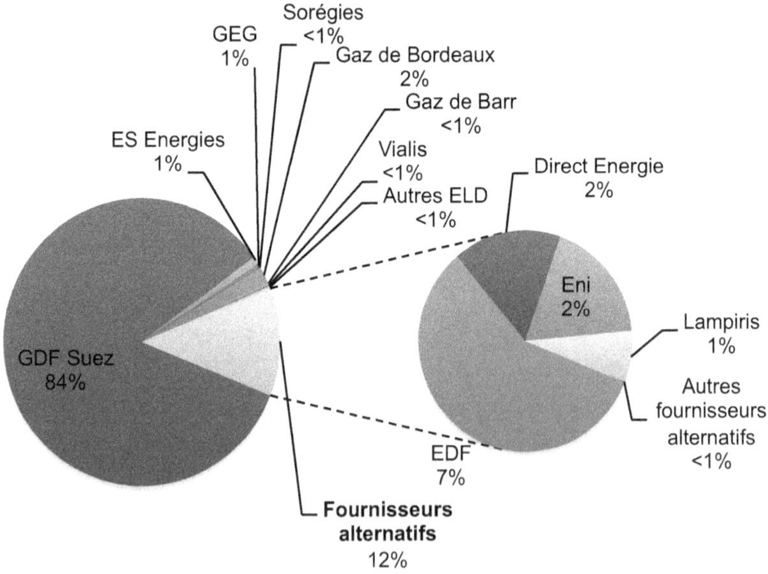

Sources de ces graphiques : étude de Selectra, à partir de données émanant d'organismes publics (CRE) et des fournisseurs. NB : les sources de ces graphiques étant diverses, ces données sont présentées à titre indicatif.

*
* *

Ainsi, malgré une pénétration croissante des fournisseurs alternatifs (c'est-à-dire autres que les fournisseurs historiques) sur les marchés du gaz et de l'électricité, les nouveaux entrants ont en fait des parts de marché beaucoup plus faibles qu'il n'y paraît en raison du nombre important de clients pour des offres de gaz chez EDF et pour des offres d'électricité chez GDF Suez.

On peut donc parler d'une pénétration des fournisseurs alternatifs en demi-teinte sur le marché de l'énergie français, qui, de fait, ne se traduit pas par l'émergence d'acteurs de taille importante, à l'exception notable de Direct Energie et d'Eni.

Section 2.03 Le prix : un indice très encadré

Le prix de l'énergie en France à destination des consommateurs finaux est l'addition de composantes variées qui échappent, pour une grande part, au fournisseur et au libre jeu du marché. Leur évolution est largement contrôlée par les pouvoirs publics et ils s'établissent, par rapport aux autres pays européens, à des niveaux moyens ou inférieurs.

Toutefois, le fait que le prix résulte moins de la confrontation de l'offre et de la demande que de la réglementation en vigueur conduit à ce que le prix n'est pas une conséquence mais une donnée. Dès lors, un décalage existe entre la réalité des coûts et les prix facturés. De plus, la fixation encore incertaine de ces prix engendre une incertitude préjudiciable aux fournisseurs et suscite le mécontentement des consommateurs.

2.03.1 La décomposition du prix de l'énergie

Avant d'analyser l'évolution des prix de l'énergie en France, il convient de s'intéresser à leurs différentes composantes. L'acheminement et les taxes – sur lesquelles les fournisseurs n'ont pas de marges de manœuvre représentent en effet une part substantielle de ces prix.

Les prix de l'électricité et du gaz facturés aux consommateurs finals sont en fait composés de plusieurs éléments distincts sur lesquels les fournisseurs ont plus ou moins de marge de manœuvre. Les taxes, qui représentent une part significative de ces prix, leur échappent par exemple totalement.

I. Les différentes composantes

Une facture d'électricité ou de gaz se décompose en **trois grands éléments** :

- La **fourniture**, c'est-à-dire, d'une part, le **prix de l'énergie** en tant que telle (qui peut être *produite* dans le cas de l'électricité et *extraite* dans le cas du gaz ou encore, dans les deux cas, *achetée*) et, d'autre part, le **prix de la gestion commerciale** ; la marge de manœuvre d'un fournisseur sur le prix de l'énergie est d'autant plus grande qu'il possède des infrastructures de production de l'énergie ou que la concentration du secteur de la production est faible ;
- L'**acheminement**, qui correspond à l'utilisation des réseaux de transport et de distribution : la société détentrice du réseau de transport et le gestionnaire du réseau de distribution (GRD) facturent un « coût d'acheminement » qui correspond aux capacités de transport nécessaires pour amener l'énergie au consommateur final ; aussi, le fournisseur n'a-t-il pas de marge de manœuvre sur cette partie de la facture, ce d'autant plus que les tarifs d'acheminement et d'utilisation des réseaux sont établis sur proposition de la CRE et identiques pour tous

les fournisseurs[55] (NB : est aussi compris dans l'acheminement le coût éventuel de la location de capacités de stockage pour le gaz pour lequel les fournisseurs disposent de davantage de marge de manœuvre ; de plus, pour le gaz, le coût varie légèrement selon les modalités de transit retenues) ;

- Enfin, les **taxes** représentent une part non négligeable d'une facture d'électricité ou de gaz et sont reversées aux pouvoirs publics ; la marge de manœuvre du fournisseur est nulle.

	Electricité	**Gaz**
Fourniture (énergie en elle-même + frais commerciaux)	37%	54%
Acheminement : transport et distribution (et stockage dans le cas du gaz)	32%	28%
Taxes	31%	18%

Source des données : **Observatoire des marchés de l'électricité et du gaz naturel du 3ème trimestre 2013 de la Commission de régulation de l'énergie (CRE).**

II. Les marges de manœuvre des fournisseurs d'énergie

Les marges de manœuvre des fournisseurs d'électricité et de gaz sur leur prix de vente au consommateur final **dépendent des marges de manœuvre sur le prix de chacune des trois composantes** du prix de l'énergie (l'énergie en tant que telle, l'acheminement et les taxes). Ce tableau montre que **les principales marges de manœuvre des fournisseurs d'électricité et de gaz en termes de prix se concentrent sur les frais commerciaux** (mais pour une part faible de la facture) et sur le prix de ***production* de l'énergie** (lorsque le fournisseur d'énergie est aussi un producteur d'énergie).

[55] Pour une même utilisation.
Pour l'électricité, les tarifs d'acheminement sont forfaitaires ; ils sont donc exactement les mêmes pour tous les fournisseurs, pour un profil de consommateur donné. Pour le gaz naturel, les tarifs d'acheminement dépendent en partie de l'utilisation du réseau de transport, décidée par le fournisseur en fonction de ses contraintes d'approvisionnement. Les tarifs d'acheminement peuvent donc, pour un même profil de consommateur, varier légèrement d'un fournisseur à un autre. (Voir partie 3, section sur les réseaux d'acheminement).

			Marge de manœuvre	Part dans la facture
ENERGIE	OU	Achat de l'énergie	-	€€€
		Production / extraction de l'énergie	+	€€€
		Frais commerciaux	+	€
ACHEMINEMENT		Transport[56] et distribution	Ø	€€€
		Stockage (seulement pour le gaz)	-	€€
TAXES			Ø	€€€

Source : recherches internes Selectra

Légende :

€ : Petite   Ø : Aucune
€€ : Moyenne   - : Faible
€€€ : Importante   + : Significative

III. Les taxes sur l'énergie

Une partie importante des factures d'énergie est constituée de taxes. La taxe sur la valeur ajoutée (TVA) s'applique aux factures d'électricité et de gaz naturel comme sur n'importe quel produit acheté par un particulier. Toutefois, certaines taxes sont spécifiques au secteur de l'énergie. Elles servent, pour certaines, à financer des obligations de service public. Par exemple, une CSPE permet de financer, entre autres, le tarif de première nécessité. Ce tarif, ouvert aux foyers les plus modestes, leur garantit l'accès à l'électricité.

Le prix final d'une facture d'électricité peut donc se résumer selon la formule suivante :
Prix = (Abonnement + Consommation d'électricité + Taxes) x TVA.

[56] Le tarif d'acheminement de l'électricité est fixé par arrêté ministériel sur proposition de la CRE. Il est reversé à RTE et ERDF

Prix = (Abonnement HTT + CTA) x *(1 + Taux réduit de la TVA) + Consommation* x *(Prix du kWh HTT + CSPE + TCFE)* x *(1 + Taux normal de la TVA)*

Pour le gaz, il s'agit de :

Prix = (Abonnement + Consommation de gaz + Taxes) x *TVA*

Prix = (Abonnement HTT + CTA) x *(1 + Taux réduit de la TVA) + Consommation* x *(Prix du kWh HTT + CSPG + CTSSG + TICGN)* x *(1 + Taux normal de la TVA)*

Les taxes sur l'électricité et le gaz représentent en France respectivement 31% et 17% des factures.

A. Listes des taxes sur l'énergie[57]

Les taxes sur l'énergie sont nombreuses. Les sous-parties suivantes présentent les différentes taxes portant sur les factures.

Liste des taxes sur l'énergie en France en 2014[58]

Electricité	Gaz naturel
• Contribution tarifaire d'acheminement (CTA) • Contribution au service public de l'électricité (CSPE) • Taxes sur la consommation finale d'électricité (TCFE) – Anciennement, taxes locales sur l'électricité • TVA	• Contribution tarifaire d'acheminement (CTA) • Contribution au tarif spécial de solidarité gaz (CTSSG) • Contribution au service public du gaz (CSPG) • Taxe intérieure de consommation sur le gaz naturel (TICGN) • TVA

Source : recherches internes Selectra

[57] Cette présentation reprend notamment des éléments de la rubrique « Infos pratiques » de http://comparateur.selectra.info/, écrite par les auteurs.

[58] De plus, dans certains départements d'outre-mer, il existe une Rémanence d'octroi de mer et un Droit additionnel d'Octroi de mer. Pour ne pas surcharger les explications, les deux taxes ne sont cependant pas traitées ici.

FOCUS – Prix HTVA, HT, HTT, et TTC

La TVA s'appliquant également sur les autres taxes, parler de prix HT est ambigu sur le marché de l'énergie. On distingue communément trois types de prix :

- les prix hors toutes taxes (HTT) sont les tarifs pratiqués par les fournisseurs et n'incluant aucune taxe ; ils n'incluent que la part fourniture et la part acheminement,
- les prix hors TVA (HTVA) incluent toutes les taxes à l'exclusion de la TVA,
- enfin, les prix TTC incluent toutes les taxes ainsi que la TVA.

1) La Contribution tarifaire d'acheminement (CTA)

La Contribution tarifaire d'acheminement (CTA) finance les **droits acquis avant le 1er janvier 2005 par les personnels des industries électriques et gazières (IEG)[59] pour leur régime spécifique d'assurance vieillesse. Cette contribution a** été créée par l'article 18 de la Loi n°2004-803 du 9 août 2004. Son produit est reversé à la Caisse nationale des industries électriques et gazières (CNIEG).

Le régime d'assurance retraite des personnels des IEG était, avant le 1er janvier 2005, un régime spécial. Il est depuis adossé au régime général. La contribution permet de financer les droits acquis par les personnels des industries électriques et gazières avant cet adossement.

En conséquence, la CTA n'est applicable qu'aux départements où ces personnels intervenaient avant cette date. La CTA est donc en vigueur dans tous les départements français de métropole et d'Outre-mer, à l'exception du département de Mayotte qui n'est devenu un département qu'au 31 mars 2011. Elle est aussi applicable aux collectivités d'outre-mer de Saint Barthélémy et de Saint Martin, puisqu'elles sont d'anciens DOM. Par contre, cette contribution ne s'applique pas dans les collectivités d'outre-mer (Wallis et Futuna et Polynésie française), ni en Nouvelle Calédonie.

L'assiette de la CTA est la part fixe des tarifs d'acheminement. Elle s'applique sur les ventes d'électricité et de gaz naturel. Les bornes de la Contribution tarifaire d'acheminement pour l'électricité sont fixées par la loi. Son taux est fixé par *arrêté* ministériel.

---

[59] Les IEG regroupent les fournisseurs historiques d'électricité et de gaz naturel (EDF, GDF Suez, les distributeurs non nationalisés) ainsi que les gestionnaires de réseaux (ERDF, GrDF, RTE et GRTgaz).

CTA en vigueur

	Electricité		Gaz naturel	
Raccordement	***Bornes* en vigueur (fixées par la *loi*)**	***Taux* de la CTA en vigueur (fixé par *arrêté*)**	***Bornes* en vigueur (fixées par la loi)**	***Taux* de la CTA en vigueur (fixé par arrêté)**
Réseau de *transport*	Entre 5% et 15%	**10,14%**	Entre 1% et 10%	**4,71%**
Réseau de *distribution*	Entre 15% et 30%	**27,04%**	Entre 15% et 25%	**20,80%**

Source des données : légifrance

a) Calcul de la CTA sur les factures d'électricité

La CTA portant sur la part fixe hors taxe du TURPE, son calcul est rendu difficile. Pour une puissance souscrite inférieure à 36 kVA, la part fixe hors taxe du TURPE correspond à l'addition :

- de la **composante de gestion :** elle couvre les coûts de gestion de la clientèle, la facturation et le recouvrement ;
- de la **composante de comptage :** elle couvre les coûts afférents au dispositif de comptage et à sa relève par les techniciens du gestionnaire de réseau ;
- de la part fixe de la **composante de soutirage :** elle couvre les coûts occasionnés par le transit de l'électricité par les réseaux de transport et de distribution.

Part fixe hors taxes du TURPE pour une puissance souscrite inférieure à 36kVA en 2013

	Pour une puissance souscrite < 36 kVA, en 2013
Composante de gestion	8,64€/an
+	
Composante de comptage	Entre 8,88€/an et 22,08€/an
+	
Composante de soutirage	Entre 3,48€/kVA/an et 56,28€/kVA/an selon la puissance souscrite et l'option tarifaire
=	
Part fixe HT du TURPE	

Source : recherches internes Selectra

➔ Pour un particulier consommant 11.000 kWh d'électricité par an, en option Base, avec une puissance souscrite de 6kVA, la part fixe du TURPE est de 55,80€. En conséquence, la CTA pour ce particulier s'élève à 15,09€ (27,04% de ces 55,80€). Elle représente donc 1% du montant de sa facture.

b) Calcul de la CTA sur les factures de gaz naturel

L'assiette de la CTA est la quote-part hors taxes des tarifs d'utilisation des réseaux de transport et de distribution du gaz naturel liée au soutirage et indépendante de la consommation effective. Autrement dit, la base de la CTA est composée de la part fixe des tarifs d'acheminement du gaz naturel. La part des tarifs d'acheminement variant en fonction de la consommation de gaz naturel n'est pas prise en compte dans le calcul de la CTA, de même que la part des tarifs d'acheminement relative, par exemple, à la souscription de capacités de stockage du gaz.

Les tarifs d'utilisation des réseaux d'acheminement de gaz naturel comprennent :

- l'ATRT (l'Accès des Tiers aux Réseaux de Transport de gaz naturel),
- ainsi que l'ATRD (l'Accès des Tiers aux Réseaux de Distribution de gaz naturel).

Le taux de la CTA est déterminé par un arrêté ministériel. Il est le même pour tous les fournisseurs. L'assiette de la CTA dépend des coûts d'acheminement supportés par le fournisseur. Celle-ci peut donc varier selon les choix retenus par le fournisseur pour acheminer le gaz naturel de son point d'arrivée sur le territoire national jusqu'au consommateur final.

Évolutions successives de la CTA

Législation	*Entrée en vigueur*	**Électricité**		**Gaz naturel**	
		Transport	**Distribution**	**Transport**	**Distribution**
Arrêté du 26 mai 2005	*Rétroactive, au 1er janvier 2005*	*10,00% (non appliqué)*	20,40%	5,30%	15,7%
Loi n°2005-781 du 13 juillet 2005	*Rétroactive, au 1er janvier 2005*	6,5%			
Arrêté du 29 décembre 2005	*1er janvier 2006*	8,20%	21,00%		
Arrêté du 26 avril 2013	*1er janvier 2013*	10,14%	27,04%	4,71%	20,80%

Source des données : légifrance

2) La taxe sur la valeur ajoutée (TVA)

Comme la plupart des biens et services commercialisés en France, l'électricité est soumise à la Taxe sur la valeur ajoutée (TVA). Toutefois, les règles d'applications de la TVA s'agissant de l'énergie sont particulières et témoignent de la spécificité d'un secteur jugé sensible.

Le taux de la taxe sur la valeur ajoutée qui s'applique sur les factures de gaz naturel et d'électricité est différent selon la partie de la facture.

- La partie relative à l'**abonnement** est soumise au **taux réduit de la TVA (5,5%)**[60]. Cette partie comprend à la fois l'abonnement proprement dit et la contribution tarifaire d'acheminement.
- La partie relative aux **consommations** est, quant à elle, soumise au **taux normal (20%)**. Cette partie comprend la consommation d'énergie, exprimée en euros. La consommation dépend du prix du kWh et de la quantité de kWh consommée pendant la période. Elle comprend

[60] Pour l'électricité : uniquement lorsque la puissance souscrite est inférieure ou égale à 36 kVA. Au-delà, le taux normal de TVA est appliqué.

également deux taxes qui sont assises sur les consommations d'énergie :

- *Pour l'électricité :* la Contribution aux charges de Service Public de l'Électricité (CSPE) et les Taxes sur la Consommation Finale d'Electricité (TCFE). Pour les particuliers, les TCFE correspondent en réalité à une taxe départementale sur la consommation finale d'électricité et à une taxe communale sur la consommation finale d'électricité ;
- *Pour le gaz :* la CSPG, la CTSSG et la TICGN.

Le saviez-vous ?

En Corse et dans les départements d'Outre-mer, les taux de TVA sont très inférieurs aux taux de TVA en vigueur en Métropole continentale :

- en Corse, le taux normal est de 10% tandis que le taux réduit est de 2,1% ;
- en Guadeloupe, sur l'Île de la Réunion et en Martinique, le taux normal est de 8,5% tandis que le taux réduit est de 2,1% ;
- dans les départements de Guyane et de Mayotte, et dans les collectivités d'Outre-mer de Saint Barthélémy, de Saint Martin et de Saint Pierre et Miquelon, le taux de la TVA est nul.

Toutefois, dans certains départements d'Outre-mer, une Rémanence d'octroi de mer et un Droit additionnel d'Octroi de mer s'appliquent.

- En Guyane, un droit additionnel d'Octroi de mer de 17,5% s'applique sur le montant de la facture HT. En Martinique et en Guadeloupe, ce taux est de 1,5%.
- En Guadeloupe et à la Réunion, une Rémanence d'Octroi de mer s'applique ; elle représente respectivement 0,1992 et 0,4328 centimes d'euros par kWh. Cette Rémanence est soumise à la TVA mais n'entre pas dans le calcul des taxes locales ou de l'Octroi de mer.

3) La CSPE

La Contribution aux charges de Service Public de l'Électricité (CSPE) est une contribution servant à **financer les charges de service public de l'électricité**. Elle représente environ 10% d'une facture d'électricité. Les charges compensées par la CSPE sont les suivantes :

- les **surcoûts de production d'électricité dans les territoires insulaires** (zones non interconnectées au territoire métropolitain continental ou ZNI). Dans ces zones, le coût de la production d'électricité est plus élevé ; il faut en effet faire appel à des moyens de production dont le coût marginal de production est plus onéreux qu'en métropole ;
- les **surcoûts engendrés par l'obligation d'achat**, pesant sur EDF et sur les entreprises locales de distribution, de l'électricité d'origine renouvelable ;
- les coûts relatifs au **tarif de première nécessité** (tarif social de l'électricité) ;
- le budget du médiateur national de l'énergie ;
- une partie des coûts résultant de la participation des fournisseurs au **fonds de solidarité pour le logement** (FSL).

La CSPE est une contribution assise sur les **consommations d'électricité**. Au 1er janvier 2013, son montant était de **13,5€ par MWh**, ou encore 0,0135€ par kWh. La CSPE devait permettre, en 2013, de compenser 5,1 milliards d'euros de charges. **La CSPE a subi une augmentation au 1er janvier 2014. Elle est désormais de 16,5 € / MWh.**

Près de 20% de la consommation française d'électricité ne donne pas lieu à la perception de la CSPE. En effet, certaines consommations d'électricité n'entrent pas dans le champ de la CSPE. De plus, le montant de la CSPE est plafonné pour les gros consommateurs d'électricité :

- En 2013, le plafond de la CSPE est de 569 418€ par site de consommation ;
- De plus, la CSPE est plafonnée à 0,5% de la valeur ajoutée de l'entreprise, lorsque le client est un industriel consommant plus de 7GWh d'électricité par an.

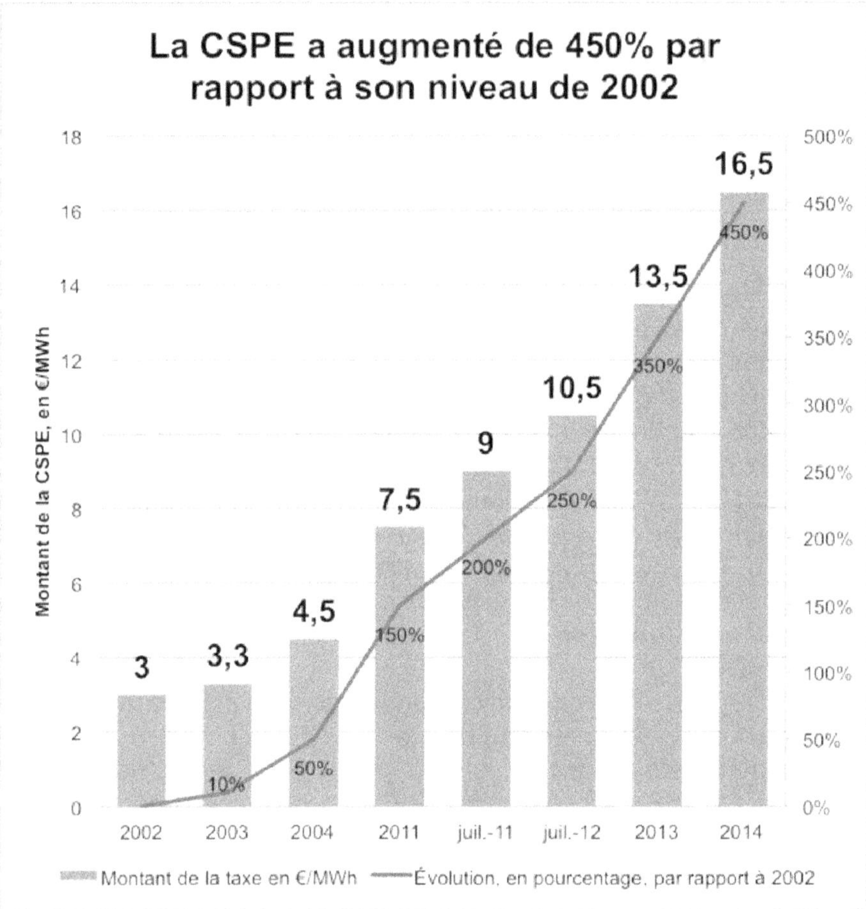

Source : selectra.info

4) *Les taxes sur la consommation finale d'électricité (TCFE)*

La taxe sur la consommation finale d'électricité (TCFE) est l'héritière des taxes locales de l'électricité (TLE), qu'elle a remplacées en 2011. Elle regroupe trois taxes distinctes :

- une taxe *communale* sur la consommation finale d'électricité (TCCFE) ;
- une taxe *départementale* sur la consommation finale d'électricité (TDCFE) ;
- une taxe *intérieure* sur la consommation finale d'électricité (TICFE).

En 2011, les TLE ont été remplacées par la TCCFE et la TDCFE. En addition, s'est ajoutée une TICFE[61]. Les consommateurs dont la puissance souscrite dépasse les 250 kVA[62] (sites industriels) relèvent de la TICFE. Son montant est 0,5€/MWh. Il correspond au minimum fixé par la directive européenne 2003/96/CE. Cette taxe est perçue par les douanes.

Les autres consommateurs sont soumis à la TCCFE et à la TDCFE. La TCCFE est perçue par la commune du lieu d'habitation, ou, à défaut, par l'établissement public de coopération intercommunale dont est membre la commune du lieu d'habitation. La TDCFE est perçue par le département du lieu d'habitation. Sur la facture d'un particulier, les taxes locales représentent environ 7% du montant TTC.

Les taux de la TCCFE et de la TDCFE diffèrent selon *deux* termes :

- *le lieu d'habitation :* en effet, la commune et le département fixent un **coefficient** qui sert à la détermination de ce taux ;
- *le type de client et la puissance souscrite :* en effet l'Etat fixe un **taux de taxation** ; on distingue :
- un taux de taxation pour les consommations particulières et pour les consommations professionnelles dont la puissance souscrite est inférieure ou égale à 36 kVA,
- un taux de taxation pour les consommations professionnelles comprises entre 36 et 250 kVA.

Le taux de la TCCFE (de la TDCFE), exprimé en €/MWh s'obtient par la multiplication du taux de taxation fixé par l'État et du coefficient fixé par la commune / l'EPCI (le département).

---

[61] Décret n°2010-1725 du 30 décembre 2010 et article 266 quinquies C du code des douanes.

[62] Certains usages bénéficient toutefois d'une exonération de la TICFE.

<u>Calcul de la TCFE</u>

<table>
<tr><td></td><td></td><td>Consommations particulières et Consommations professionnelles pour une puissance inférieure ou égale à 36kVA</td><td>Consommations professionnelles pour une puissance strictement supérieure à 36kVA et inférieure ou égale à 250kVA</td></tr>
<tr><td rowspan="5">TCCFE</td><td>Coefficient multiplicateur (librement fixé par chaque commune à l'intérieure d'une fourchette)</td><td colspan="2">En 2014 : entre 0 et 8,44</td></tr>
<tr><td colspan="3">x</td></tr>
<tr><td>Taux de taxation (fixé par l'Etat)</td><td>0,75€/MWh</td><td>0,25€/MWh</td></tr>
<tr><td colspan="3">=</td></tr>
<tr><td>Tarif TCCFE</td><td>En 2014 : entre 0 et 6,33 €/MWh</td><td>En 2014 : entre 0 et 2,11 €/MWh</td></tr>
<tr><td>+</td><td colspan="3"></td></tr>
<tr><td rowspan="5">TDCFE</td><td>Coefficient multiplicateur (librement fixé par chaque département à l'intérieure d'une fourchette)</td><td colspan="2">En 2014 : entre 2 et 4,22</td></tr>
<tr><td colspan="3">x</td></tr>
<tr><td>Taux de taxation (fixé par l'Etat)</td><td>0,75€/MWh</td><td>0,25€/MWh</td></tr>
<tr><td colspan="3">=</td></tr>
<tr><td>Tarif TDCFE</td><td>En 2014 : entre 1,5 et 3,17 €/MWh*</td><td>En 2014 : entre 0,5 et 1,055 €/MWh</td></tr>
<tr><td>=</td><td colspan="3"></td></tr>
<tr><td colspan="2">TCFE</td><td><u>2014 : entre 1,5 et 9,5 €/MWh</u></td><td><u>2014 : entre 0,5 et 3,165 €/MWh</u></td></tr>
</table>

** 3,165 arrondi à 3,17*

Source : selectra.info

Où paie-t-on son électricité le plus cher ?

Le coefficient de taxation doit être voté avant le 1er octobre par l'organe délibérant de la collectivité territoriale pour s'appliquer le 1er janvier de l'année suivante. A défaut, le coefficient précédent s'applique.

Depuis 2012, la limite supérieure du coefficient est actualisée chaque année par arrêté en fonction de l'évolution des prix à la consommation.

En 2014, la plupart des villes (env. 20 000) ont adopté le taux de taxation le plus élevé. Un petit millier appliquent un taux nul.

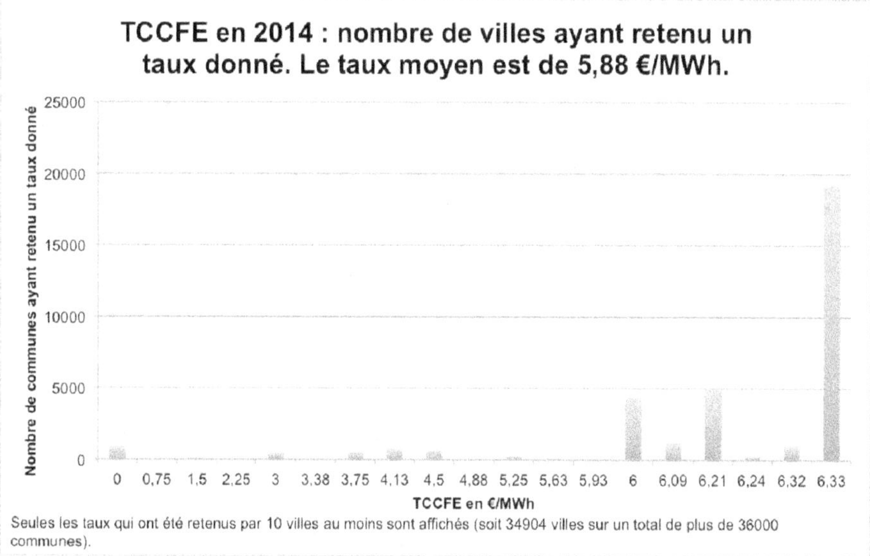

Source : selectra.info

En 2014, seul le département de la Meuse appliquait le coefficient minimum (2), le département de la Meurthe-et-Moselle appliquant un coefficient de 3. Tous les autres départements appliquaient un coefficient supérieur ou égal à 4, dont 63 le taux maximum (4,22).

A noter : le système de TCFE est différent à Mayotte. Une seule taxe (la TDCFE) s'applique, avec un coefficient de 8 pour l'année 2014. La TCCFE (taxe communale) ne s'applique pas.

5) *La CSPG gaz sur les factures de gaz naturel*

La Contribution au service public du gaz (CSPG) ou contribution bio-méthane est une contribution récente. Assise sur les consommations de gaz naturel, elle sert à financer l'injection de biogaz, un gaz produit par la fermentation de matières organiques, dans les réseaux de gaz naturel. Créée à la fin de l'année 2011, elle vise à soutenir le développement du biogaz en France.

En complément de ce dispositif de soutien, une taxe nouvelle a été créée afin de compenser le surcoût supporté par les fournisseurs du fait de l'achat du biogaz. L'ensemble de ce mécanisme permet de favoriser la production de biogaz en France. La CSPG est assise sur les consommations de gaz naturel. Les quantités de biogaz étant pour l'instant très faibles, le taux de la CSPG est faible et elle ne représente que quelques centimes sur la facture annuelle d'un particulier. En 2014, le taux de la CSPG était de 0,0072€ / MWh, soit 0,00072 centimes d'euros par kWh.

La CSPG est un mécanisme redistributif :

- tous les consommateurs de gaz naturel paient la CSPG et cette CSPG est reversée à la Caisse des dépôts et consignations ;
- les fournisseurs de gaz naturel qui achètent du biogaz sont compensés du surcoût occasionné, c'est-à-dire de la différence entre le prix du biogaz payé par les fournisseurs et le prix du gaz qui aurait été payé s'il n'avait pas été fait appel au biogaz, par la Caisse des dépôts et consignations. La CSPG sert en outre à compenser les coûts occasionnés par la gestion de ce dispositif par les fournisseurs et par la Caisse des dépôts et consignations.

Le taux de la CSPG est fixé par arrêté ministériel sur proposition de la Commission de régulation de l'énergie de telle sorte que les sommes à compenser soient intégralement couvertes par la Contribution au service public du gaz naturel.

Par exemple, pour l'année 2012, la CRE avait évalué les charges prévisionnelles à 1,4 millions d'euros et a donc proposé de fixer le montant de la CSPG à 0,00027€ centimes d'euros par kilowattheure. Vu sa faiblesse, le montant de la CSPG arrêté par le ministre chargé de l'énergie était nul en 2012, étant établi que les charges correspondant à l'achat de biogaz au titre de l'année 2012 seraient compensées par la CPSG collectée au titre de l'année 2013.

Pour l'année 2013, la CRE a évalué les charges prévisionnelles à 747.000€, réparties en 737.000€ pour l'achat de biométhane et

10.000€ pour les frais de gestion de la Caisse des dépôts et consignations. Aussi le ministre chargé de l'énergie a-t-il fixé la CSPG pour l'année 2013 à 0,00015 centimes d'euros par kilowattheure.

6) *La CTSSG*

La CTSSG est une contribution créée en 2008[63]. Cette contribution au tarif spécial de solidarité est destinée à compenser les charges, pour les fournisseurs, du tarif spécial de solidarité (TSS)[64]. Cette contribution s'établissait en 2013 à 0,1€/MWh. En 2014, elle a doublé pour atteindre 0,2€/MWh en raison de l'augmentation du nombre de bénéficiaires du tarif.

Le montant de la CTSSG est fixé chaque année par arrêté du ministre chargé de l'énergie, sur proposition de la Commission de régulation de l'énergie. Si une certaine année, un tel arrêté n'a pas été pris, le montant fixé par le dernier arrêté continue à s'appliquer. Le montant de la CTSSG par kWh est plafonné à 2% du tarif réglementé de vente du kWh, hors abonnement et hors taxes.

Afin de compenser les charges occasionnées par le TSS, chaque fournisseur tient une comptabilité des charges à recouvrer du fait de l'application du TSS à certains de ses clients et des compensations dues, en raison des consommations assujetties à la CTSSG. « Périodiquement », les fournisseurs dont la comptabilité fait apparaitre une charge à recouvrer moins importante que des contributions dues, doivent reverser la différence à la Caisse des dépôts et consignations. Réciproquement, les fournisseurs dont la comptabilité fait apparaître une charge à recouvrer plus importante que des contributions dues, sont compensés par la Caisse des dépôts et consignations.

---

[63] Articles L.121-35 à L.121-44 du Code de l'énergie ; article 14 de la Loi n°2006-1537 du 7 décembre 2006 relative au secteur de l'énergie

[64] Voir supra.

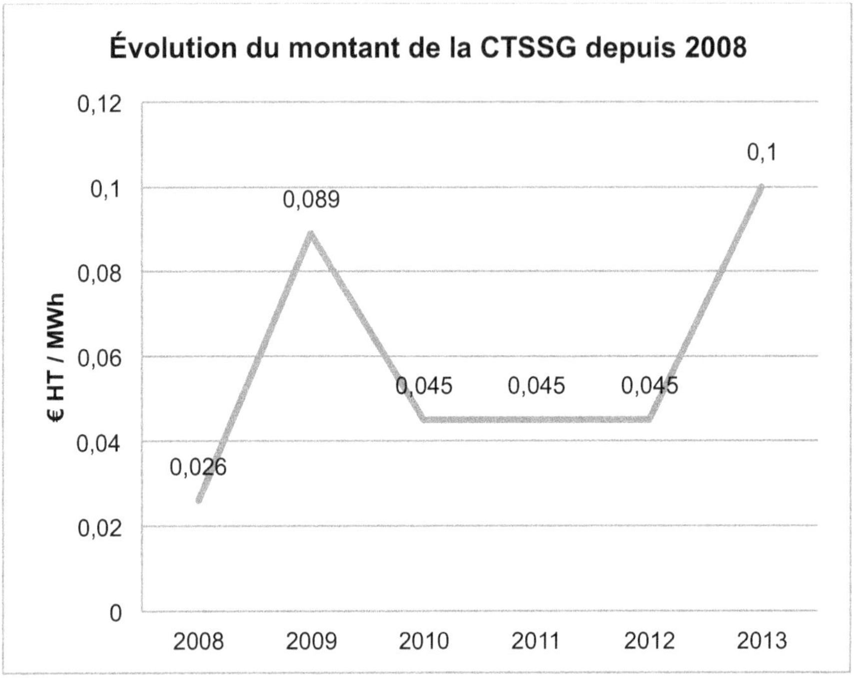

Source : recherches internes Selectra

La CTSSG doit permettre de compenser les charges du TSS pour les fournisseurs :

Charges à recouvrer :	Compensation des charges à recouvrer :
• Pertes de recettes subies par les fournisseurs du fait de l'application du TSS ; • Coûts supportés par les fournisseurs en raison de la mise en œuvre du TSS ; • Frais de gestions supportés par la Caisse des dépôts et consignations	• Contribution due par les fournisseurs de gaz naturel calculée au prorata de la quantité de gaz naturel vendue par ces fournisseurs aux consommateurs finals

Schéma de fonctionnement de la CTSSG

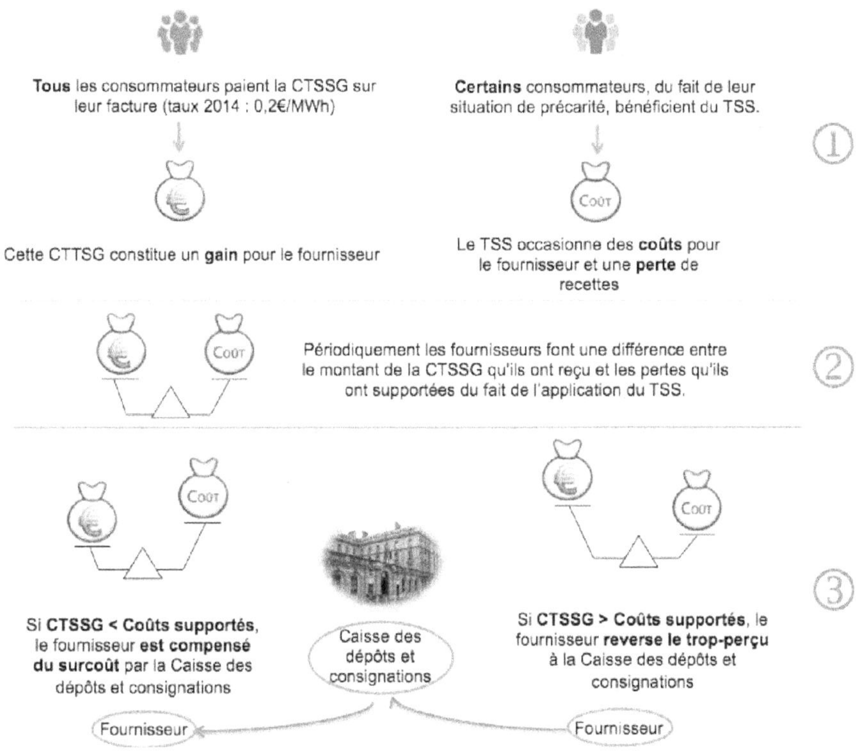

Source : recherches internes Selectra

7) La TICGN

La taxe intérieure de consommation sur le gaz naturel (TICGN) est une des taxes pesant sur la facture de gaz naturel[65]. Elle a été instituée en 1986. Son recouvrement est assuré par la Direction générale de douanes et droits indirects auprès des fournisseurs de gaz naturel. Elle est affectée au budget de l'Etat.

La TICGN est assise sur les consommations de gaz naturel destinées à un usage sous forme de combustible dans un générateur de chaleur. Elle concerne aussi bien le gaz naturel gazeux que le gaz naturel liquéfié. Jusqu'en 2013, cette taxe ne concernait que les consommations non résidentielles. Depuis le 1er avril 2014, la TICGN concerne également les consommations de gaz naturel par les particuliers. En 2013, le taux de la TICGN est fixé à 1,19 €/MWh. En 2014, il a été fixé à 1,27 €/MWh. Il devrait atteindre 2,64 €/MWh en

[65] La TICGN est définie par l'article 266 quinquies du code des douanes.

2015 et 4,01 €/MWh en 2016. Certaines consommations de gaz naturel non résidentielles n'entrent pas dans le champ de la TICGN car elles bénéficient d'une exonération. C'est par exemple le cas lorsque le gaz est utilisé pour produire de l'électricité dans des centrales à gaz. De même, les agriculteurs peuvent se faire rembourser une partie de la TICGN lorsque le gaz naturel consommé entre dans le cadre de leur activité agricole (par exemple pour le séchage des céréales).

Le comité d'évaluation des dépenses fiscales estimait, en avril 2011, que le remboursement partiel de TICGN et de TIC (taxe intérieure de consommation) en faveur des agriculteurs s'apparentait à une dépense fiscale annuelle d'environ 150 millions d'euros. De plus, il chiffrait le manque à gagner du fait de l'exonération de la TICGN sur le chauffage des particuliers à 253 millions d'euros, tandis que l'avantage annuel fiscal par foyer représentait en moyenne 24,20€.

Les recettes occasionnées par la TICGN ont régulièrement progressé pour atteindre 282 millions d'euros en 2010. L'élargissement de l'assiette de la taxe au 1er janvier 2014 a significativement accru le rendement de la taxe.

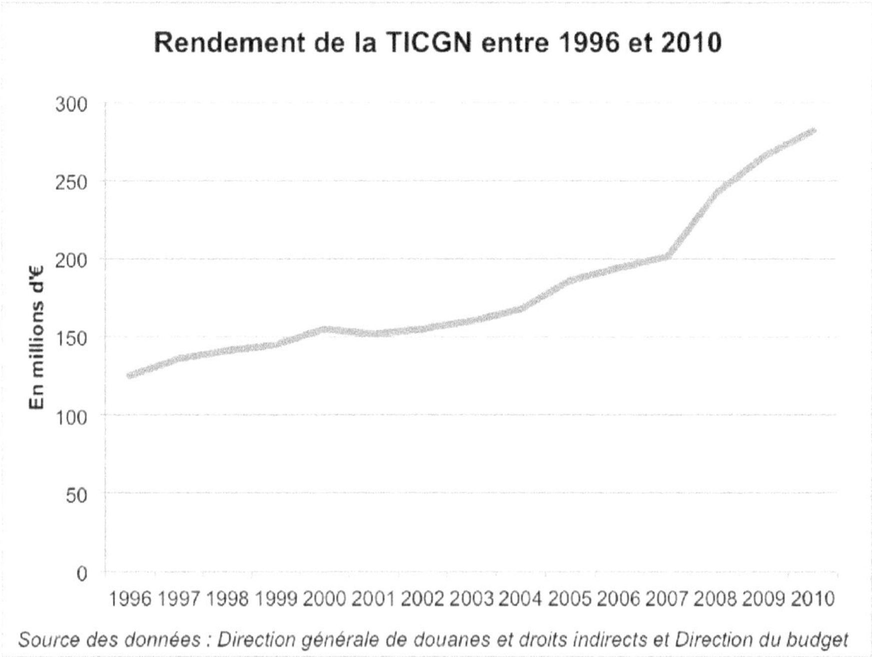

Source : recherches internes Selectra

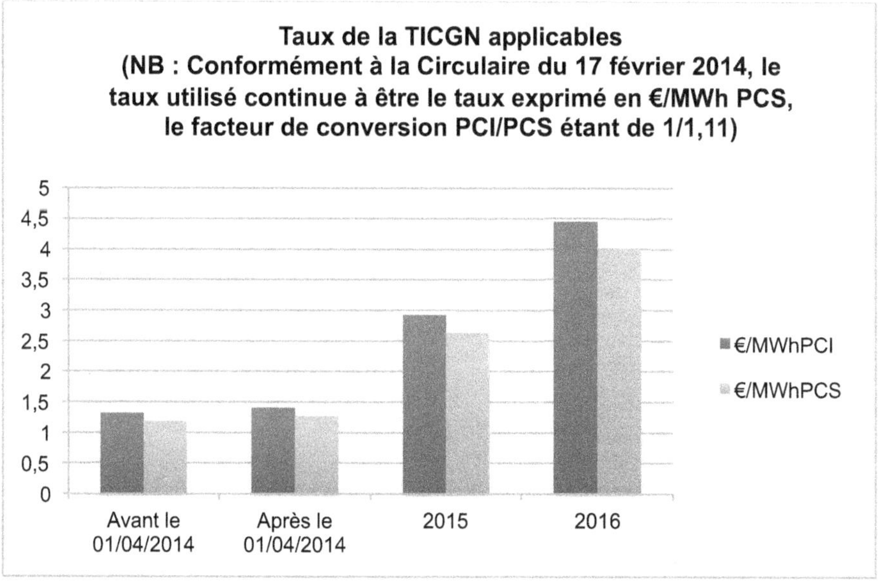

Source : recherches internes Selectra

B. Synthèse

Le tableau ci-dessous fait une synthèse des différentes taxes existant, en France, sur la consommation d'électricité et de gaz naturel.

Tableau récapitulatif (1/2)

Nom	Type de taxe	Concerne	Récipiendaire	Montant en 2014	Recettes annuelles (ordre de grandeur)
Contribution Tarifaire d'Acheminement (CTA)	Financement des droits spécifiques relatifs à l'assurance vieillesse des personnels relevant du régime des industries électriques et gazières	Electricité et Gaz	Caisse nationale de retraite des industries électriques et gazières	La CTA est assise sur la part fixe des tarifs d'acheminement. Son taux dépend de l'énergie et du type de consommateur.	1,138 Md€ (2011)
Contribution au service public de l'électricité (CSPE) *ou* **Contribution au Tarif Spécial de Solidarité Gaz (CTSSG)**	Financement des obligations de service public (*électricité :* surcoût de production d'électricité dans les îles, soutien aux énergies renouvelables, Tarif de première nécessité ; *gaz :* Tarif Spécial de Solidarité Gaz) et financement du Médiateur de l'énergie.	Electricité et Gaz	Divers, dont les fournisseurs.	Electricité : 16,5 €/MWh Gaz : 0,2 €/MWh	CSPE : 4,3Md€ en 2012, 5,1Md€ en 2013 CTSSG : 5,4M€ (2008)
Taxes *communale / départementale / intérieure* sur la Consommation Finale d'Electricité (TCFE)	Différentes taxes. NB : Lorsque la puissance souscrite est supérieure à 250 kVA, les taxes *départementale* et *communale* sont remplacées par une taxe *intérieure.*	Electricité	Départements et communes (État dans le cas de la TICFE)	Elles sont plafonnées à 9,5 €/MWh si la puissance souscrite est inférieure à 36 kVA. Le montant varie selon le département et la commune.	Pas de données agrégées

Tableau récapitulatif (2/2)

Nom	Type de taxe	Concerne	Récipiendaire	Montant en 2014	Recettes annuelles (ordre de grandeur)
La Contribution au service public du gaz (CSPG)	Financement de l'achat de biométhane injecté dans les réseaux de gaz naturel. Contrepartie de l'obligation de rachat de GDF Suez, elle a été instaurée en 2011. Elle est aussi appelée *« contribution au titre du biométhane injecté dans les réseaux de gaz naturel »*	Gaz	GDF Suez	0,0072 €/MWh	Marginal
Taxe Intérieure de Consommation sur le Gaz Naturel	Des exonérations existent pour certaines utilisations	Gaz	État (via les Douanes)	1,27 €/MWh	266M€ (2009)
Taxe sur la Valeur Ajoutée (TVA)	–	Electricité et Gaz	État	*Abonnement + CTA :* Taux réduit de 5,5% *Consommation + autres taxes (CSPE, CTSSG, TCFE, CSPG, TICGN) :* taux de 20,0%	Pas de donnée spécifique

Source : recherches internes Selectra

C. Mise en perspective européenne

Afin de mesurer la pression fiscale en France qui pèse sur les consommateurs d'électricité et de gaz naturel, il est utile de dresser une comparaison européenne. La carte ci-dessous classe 15 pays de l'Union européenne selon leur ratio entre les recettes fiscales de l'énergie et la consommation d'énergie finale pour l'année civile 2011.

Il en ressort que le taux d'imposition français sur l'énergie se situe dans la moyenne des taux pratiqués dans les autres pays comparables de l'Union européenne.

Taux d'imposition implicite de l'énergie dans les pays de l'UE 15 (euro par tonne d'équivalent pétrole)

Données 2011 (Données et carte : © Eurostat)

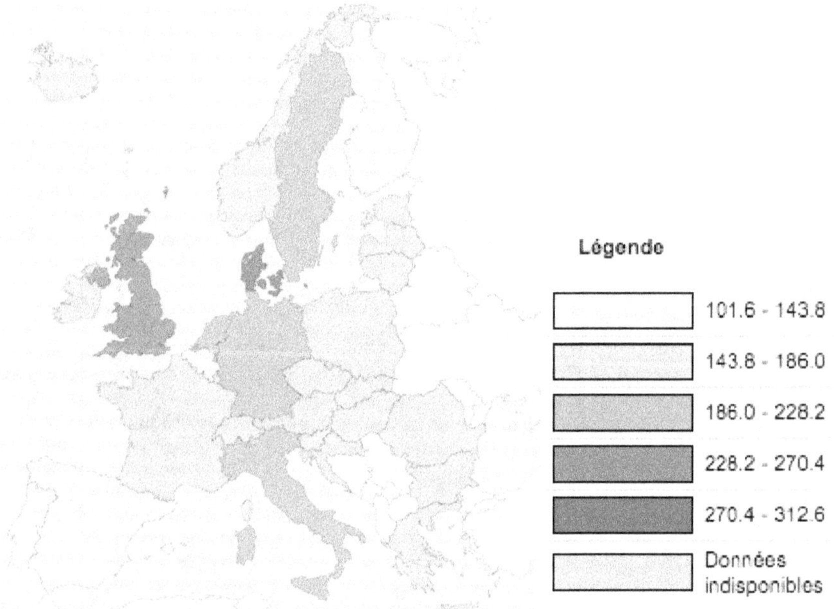

De manière plus détaillée, il ressort que l'électricité est davantage imposée en France que le gaz naturel.

Pour l'électricité, la France fait partie des pays européens où l'énergie est la moins chère mais est aussi un des pays où les taxes sur l'électricité sont les plus élevées en proportion du prix de l'électricité.

Le constat pour le gaz naturel est inverse : le gaz naturel facturé en France est plutôt plus cher que le gaz naturel facturé dans les autres pays européens, mais les taxes sur le gaz naturel sont plutôt faibles en proportion du prix du gaz.

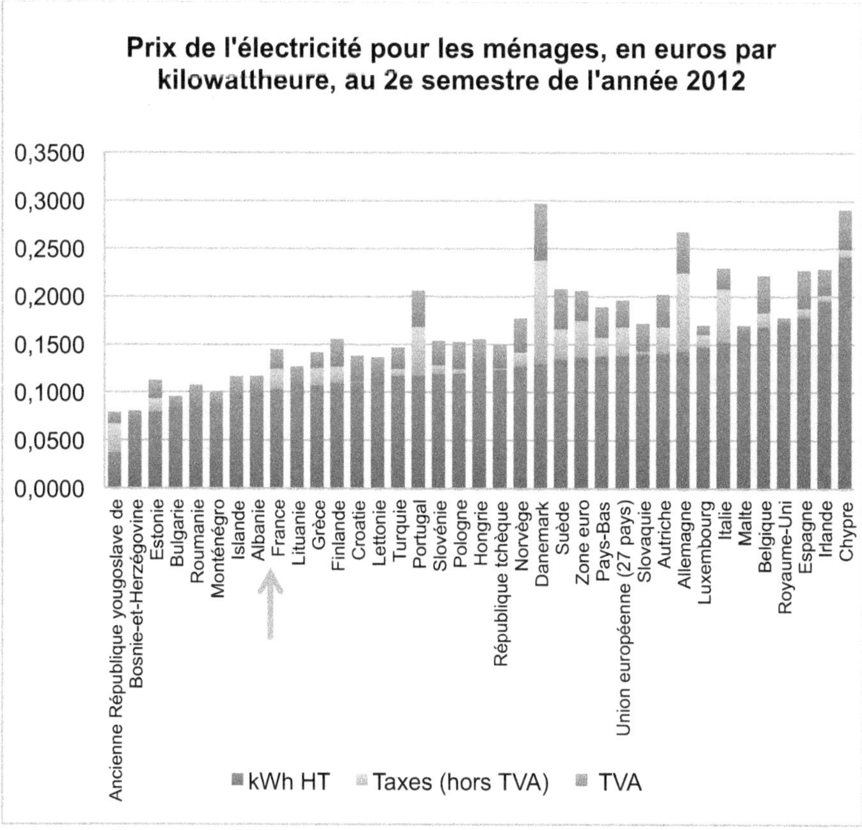

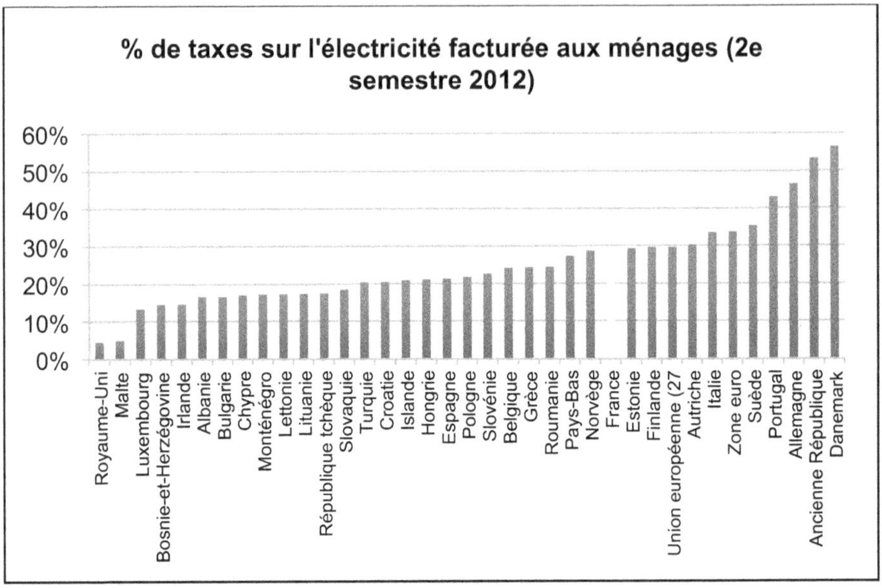
% de taxes sur l'électricité facturée aux ménages (2e semestre 2012)
60%
50%
40%
30%
20%
10%
0%
Royaume-Uni
Malte
Luxembourg
Bosnie-et-Herzégovine
Irlande
Albanie
Bulgarie
Chypre
Monténégro
Lettonie
Lituanie
République tchèque
Slovaquie
Turquie
Croatie
Islande
Hongrie
Espagne
Pologne
Slovénie
Belgique
Grèce
Roumanie
Pays-Bas
Norvège
France
Estonie
Finlande
Union européenne (27
Autriche
Italie
Zone euro
Suède
Portugal
Allemagne
Ancienne République
Danemark

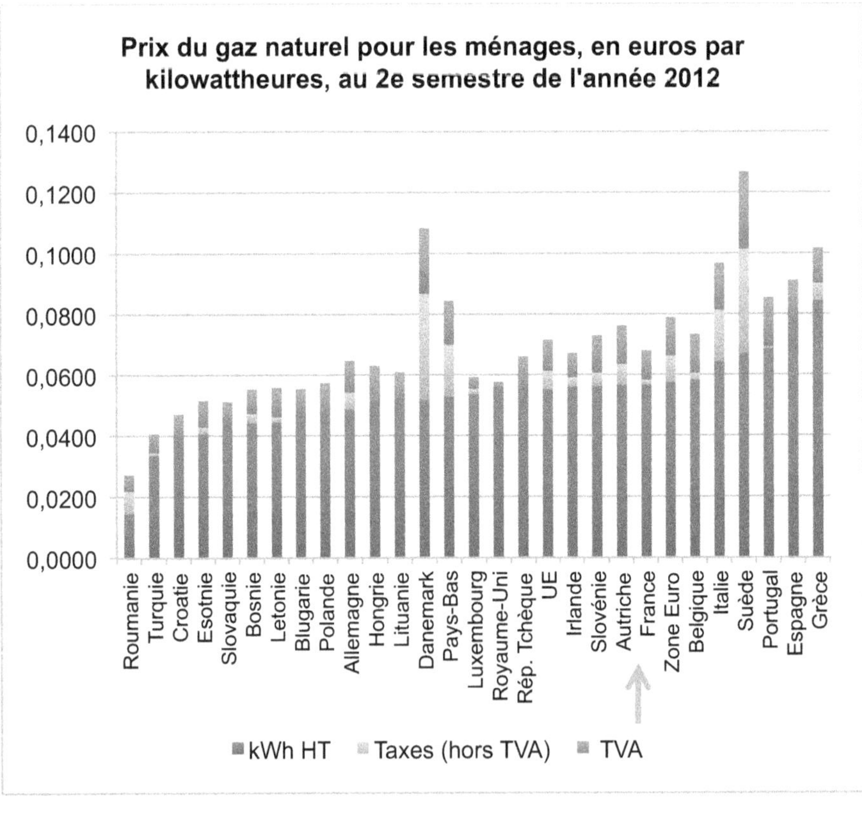
Prix du gaz naturel pour les ménages, en euros par kilowattheures, au 2e semestre de l'année 2012
0,1400
0,1200
0,1000
0,0800
0,0600
0,0400
0,0200
0,0000
Roumanie
Turquie
Croatie
Esotnie
Slovaquie
Bosnie
Letonie
Blugarie
Polande
Allemagne
Hongrie
Lituanie
Danemark
Pays-Bas
Luxembourg
Royaume-Uni
Rép. Tchèque
UE
Irlande
Slovénie
Autriche
France
Zone Euro
Belgique
Italie
Suède
Portugal
Espagne
Grèce
kWh HT
Taxes (hors TVA)
TVA

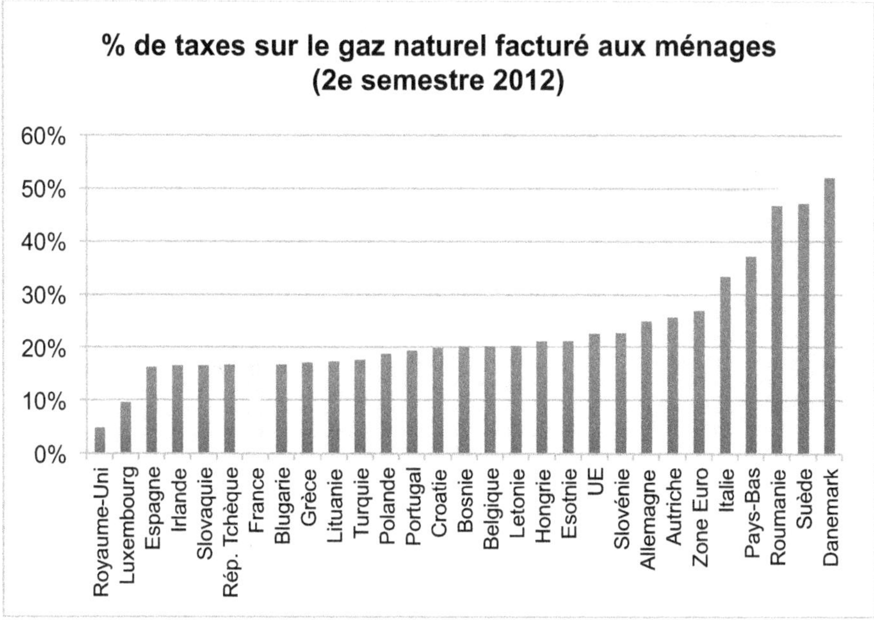

Source des données des graphiques précédents : Eurostat

2.03.2 Niveau et évolution, dans le contexte européen, des prix de l'énergie en France

Cette section contient des informations sur le niveau et l'évolution des prix de l'électricité et du gaz facturés au détail en France. Il en ressort que, rapportés à l'inflation, les prix de l'électricité se sont peu renchéris ces dernières années alors que les prix du gaz naturel ont fortement augmenté, suivant l'évolution des cours des matières premières.

I. Les prix de l'énergie en France sont compétitifs, s'agissant particulièrement de l'électricité

Les prix de l'électricité en France sont très en-dessous de ces mêmes prix, en moyenne, tant **dans la zone euro que dans l'Union européenne**, alors que **les prix du gaz en France sont similaires à la moyenne** des prix pratiqués dans ces mêmes pays.

Les prix de l'électricité en France ont peu augmenté ces dernières années tandis que les prix du gaz se sont significativement renchéris[66].

A. Prix de l'électricité

Au premier semestre 2012, la France était le pays de la zone euro et un des pays de l'Union européenne où l'électricité, tant à destination de la consommation résidentielle qu'à destination de la consommation industrielle était la moins chère.

En effet, le **prix de l'électricité à destination de la consommation non résidentielle en France** était **inférieur** de 17 à 18% à la moyenne des prix pratiqués dans les autres pays européens. Pour l'électricité à destination des particuliers, la différence de tarif était comprise entre 24 et 25%.

Sur la période 2001-2012, malgré une augmentation des prix sur la période dans plusieurs pays européens, **les prix de l'électricité en France étaient**, tant pour la consommation industrielle que

---

[66] Sources des données présentées dans ce chapitre : Eurostat.

domestique, **en-dessous des prix pratiqués dans d'autres pays européens comparables** (Allemagne, Royaume-Uni) ; en fin de période, il est d'ailleurs intéressant de constater que les prix de l'électricité en France étaient plus compétitifs, outre l'Allemagne et le Royaume-Uni, qu'en Pologne ou en Suède où l'électricité était pourtant moins chère qu'en France en 2001.

Les **prix de l'électricité à destination des clients industriels ont beaucoup augmenté** (plus de 50%) en France et résultent de la réduction de l'écart de prix constaté entre la France et ses homologues européens. L'écart a été réduit de manière importante, passant de -39% en 2007 à -17% en 2012. Toutefois, les prix de l'électricité en France à destination des clients domestiques sont restés stables. L'écart de prix entre la France et les moyennes européennes pour l'électricité domestique est ainsi durablement ancré autour de -20% sur la période.

S'agissant de l'électricité à destination de la consommation industrielle, on note une **augmentation nette** puisque, sur la période, les prix ont augmenté de 56% ; cela contraste avec l'augmentation sur la période des prix en moyenne d'un peu moins de 20% (entre 15% et 18% selon qu'il s'agit de la moyenne de la zone euro ou de l'UE).

S'agissant, en revanche, de l'électricité à destination de la consommation résidentielle, les prix ont été **très stables** puisqu'ils ont évolué globalement de 7%, soit légèrement moins que les prix de l'électricité en Europe sur la même période qui ont évolué de 13%.

Evolution des prix de l'électricité à destination de la consommation domestique et industrielle dans certains pays européens (2001-2012)

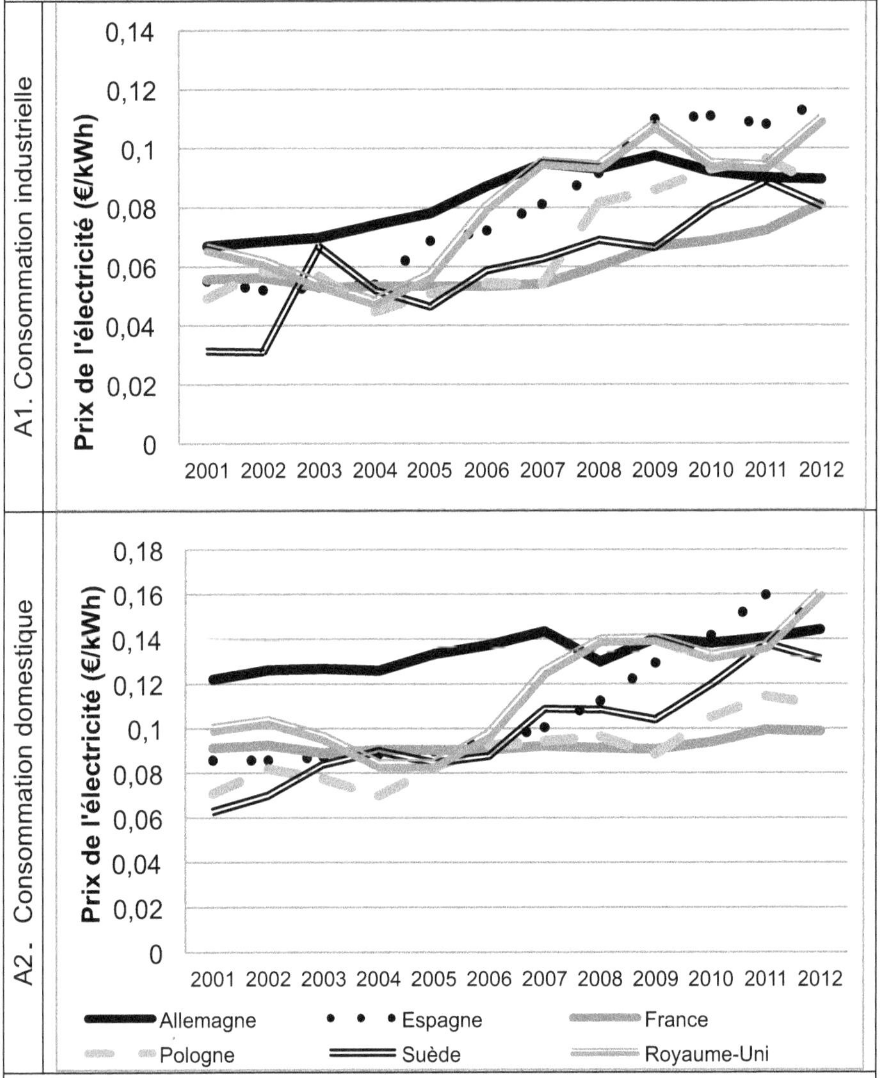

Les prix de l'électricité en France sont, tant pour la consommation industrielle que domestique, **en-dessous des prix pratiqués** dans d'autres pays européens comparables

B. Prix du gaz

Les prix du gaz en France sont en revanche dans la moyenne, voire même légèrement en-deçà, des prix du gaz pratiqués dans le restant de l'Europe. La France était classée au premier semestre 2012 au14-15ème rang sur les 27 pays de l'UE en termes de prix du gaz (hors taxes), tant pour la consommation à destination résidentielle que pour la consommation industrielle.

Les prix du gaz en France sont assez proches des moyennes européennes, ne s'écartant jamais, sur la période 2007-2012, d'une fourchette comprise entre -8% et +10% autour de celles-ci (à l'exception d'un différentiel de 20% au deuxième semestre de 2009 pour le gaz domestique qui peut être expliqué par l'effondrement des prix du pétrole en juillet 2009 et la lenteur de la répercussion de cette baisse sur les tarifs réglementés).

Sur la période 2001-2012, les prix du gaz à destination de la consommation industrielle en France sont situés entre les prix anglais et allemands ; ils sont légèrement supérieurs aux prix en Allemagne et au Royaume-Uni s'agissant de la consommation domestique tout au long de la période.

Les **prix du gaz ont augmenté de manière significative** en France et traduisent à l'échelle nationale l'augmentation de ces prix de manière plus générale en Europe.

On note, tant pour le gaz à destination industrielle que domestique, une augmentation en France entre 2007 et 2012 de plus de 20% (respectivement 26% et 21%), ce qui est comparable avec l'augmentation moyenne en Union européenne (respectivement 26-27% et 15-22%).

Ainsi, l'évolution des prix du gaz entre 2007 et 2012 en France et en Europe est similaire et le niveau des prix français est assez proche de la moyenne européenne (voir *supra*).

Evolution des prix du gaz à destination de la consommation domestique et industrielle dans certains pays européens (2001-2012)

A3. Consommation industrielle

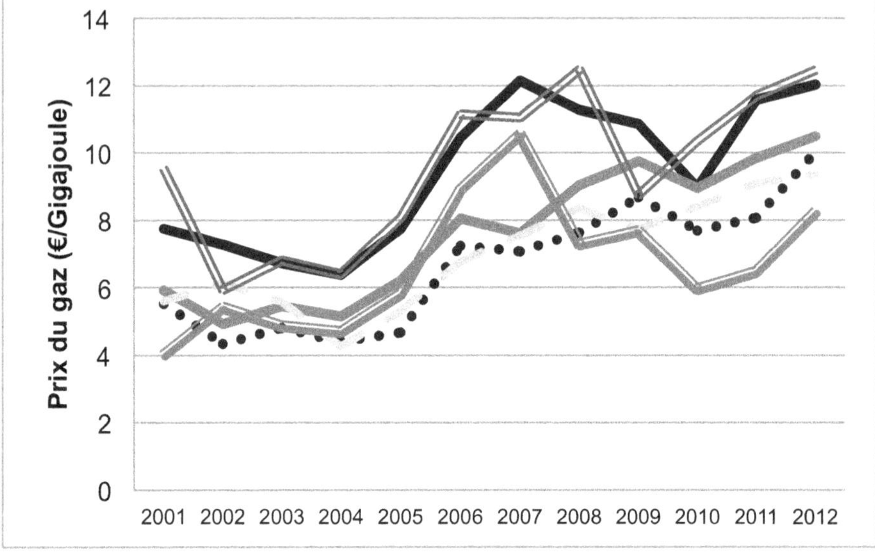

A4. Consommation domestique

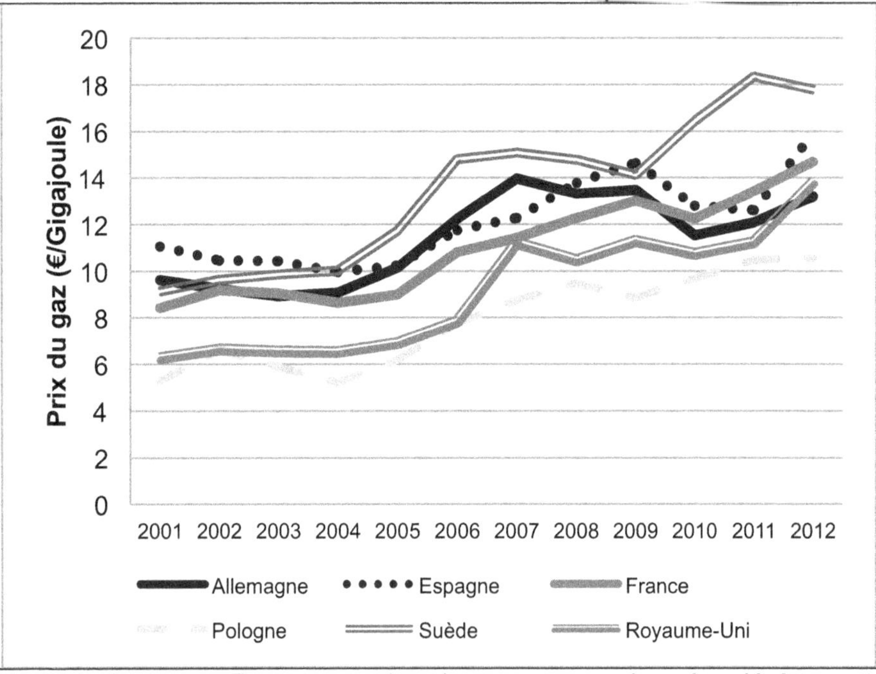

Les prix du gaz, en France, sont dans la moyenne – voire même légèrement en-deçà – des prix du gaz pratiqués dans le restant de l'Europe.

II. Les prix de l'énergie à destination des particuliers sont plus élevés que ceux à destination des professionnels

Les prix de l'électricité et du gaz sont **toujours plus chers lorsque l'énergie est destinée à satisfaire la consommation domestique** que lorsqu'elle est utilisée pour des besoins professionnels. Cela traduit en fait une politique répandue visant à rendre son territoire compétitif et y favoriser l'implantation d'entreprises en proposant des tarifs attractifs pour les professionnels.

ZOOM - Les bas prix de l'électricité en France

Alors que les prix de l'énergie à destination des professionnels sont toujours en dessous des prix de l'énergie à destination des particuliers, les prix de l'électricité en France sont, pour les particuliers, au niveau des prix facturés dans les autres pays européens pour les industriels. Cela témoigne du bas niveau de prix de l'électricité en France.

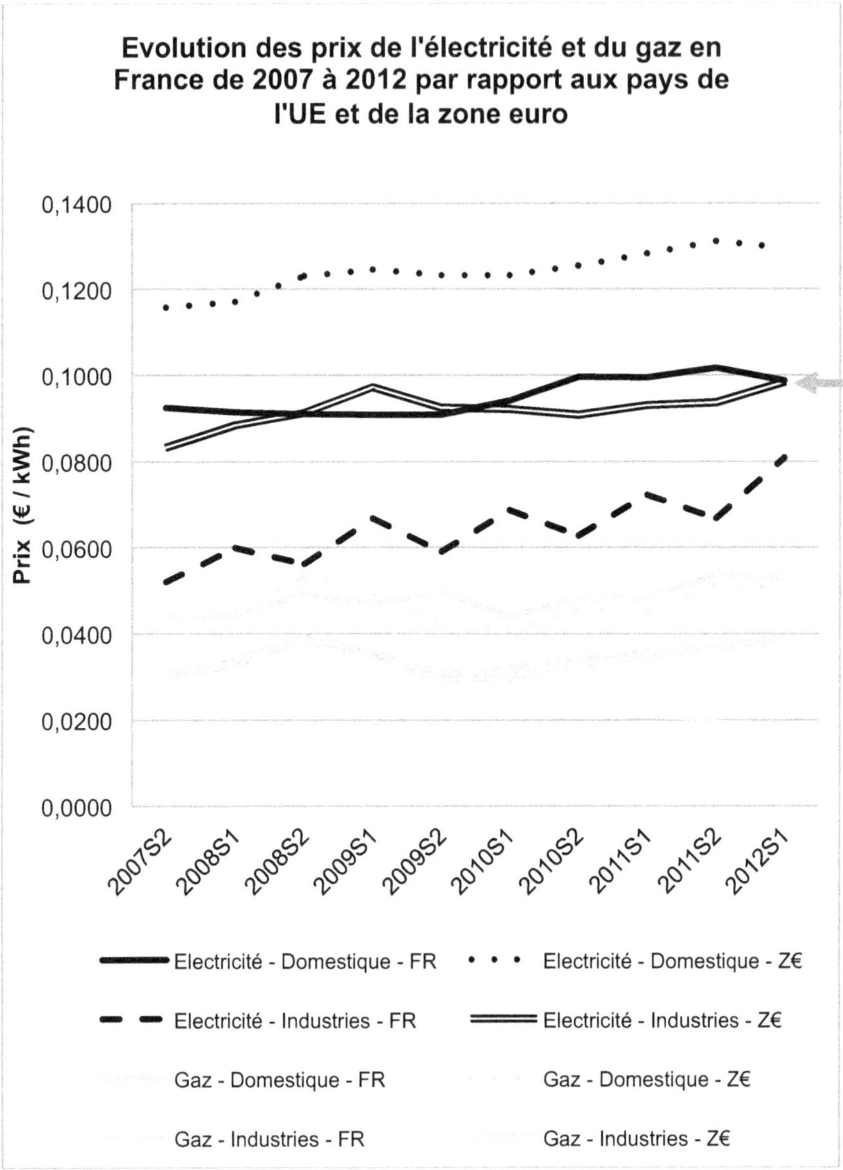

Source des données : Eurostat, comparatif des prix de l'électricité et du gaz hors taxe pour les clients résidentiels et industriels pour les années 2007-2012.

UE : Union européenne ; Z€ : zone euro.

ZOOM - Rapportés au pouvoir d'achat, on peut dire que les prix de l'électricité à destination des particuliers ont en fait baissé depuis 1996

En effet, si les prix de l'électricité à destination des consommateurs résidentiels ont augmenté globalement de 8% depuis 2001 (7% depuis 2007), cette augmentation doit être comparée à la hausse de l'inflation sur la période pour pouvoir déterminer si l'augmentation est due à l'augmentation normale des prix ou à un renchérissement plus spécifique des prix de l'électricité.

Les travaux de Michel Cruciani ont mis en évidence que les prix, nets de l'inflation, de l'électricité en France à destination des particuliers ont en fait baissé de 2% depuis 1996 alors qu'ils se sont accrus de 27% en moyenne dans la zone euro.

Comparaison en indices, sur la période 1996-2007 (la valeur 100 est retenue pour 1996).

	Niveau du prix de l'électricité	**Indice des prix à la consommation (c'est-à-dire niveau des prix, de manière générale)**
Zone euro	127 *(en 2010)*	129 *(en 2010)*
France	98 *(prix minimum du kWh sur la période 1996-2007)*	126 *(niveau maximum des prix sur la période 1996-2007)*

Sources données : Michel Cruciani, Évolution des prix de l'électricité aux clients domestiques en Europe occidentale, Gouvernance européenne et géopolitique de l'énergie, IFRI, Novembre 2011

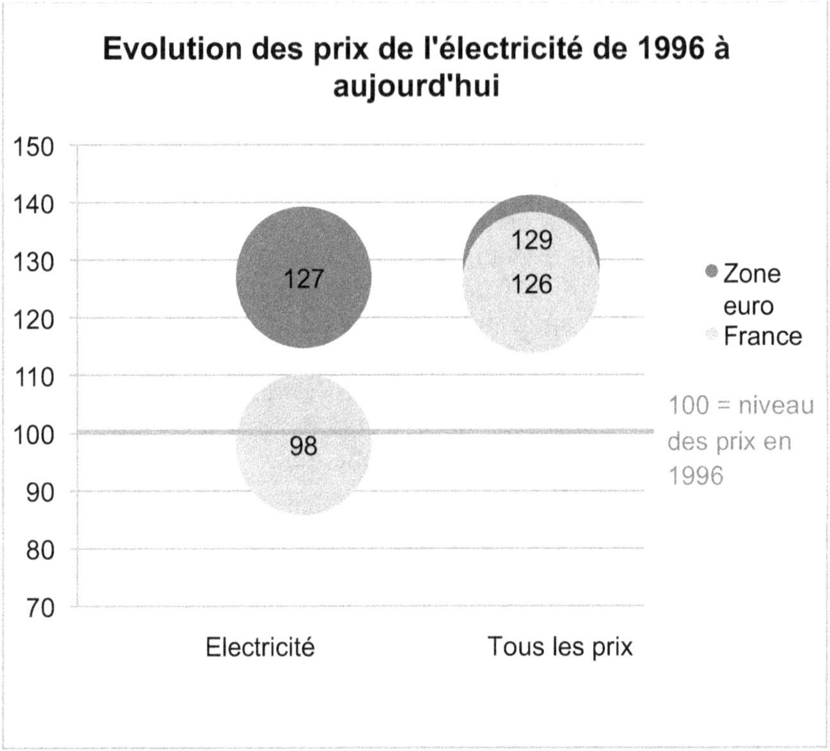

Lecture : entre 1996 et aujourd'hui, les prix ont généralement augmenté de 26% en France et de 29% en zone euro. A contrario, les prix de l'électricité, rapporté à l'inflation, ont baissé de 2% en France alors qu'ils ont augmenté de 27% dans toute la zone euro.

2.03.3 Niveaux de consommation et mix énergétique.

La France consomme plus d'électricité et moins de gaz que ses voisins européens (relativement à sa population). En effet, la consommation d'électricité en France est légèrement au-dessus de celle observée chez ses proches voisins européens. A contrario, sa consommation de gaz se situe très en-deçà de ses voisins européens comme l'Allemagne et le Royaume-Uni.

Ce résultat témoigne en fait du « mix énergétique spécifique » de la France. La France utilise l'électricité, par rapport au gaz, dans des proportions plus importantes que dans d'autres pays européens puisque la France consomme environ 20% d'électricité de plus que de gaz (la consommation de ces deux énergies étant rapportée en tonnes d'équivalent pétrole, ce qui permet de les comparer). En effet, contrairement à d'autres pays voisins, les Français se chauffent davantage à l'électricité qu'au moyen d'une autre électricité comme le gaz ou le fioul. Plus de 30% des logements français sont ainsi équipés en chauffage électrique. Cette proportion est généralement moindre dans les autres pays européens (15% en Luxembourg, 10 % en Autriche, 5% en Allemagne), le Danemark ayant même interdit le chauffage électrique depuis 1985. Cette place importante du chauffage à l'électricité en France s'explique par la prépondérance des centrales nucléaires dans la production d'électricité (80% de l'énergie électrique est ainsi produite, en France, avec le recours au nucléaire). Il résulte en effet de cela, comme en témoigne l'ARENH (voir *supra*) que l'électricité est en France bien moins chère que chez ses homologues européens, ce qui permet au chauffage à l'électricité d'être relativement compétitif.

De manière globale, la consommation d'énergie en Europe évolue peu. Après une baisse sensible en 2009 due à une récession économique importante (la crise économique s'est traduite par une forte baisse d'activité en 2009), la consommation d'énergie se stabilise à ses niveaux d'avant crise. Elle devrait continuer d'augmenter en accompagnement de la reprise économique mais dans le cadre d'une dynamique d'autant moins forte que la croissance est faible et que les particuliers et professionnels sont de plus en plus incités à réduire leur consommation énergétique. L'augmentation de la consommation d'énergie en Europe est davantage soutenue par les pays de l'est de l'Europe dont la croissance économique est plus forte.

Les projections à horizon 2015 de la publication de décembre 2011 du *Xerfi Market Analysis – 2011-2016 Trends – Corporate Strategies* vont dans ce sens.

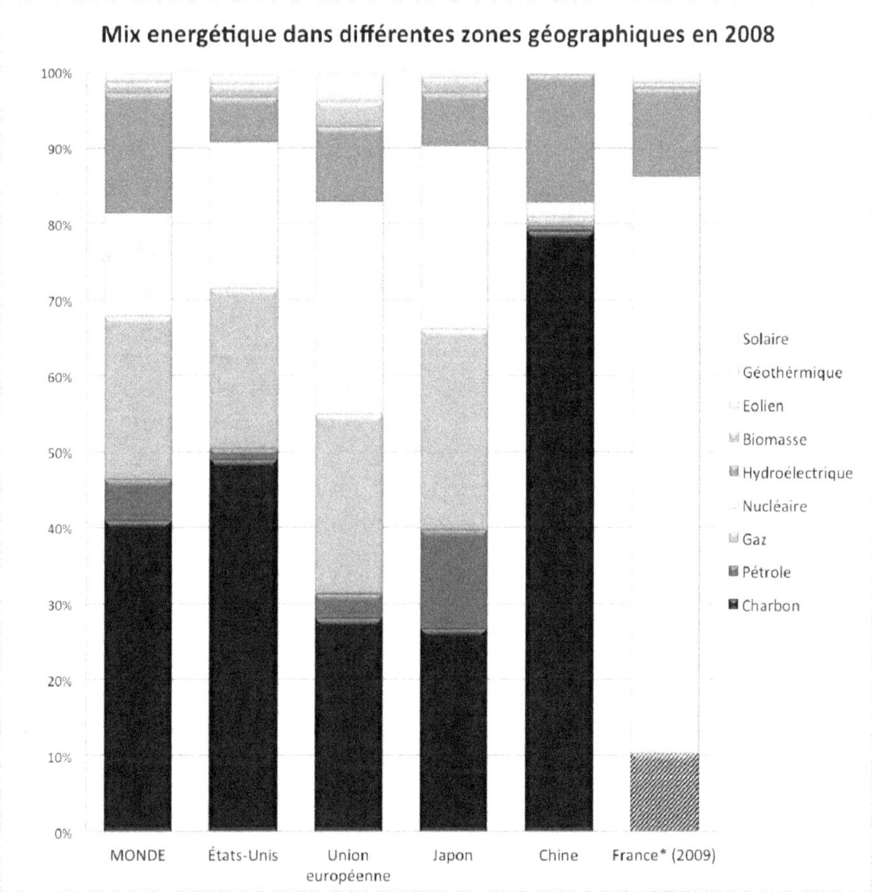

* France : La France est comptabilisée à la fois dans les rubriques « Monde », « Union européenne » et « France ». S'agissant de la France, il s'agit de données pour l'année 2009 provenant également de l'AIE, de plus, les énergies fossiles (gaz, charbon et pétrole) sont regroupées et mise en évidence par la région hachurée.

Source des données : *World Energy Outlook*, 2010, IEA (Agence internationale de l'énergie)

Consommation finale d'électricité dans certains pays européens (2001-2010), rapportée à la population

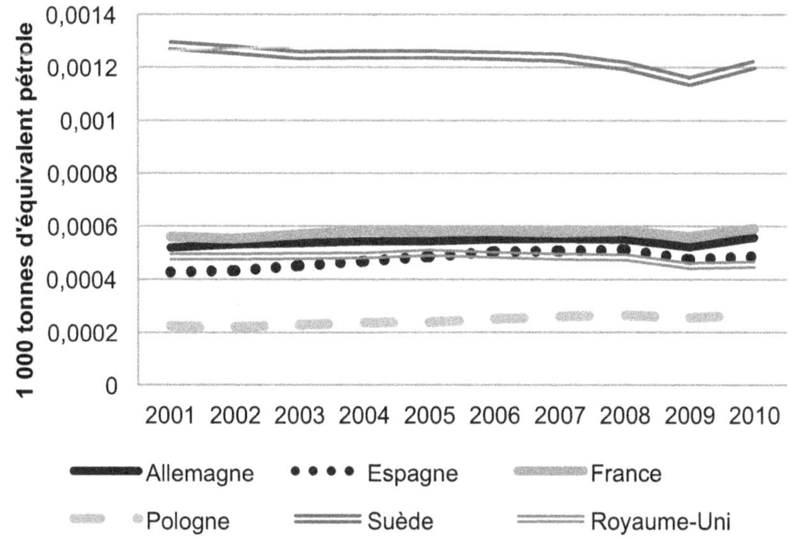

Consommation finale de gaz dans certains pays européens (2001-2010), rapportée à la population

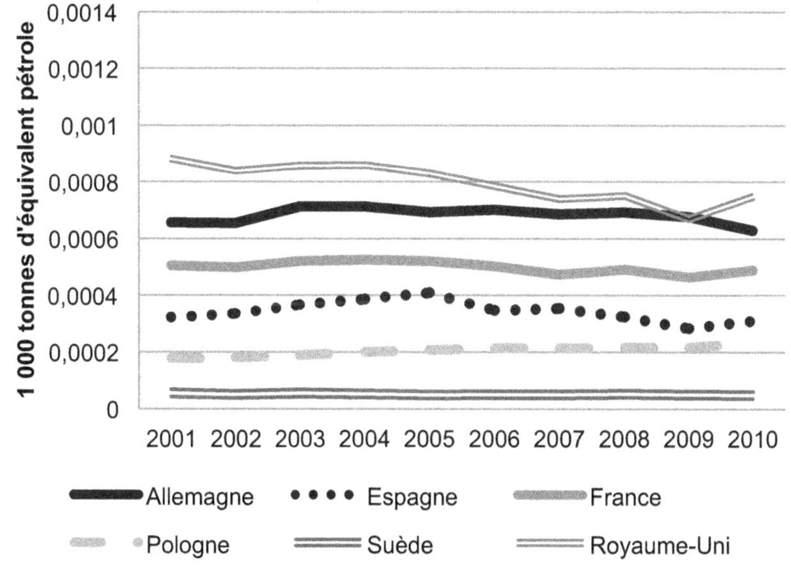

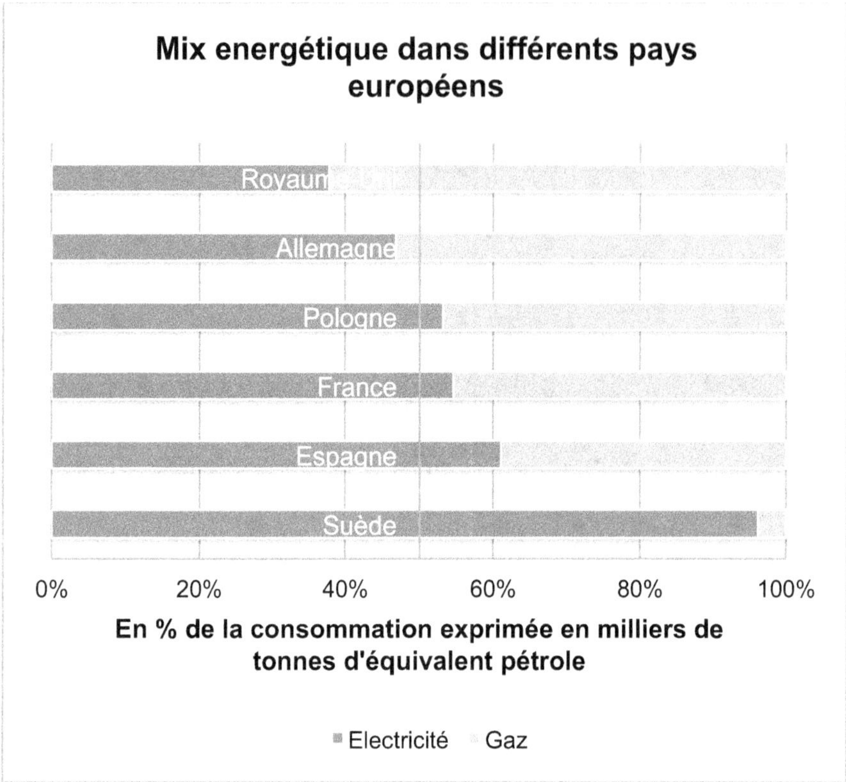

Source des données : Eurostat.

Partie 3. Les acteurs du marché de l'énergie

Différents acteurs interviennent sur le marché de l'énergie en France. Les missions de chacun sont complexes. Aussi, cette section ne vise-t-elle pas l'exhaustivité. Il a été volontairement choisi de dresser un panorama général de ces acteurs et de leurs missions en passant sous silence certains détails.

La section aborde d'abord les producteurs d'énergie, les acteurs de son acheminement (transport, distribution) et les fournisseurs d'énergie avant d'aborder les tiers qui assurent le fonctionnement harmonieux du marché de l'énergie en France (CRE, Commission européenne, etc.).

Section 3.01 Acheminement, production : des missions différentes, des acteurs multiples

Les acteurs du marché de l'énergie en France

Activité	Acteurs
Production	- *Les fournisseurs historiques :* • EDF (producteur historique d'électricité), • GDF Suez (elle possède le deuxième parc de production d'électricité français à travers, notamment, la Compagnie Nationale du Rhône – qui exploite en particulier de nombreux barrages hydrauliques) ; - *Les nouveaux entrants :* • E.ON (a racheté la SNET en 2008 – la SNET dispose historiquement de nombreuses centrales thermiques), • Direct Energie ; - *Des entreprises ne produisant que de l'énergie renouvelable :* SECHILIENNE SIDEC (biomasse), THEOLIA (éolien), VELCAN ENERGY (hydraulique), AEROWATT (éolien et solaire), VOLTALIA (divers ENR), etc. ; - *N'importe quel particulier peut aussi vendre l'énergie qu'il produit* (exemple : panneaux photovoltaïques). *NB : La liste n'est pas exhaustive.*
Transport	- *Gestionnaires de réseaux de transport (GRT) :* • Electricité : RTE (2000) ; • Gaz : Depuis 2005 : TIGF (pour tout le quart sud-ouest de la France) et GRTgaz (tout le reste du territoire) ; - *Stockage de gaz :* • Storengy (créée en 2009, filiale de GDF Suez) et TIGF.
Distribution	*Gestionnaires de Réseau de Distribution (GRD) :* - Un GRD indépendant lorsque l'ancien monopole (EDF, GDF ou une entreprise locale de distribution) avait plus de 100.000[67] clients :

[67] SRD Réseaux de Distribution est né de l'obligation faite à Sorégies de séparation juridique des activités d'acheminement d'électricité de celles de fourniture, pour les entreprises intégrées desservant plus de 100 000 clients (loi du 7 décembre 2006).

	• Electricité : ERDF (95% du territoire français de métropole continentale), ÉS Réseaux (Strasbourg), URM (Metz), Gérédis (territoires ruraux du département des Deux-Sèvres), SRD Réseaux de Distribution (territoires ruraux du département de la Vienne), • Gaz : GrDF (77% de la population française), Réseau GDS (Strasbourg), et Régaz-Bordeaux (Bordeaux) ; - ou une entreprise locale de distribution (ELD) présente à la fois sur les métiers de la distribution et de la fourniture (il y a environ 150 ELD pour l'électricité, 20 ELD pour le gaz) comme la SICAE de l'Oise par exemple.
Commercia-lisation	Fournisseurs historiques : EDF, GDF Suez, Total Energie Gaz et les entreprises locales de distribution (GEG, Gaz de Bordeaux, Séolis, UEM, etc.) Fournisseurs alternatifs : Direct Energie, Eni, Planète Oui, E.ON, etc. Voir tableau ci-après pour détail
Tiers	*Régulateurs :* Commission de régulation de l'énergie (CRE), médiateur de l'énergie, État, collectivités territoriales, Commission européenne, *Juge administratif,* *Lobbies :* ANODE, AFIEG *Comparateurs* *Prestataires commerciaux :* porte-à-porte, centres d'appel sortants, partenaires web, etc.

Source : recherches internes Selectra

A priori, la séparation entre toutes ces activités est claire. Dans un monde idéal, le client souscrit un contrat chez un fournisseur. Le fournisseur achète pour le compte de son client de l'énergie, soit directement chez un producteur, soit sur le marché qui réunit de multiples acheteurs et de multiples offreurs. L'énergie est injectée par le producteur dans le réseau d'acheminement pour le compte du fournisseur. Enfin, le réseau d'acheminement livre l'énergie au client du fournisseur. La réalité est toutefois plus complexe. En effet, le consommateur n'est pas en contact à chaque instant avec son fournisseur. Il ne passe pas commande, à l'avance, de l'électricité qu'il consomme. **En réalité, pour que le consommateur soit en mesure de consommer de l'énergie, son fournisseur doit anticiper sa demande et commander les quantités adéquates**. Ce schéma est rendu, à son tour, plus complexe par le fait que **le réseau d'acheminement ne fait pas la distinction entre les clients qui y sont raccordés en fonction du fournisseur chez lequel le client a**

souscrit. Ainsi, même si un fournisseur n'a pas acheté assez d'énergie en prévision des consommations de ses clients, ceux-ci continuent à être alimentés en énergie. De fait, l'articulation des différents métiers de l'énergie entre eux est donc rendue complexe car les flux physiques d'énergie ne correspondent pas strictement aux flux financiers entre les différents acteurs du marché. Des écarts apparaissent par exemple entre les injections et les soutirages d'énergie sur les réseaux. Ceux-ci doivent être compensés. Un autre type d'acteur – les responsables d'équilibre – ont ainsi la responsabilité de cette compensation *a posteriori*.

L'organisation du marché de l'électricité diffère par ailleurs à bien des égards de l'organisation du marché du gaz naturel. L'intensité de la concurrence sur le marché de détail de l'énergie est liée à l'intensité de la concurrence sur le secteur de la production de l'énergie. Un fournisseur, afin d'approvisionner ses clients, doit se fournir en énergie auprès d'un producteur, soit au moyen de contrats bilatéraux, soit sur les marchés organisés. Le prix de l'énergie vendue par un fournisseur est donc connu à l'avance pour la part de ses approvisionnements au moyen de contrats bilatéraux. Pour la part restante achetée sur les marchés (et, pour l'électricité, au moyen d'un mécanisme d'appel d'offre pour la puissance mise à disposition dans le cadre du mécanisme d'ajustement), l'aléa est plus grand car les prix y sont plus volatils.

Pour le marché du gaz naturel, le secteur de la production est relativement concurrentiel. Le gaz consommé en France est importé. Chaque fournisseur doit donc, pour exercer son métier, contractualiser avec des producteurs (ou un tiers) livrant du gaz naturel ou s'approvisionner sur le marché. Les barrières pour devenir fournisseur de gaz naturel sont de nature à rendre l'arrivée sur ce marché difficile mais traduisent en fait la complexité du métier de fournisseur de gaz naturel. Pour obtenir une licence de fourniture de gaz naturel, un fournisseur doit justifier d'au moins deux sources d'approvisionnement (deux fournisseurs) en gaz différents, de la capacité à tenir tout un hiver si l'un de ces deux fournisseurs (ou si l'un des deux points d'injection de gaz) faisait défaut et de la capacité de passer l'hiver le plus froid depuis 50 ans. Cela se traduit par la vérification, pour obtenir la licence, puis tous les trois ans, de ces capacités par l'étude de différents documents (capacités, *business plan*, contrats, *scenarii*, etc.). **Par contre, pour le marché de l'électricité, le secteur de la production n'est, dans les faits, pas très concurrentiel**. La majorité des fournisseurs alternatifs présents sur le marché français ne produisent pas de l'électricité. Ils achètent l'électricité pour la revendre au détail à leurs clients, pour la plupart, à EDF via l'ARENH, et sur le marché de l'électricité. Aussi, le métier de fournisseur d'électricité a une portée pour l'instant plus réduite que le métier de fournisseur de gaz naturel. C'est notamment cette différence qui explique l'écart du développement de la concurrence entre le marché de détail de l'électricité et celui du gaz naturel.

Les principaux fournisseurs d'électricité et de gaz en France

Electricité et gaz	Electricité	Gaz naturel
Les fournisseurs historiques sur les réseaux ERDF et GrDF et les fournisseurs créés par des entreprises locales de distribution		
• **Alterna*** • **EDF** • **Energem** *(UEM)* • **GDF Suez** • **Proxelia*** • GEG Source d'Energies *(GEG)*	• **Enalp*** • **Sélia** *(Séolis)* • **Lucia** *(Coopérative d'électricité de Saint-Martin-de-Londres).*	• **Gaz de Bordeaux** • Total Energie Gaz
Les fournisseurs alternatifs : les nouveaux entrants		
• **Direct Energie** • Edenkia	• **Enercoop** • **Planète Oui**	• Energy TI France • Gaz européen
Les fournisseurs alternatifs : fournisseurs d'origine étrangère		
• **Lampiris** (Belgique) • Alpiq (Suisse) • Axpo (Suisse) • e.on (Allemagne) • enovos (Luxembourg) • Iberdrola (Espagne) • Vattenfall Energies (Suède)	• Enel (Italie)	• **Eni** (Italie) • Edensa energia (Espagne) • Gaz Natural Fenosa (Espagne) • Gazprom Energy (Russie) • VNG France (Allemagne)
Autres cas		
		• **Antargaz**

Source : recherches internes Selectra

- **Gras :** fournisseur proposant des offres pour les particuliers et les professionnels
- Non gras : fournisseur proposant des offres uniquement pour les professionnels (parfois, un fournisseur ne propose des offres que pour certaines catégories de professionnels)
- *(Nom) :* nom de l'ELD ayant créé ce fournisseur actif sur le(s) réseau(x) d'ERDF / de GrDF
- * : Alliance d'ELD
- (Pays) : pays d'origine

Cette liste n'est pas exhaustive. Elle regroupe les fournisseurs proposant une offre pour au moins 90% des communes raccordées en France métropolitaine (hors Corse) mentionnés par energie-info et/ou par comparateur.selectra.info.

Pour 5% du territoire, près de 150 entreprises locales de distribution agissent comme le fournisseur historique, ainsi qu'une vingtaine d'ELD de gaz naturel.

NB : il existe aussi certains fournisseurs qui sont des filiales de grandes entreprises ne commercialisant pas d'offres. Ces filiales permettent à l'entreprise très consommatrice d'électricité d'acheter son électricité directement au prix de l'ARENH ou sur les marchés (exemple : Solvay Energie).

3.01.1 Les métiers de l'acheminement de l'énergie

L'**acheminement** de l'énergie est au cœur du fonctionnement des systèmes électriques et gaziers. Il comporte **deux métiers distincts :** celui du **transport** et celui de la **distribution**. Depuis l'ouverture des marchés à la concurrence, ces activités sont séparées des activités de production et de fourniture d'énergie. Elles sont toujours des **monopoles**.

I. Transport, distribution : un même objectif, deux métiers différents

L'énergie produite ou extraite doit être acheminée jusqu'à son consommateur final. A cette fin, des **réseaux d'acheminement servent à transporter l'électricité ou le gaz sur de longues distances jusqu'au bassin de consommation. A l'arrivée dans ce bassin de consommation, soit un réseau de distribution prend le relai afin d'acheminer l'énergie jusqu'au consommateur, soit l'énergie est directement fournie au client** (lorsque celui-ci est un grand industriel directement raccordé au réseau de transport).

L'existence de deux types de réseaux d'acheminements distincts (transport et distribution) peut paraître contre-intuitive. En effet, on pourrait *a priori* penser qu'un grand réseau d'acheminement suffirait à relier tous les producteurs et tous les consommateurs entre eux et juger contre-productif d'avoir un réseau de transport ainsi que des réseaux de distribution. Toutefois, **cette distinction fondamentale est à la fois la conséquence d'une réalité pratique et d'un impératif juridique**. D'un point de vue pratique, le transport et la distribution relèvent de deux activités très différentes. Malgré leur point commun (l'acheminement de l'énergie d'un point à un autre) chacune de ces activités est spécifique, **l'une étant tournée vers le transport sur de grandes distances de l'énergie et l'autre sur la distribution de l'énergie à l'échelle locale**. Ainsi, de la même manière qu'on distingue le réseau autoroutier (ou de lignes à grande vitesse) du réseau de routes nationales (ou de TER), on peut distinguer des réseaux de transports d'énergie de réseaux de distribution d'énergie. D'ailleurs, le fait que la distribution est une activité de proximité a une **traduction juridique très concrète puisqu'il s'agit d'une compétence des collectivités territoriales**.

En effet, la Loi du 15 juin 1906 sur les distributions d'énergie a fait des communes les autorités concédantes [c'est-à-dire celles qui concèdent] de la distribution publique d'électricité et de gaz. Cette disposition a été reprise par l'article L 2224-31 du code général des collectivités territoriales.

Pour simplifier :

	Transport		**Distribution**
	Electricité	Gaz	
Envergure	Nationale (dans le cas du gaz, il existe trois zones d'équilibrage distinctes), transport sur de grandes distances		Locale, acheminement de l'énergie jusqu'au lieu de consommation
Propriété	RTE**	GRT (GRTgaz ou TIGF)	*(Autorité concédante)* Commune ou établissement public de coopération intercommunale
Exploitation			*(Concessionnaire)* • Gestionnaire de réseau de distribution : ERDF, GrDF, URM*, Gérédis*, ÉS Réseaux*, Réseau GDS*, Régaz-Bordeaux* et SRD Réseaux de Distribution* • *ou* directement l'entreprise locale de distribution dans le cas d'une ELD ayant moins de 100 000 clients

Source : recherches internes Selectra

* Ces ELD ayant plus de 100 000 clients, un GRD autonome existe.
** NB : dans les territoires insulaires, l'organisation est différente.

Ainsi, alors que le Réseau Public de Transport d'électricité est, au sens propre, un réseau, le Réseau Public de Distribution d'électricité est en fait une multitude de réseaux, propriétés des communes, qui sont gérés soit par un gestionnaire de réseau de distribution, soit par une ELD.

A. Le métier du transport

Le réseau public de transport a pour mission de rendre possible l'acheminement, sur de longues distances, de l'énergie, vers le consommateur final. Pour l'électricité, il s'agit du transport de l'énergie à haute tension. Cette haute tension permet de minimiser les pertes par émission de chaleur lors du transport. Toutefois, pour être consommable, l'électricité doit généralement parvenir en basse tension au consommateur final (voir partie 1). L'abaissement de tension est effectué au moyen de transformateurs et l'électricité est ensuite injectée dans un réseau de distribution. Pour le gaz, il s'agit du transport du gaz dans des gazoducs de diamètre important, et sur de longues distances.

1) Missions des gestionnaires de réseau de transport (GRT)

Le gestionnaire du réseau de transport a, pour mener à bien son activité, différentes missions. Il doit d'abord **construire**, **améliorer** et **entretenir son réseau de transport.** En particulier, dans la perspective de l'achèvement du marché européen de l'énergie (voir partie 4), des investissements sont requis pour développer les capacités d'interconnexion entre les réseaux de transport des différents pays. Il doit ensuite **assurer l'équilibre de son réseau**, et, partant, du système de manière globale. La situation est toutefois différente pour l'électricité et le gaz. L'électricité correspond au déplacement de charges (d'électrons) au sein d'une matière conductrice (par exemple du cuivre). A la différence du gaz, de l'eau ou du pétrole qui ont une existence matérielle, peuvent être stockées et qui ne reposent pas sur un système global, l'électricité ne peut être stockée (du moins à grande échelle et à coût raisonnable) et repose sur un système qu'il convient à tout moment d'équilibrer. La mission de gestion de l'équilibre prend donc un relief particulier s'agissant de l'électricité. Cette mission est également présente pour le gaz, mais les capacités de stockage permettent, en cas de surconsommation, de prélever dans ces réserves, et, en cas de moindre consommation, de stocker le surplus de gaz. Cette différence entre l'électricité et le gaz trouve une traduction dans les règles d'équilibrage imposées aux fournisseurs. Ces règles commandent aux fournisseurs de s'assurer de l'égalité entre leurs injections et les soutirages de leurs clients. Le pas de temps imposé aux fournisseurs est journalier pour le gaz naturel alors qu'il est de trente minutes pour l'électricité.

2) *L'équilibre sur le réseau de transport d'électricité*

Pour l'électricité, une des missions principales du GRT est donc de s'assurer de l'équilibre du système électrique. Cet équilibre est traduit par une **fréquence**. En cas de déséquilibre entre la quantité injectée et soutirée, la fréquence du réseau varie en effet. Or, la fréquence ne peut s'écarter de manière trop importante de sa valeur nominale, fixée en Europe à 50hz, au risque d'endommager les équipements électriques qui sont conçus en Europe pour fonctionner à ce niveau de fréquence. Un seuil de tolérance ± 0.5 Hz est admis. En conséquence, lorsqu'un écart est constaté, des mécanismes de sauvegarde sont mis en place afin d'assurer au plus vite un retour à la fréquence nominale. Ces mécanismes permettent d'éviter que le niveau de fréquence ne s'écarte du seuil de tolérance et que ne survienne alors un écroulement du système électrique.

- Si la quantité injectée est supérieure à la quantité soutirée, la fréquence augmente, cela se produit donc lorsque la production d'électricité est supérieure à la quantité d'électricité consommée. Dans ce cas, le rôle du GRT est de diminuer la quantité d'électricité produite afin de retourner à l'équilibre. Le GRT peut éventuellement procéder au découplage d'une ou de plusieurs unités de production du réseau (c'est-à-dire qu'il déconnecte la centrale du réseau, ce qui réduit mécaniquement la quantité d'électricité injectée dans le réseau électrique) ;
- Si la quantité injectée est inférieure à la quantité soutirée, la fréquence diminue. Cette situation survient donc en cas d'une demande d'électricité surpassant la production. Dans ce cas, le GRT peut solliciter des moyens de production exceptionnels ou diminuer la consommation d'électricité. Pour abaisser la quantité d'électricité soutirée du réseau, le GRT peut activer des capacités d'effacement (préalablement mises à sa disposition par des contrats) ou, de manière ultime, procéder d'autorité à un effacement en effectuant un délestage d'un centre de consommation.

NB : Ces mécanismes peuvent être utilisés dans le cas où, d'un point de vue global, il y a un déséquilibre entre les injections et les soutirages sur le réseau ou bien dans le cas où, par suite d'un incident technique sur une partie de l'infrastructure, le réseau n'est plus entièrement interconnecté. En effet, dans ce dernier cas, le réseau peut se décomposer et un déséquilibre peut naître entre les soutirages et les injections sur une partie du réseau alors même qu'il n'y a pas de déséquilibre entre la demande globale et l'offre globale (voir cas pratique ci-dessous).

Cas pratique : l'incident électrique de 2006

Le 4 novembre 2006, une panne d'électricité a affecté l'Europe. Une surcharge sur le réseau électrique allemand a eu pour conséquence des coupures d'électricité dans certaines parties de l'Allemagne, de la France, de l'Italie et de l'Espagne. Le déroulement de cette coupure est intéressant et permet de comprendre le fonctionnement d'un système électrique en général.

A 22 h 10, une intervention d'urgence destinée à abaisser l'intensité du courant passant par une ligne de transport d'électricité en Allemagne échoue. De cet échec a résulté une augmentation de l'intensité du courant transitant sur la ligne concernée. Par suite, un mécanisme de sauvegarde a déconnecté la ligne de transport du réseau.

L'électricité ne pouvant plus emprunter cette ligne de transport, elle a été re-routée vers d'autres lignes. Ce report de charge sur les autres lignes a conduit au dépassement des valeurs de quantité maximale d'électricité pouvant être transportée par ces lignes. D'autres lignes ont donc été déconnectées. Par effet de cascade, de plus en plus de lignes de transport ont été déconnectées, leur charge dépassant leur valeur limite en raison des déconnexions successives de lignes de transport.

En conséquence, à 22h 10min 28s, le réseau électrique européen s'est séparé en trois réseaux indépendants : un réseau ouest où la production d'électricité était inférieure à la consommation (la fréquence s'est abaissée à 49hz), un réseau nord-est où la production d'électricité dépassait sa consommation (la fréquence est montée jusqu'à 51hz) et un réseau sud-est où la fréquence est restée à sa valeur nominale. A 22 h 10 min 32 s, la ligne de transport d'électricité reliant l'Espagne au Maroc a été déconnectée. L'effet de la déconnexion initiale de la ligne de transport en Allemagne sur l'équilibre du système électrique européen a donc été quasi-instantané.

Sur le réseau ouest, des délestages ont donc eu lieu afin de diminuer la consommation d'électricité et d'éviter que le réseau électrique ne s'écroule totalement. Par exemple, en France, la fourniture en électricité d'environ 5 millions de foyers a été interrompue. A contrario, sur le réseau est, des unités de production ont été découplées afin de diminuer la quantité d'électricité produite et de rétablir une égalité entre la production et la consommation d'énergie. Finalement, l'équilibre a été rétabli sur la zone ouest en 20 minutes. Le réseau européen a été resynchronisé après 38 minutes.

Le réseau de transport de l'électricité français est **interconnecté avec les autres réseaux d'Europe continentale**. 45 lignes d'interconnexion électrique le relient en effet à ces autres réseaux. Avant tout, il constitue en fait un maillage solide qui permet de pallier les disparités énergétiques régionales au sein du territoire français et de faire face aux aléas de la consommation et de la production. Du point de vue de la gestion, le réseau est **composé d'un dispatching national** (Centre national d'exploitation du système électrique) et de **7 centres de dispatching régionaux** qui surveillent et conduisent le réseau à haute et très haute tension (HT et THT) de leur région électrique. Près de 200 personnes travaillent à la gestion du réseau. Un réseau sécurisé de communication permet à ces différents centres de communiquer entre eux et leur permet de donner des ordres aux différents ouvrages de RTE. RTE a d'ailleurs créé une filiale Arteria qui commercialise la bande passante de ces fibres optiques non utilisée par RTE.

3) L'équilibrage sur les réseaux de transport de gaz naturel

Deux types de gaz existent en fonction de leur pouvoir calorifique (c'est-à-dire de la quantité de chaleur que la combustion de ce gaz dégagerait). Un gaz à moyen pouvoir calorifique (dit de type B) est distribué dans le nord de la France. Un gaz à haut pouvoir calorifique (de type H) est distribué dans le reste de la France. Contrairement à l'électricité (il y a *un* réseau de transport d'électricité qui doit, dans sa globalité, être équilibré à tout instant – bien que le réseau national soit constitué de sous-réseaux régionaux et que, comme on le verra par la suite, il existe de multiples « responsables d'équilibres »), **il y a, pour le gaz, plusieurs zones d'équilibrage**, qui sont indépendantes. Même si leur nombre s'est réduit, passant de 7 en 2003 à 3 depuis 2009, il y a aujourd'hui trois zones d'équilibrage pour le gaz naturel :

Zone	PEG	Milliards de mètres cube (env.)
GRTgaz Nord	PEG Nord	30
GRTgaz Sud	PEG Sud	15
TIGF	PEG TIGF	3

Source : CRE, 2012

A l'intérieur de chacune de ces zones d'équilibrage, chaque expéditeur (c'est-à-dire chaque acteur titulaire d'un contrat d'acheminement avec le GRT) doit s'assurer qu'il y ait un équilibre entre le quantité qu'il a injectée et celle qu'il a soutirée du réseau. Afin d'accroître la prévisibilité de la consommation, il est possible que la fusion des zones se poursuive dans les années à venir. En effet, puisqu'à l'intérieur de chaque zone d'équilibrage, chaque expéditeur est soumis à une obligation d'équilibre, une zone d'équilibrage plus grande faciliterait les opérations des acteurs du marché du gaz en France.

Les échanges entre les fournisseurs de gaz et les gestionnaires de réseaux de transport de gaz s'effectuent, de manière physique, à de multiples points d'interconnexion et, de manière virtuelle, au niveau de Points d'échanges de gaz (PEG). Il y a un PEG pour chacune des zones d'équilibrage en France (soit un PEG Nord, un PEG Sud et le PEG TIGF). Les échanges sur le marché de gros du gaz naturel ont lieu à des points virtuels du réseau de transport de gaz français appelés points d'échange de gaz (PEG). S'y opèrent les échanges entre fournisseurs de gaz et l'approvisionnement en gaz des gestionnaires de réseaux de transport de gaz pour l'équilibrage des bilans journaliers.

Qu'est-ce qu'un PEG (point d'échange de gaz) ?

Réalité	Traduction financière
Au sein d'une zone de transport de gaz, les échanges de gaz sont effectués à de nombreux points d'interconnexion : Il y a des points d'interconnexion entre : • les terminaux méthaniers et la zone de transport, • les réseaux de distribution et la zone de transport (au niveau de PITD – points d'interface transport – distribution), • les gros industriels directement raccordés au réseau de transport et la zone de transport. ➔ En réalité, il y a donc de **multiples** points d'échanges.	Du point de vue des acteurs s'échangeant des quantités de gaz contre de l'argent, les échanges de gaz ont lieu au niveau d'un seul point d'échange de gaz, le PEG. ➔Nonobstant le nombre réel de points d'interconnexion qui permettent au gaz de sortir et d'entrer dans une zone de transport donné, on considère donc qu'il n'y a qu'un seul et **unique** PEG pour une zone de transport donnée.

Le cas du sud-ouest de la France

TIGF (transport et Infrastructures Gaz France (TIGF) est le **gestionnaire de réseau de transport du quart sud ouest de la France**. Il exerce également une activité de gestionnaire de stockage. Filiale de Total entre 2000 et 2013, l'entreprise a été cédée en 2013 à un **consortium regroupant Snam, EDF et GIC**. Snam est une société italienne, ayant des activités de gestionnaire de réseau de transport, de distribution, de stockage et de regazéification du GNL. Elle s'est séparée d'Eni à l'occasion de l'ouverture du marché italien du gaz naturel à la concurrence. GIC (*Government of Singapore Investment Corporation*) est un fonds souverain de Singapour.

L'origine de TIGF remonte à la création de la **Régie Autonome des Pétroles**, créée afin d'exploiter les gisements de gaz naturel découverts dans le sud ouest de la France. La loi de nationalisation du secteur de l'électricité et du gaz a exclu le transport de gaz de son champ d'application. Les activités de transport de gaz ont été confiées, en ce qui concerne le quart sud-ouest de la France, à la **Société Nationale de Gaz du Sud-Ouest** (filiale d'Elf et de GDF). Elf ayant été privatisé par la loi du 19 juillet 1993, la SNGSO échappe depuis cette date à la sphère publique. L'absorption d'Elf par Total en 2000 (TotalFinaElf est devenu Total en 2003) a abouti à ce que SNGSO appartenait conjointement à Total et à GDF. Un accord entre Total et Gaz de France intervenu 17 octobre 2004 sous les auspices de la CRE a permis de « dénouer » les différentes participations de ces sociétés. GDF a pris le contrôle de la CFM[68] tandis que Total a pris le contrôle de **Gaz du Sud Ouest** (GSO).

[68] La Compagnie française du Méthane (CFM), créée en 1956, était vouée à commercialiser le gaz issu du gisement de Lacq en dehors du Sud-Ouest. Avant l'accord de 2004, son capital était partagé entre GDF et Total.

Quantité d'énergie générée par la combustion d'1 m3 de gaz

Type de gaz	Pression	Quantité d'énergie générée par la combustion d'1 m3 de gaz
Gaz H	20 mbar	11,2 kWh
Gaz B	25 mbar	10,0 kWh

Source des données : GrDF

B. Le métier de la distribution

Le gestionnaire de réseau de distribution est l'opérateur chargé de l'acheminement de l'électricité ou du gaz en provenance d'un réseau amont (généralement un réseau de transport[69]) vers son consommateur final.

La distribution est une activité de proximité. Il s'agit d'assurer un maillage dense d'un territoire pour permettre à une diversité de clients d'être raccordés et alimentés en énergie.

1) Les différents types de relation contractuelle entre un consommateur et son GRD

Pour le gaz naturel, par exemple, l'acheminement de l'énergie se fait d'un Point d'Interface Transport Distribution (PITD) – le point interconnecté au réseau de transport depuis lequel le GRD achemine le gaz, vers un point de livraison (PDL), lequel est généralement aussi un Point de Comptage (PdC : cas de l'électricité) ou un Point de Comptage et d'Estimation (PCE : cas du gaz).

La livraison de l'énergie au consommateur final est la conséquence de la conclusion, par ce consommateur :

- Soit d'un **contrat intégré** dans le cadre des tarifs réglementés ;
- Soit d'un **contrat unique** avec un fournisseur ayant au préalable passé un contrat avec le GRD. Ce contrat unique est un Contrat Unique de fourniture et de distribution d'électricité (CUFDE) dans le cas de l'électricité ou un Contrat

[69] Ce réseau amont peut aussi être un autre réseau de distribution. Dans ce cas là, on parlera d'un GRD de rang 1 et d'un GRD de rang 2.

Unique de Fourniture et de Distribution de Gaz (CUFDG) dans le cas du gaz. Il est signé entre un fournisseur et le client final. Toutefois, pour pouvoir proposer ce type de contrat, le fournisseur doit avoir préalablement signé un contrat (appelé contrat GRD-F, c'est-à-dire contrat entre le GRD et le fournisseur) avec le GRD du territoire de desserte concerné ;

- Soit de deux contrats distincts :
- D'un **contrat d'acheminement**[70] directement avec la GRD (ou le GRT dans le cas où le client est directement raccordé au réseau de transport) – ils sont respectivement appelés contrat d'accès au réseau public de distribution (**CARD**) et contrat d'accès au réseau public de transport (**CART**) ;
- D'un **contrat de fourniture** avec un fournisseur.

La plupart des consommateurs bénéficient d'un contrat unique ou intégré. Seuls les gros consommateurs peuvent avoir intérêt à disposer de deux contrats distincts.

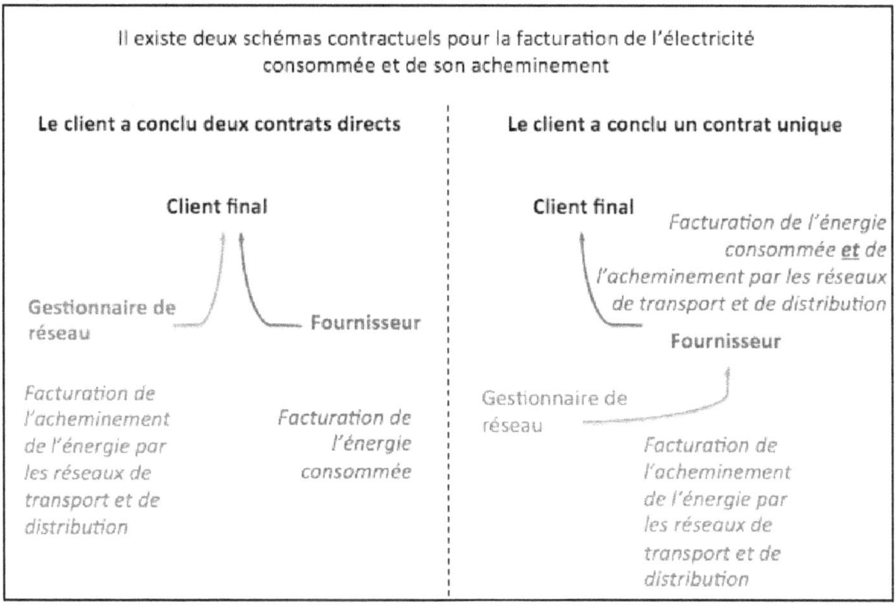

Source : selectra.info

Le réseau de distribution n'étant qu'un lieu de transit (et non de création) d'énergie, tout client qui soutire de l'énergie doit justifier à tout instant que la quantité qu'il soutire est équivalente à une quantité

[70] Pour simplifier, n'a été mentionné que le contrat d'acheminement entre un consommateur et le gestionnaire de réseau ; toutefois, il existe en fait de nombreux types de contrats d'acheminement en fonction du type d'entité qui contracte avec le gestionnaire de réseau (consommateur, producteur, autre gestionnaire de réseau).

d'énergie injectée dans le réseau par suite d'un contrat avec un producteur.

- Dans le cas où le client a passé directement un contrat d'acheminement avec le GRD, il assume la responsabilité de cet équilibre. Le consommateur d'énergie est considéré, du point de vue du GRD, à la fois comme le consommateur et comme le fournisseur. Aussi, le GRD peut-il à tout moment demander à ce client de lui communiquer les références de son contrat d'acheminement en amont pour en vérifier l'existence ;
- Dans le cas où le client a passé un contrat unique avec un fournisseur, alors c'est ce fournisseur qui a cette responsabilité.

2) La différence entre raccordement et livraison

Lors d'un raccordement (construction d'une nouvelle maison par exemple), c'est le propriétaire qui prend contact avec son GRD pour lui demander de raccorder cette construction au réseau. Par contre, une fois le raccordement effectué, c'est la personne qui occupe effectivement les lieux qui prend contact avec un fournisseur pour souscrire un contrat de fourniture d'énergie. C'est suite à la souscription de ce contrat de fourniture que le GRD, mandaté par le fournisseur, se déplace pour mettre en service le compteur d'électricité ou de gaz. C'est pourquoi on distingue deux types de contrats entre un client et le GRD :

- le **Contrat de raccordement** est un contrat signé entre le GRD et le propriétaire afin de raccorder son logement au réseau public de distribution ;
- le **Contrat de livraison** est un contrat signé entre le GRD et le client, dans le cadre de l'utilisation par ce client du réseau public de distribution. Dans l'hypothèse d'un contrat unique, lors de l'acceptation par le client des conditions générales de ventes dans le cadre de la souscription de son contrat avec le fournisseur, le consommateur accepte également les conditions standard de livraison qui le lie avec le GRD du territoire de desserte concerné.

II. La rémunération des gestionnaires de réseaux d'acheminement

A. Principes

Les réseaux de distribution et de transport sont des monopoles. Leur rémunération doit, par principe, **couvrir leurs coûts de fonctionnement**. Toutefois, l'exercice est rendu difficile par le fait que ces rémunérations sont fixées *a priori*, alors même que les charges réelles ne sont pas encore connues. C'est pourquoi la fixation des tarifs résulte d'un travail de prévision. Un Compte de Régulation des Charges et des Produits permet *a posteriori* de corriger les écarts constatés entre les charges et les produits et de rémunérer les gestionnaires des réseaux d'acheminement au niveau le plus juste.

Les tarifs sont fixés par la CRE[71]. La fixation des tarifs d'utilisation des réseaux d'acheminement par le régulateur et leur transparence garantissent que tous les acteurs du marché sont placés sur un pied d'égalité. La structure des coûts des gestionnaires des réseaux est organisée autour de deux composantes comme le montre le tableau ci-dessous.

Les charges d'exploitation	Les charges de capital
• Exploitation et maintenance des réseaux • Compensation des pertes sur les réseaux • Relève des compteurs • Interventions techniques (ex : mises en service)	• Investissements réalisés par les gestionnaires de réseaux (amortissement des biens, rémunération des capitaux immobilisés)

Les tarifs résultent de la prévision de ces coûts. Pour l'électricité, on parle des **tarifs d'utilisation des réseaux publics d'électricité (TURPE).** Ces tarifs sont soumis à deux principes. D'une part, ils **ne dépendent pas de la distance parcourue par l'électricité** (le tarif est dit « timbre poste »). D'autre part, les **tarifs sont identiques en tout point du territoire** (on dit qu'ils sont péréqués). Ces deux principes sont importants. Ils signifient qu'en tout point du réseau, le

[71] Le gouvernement peut toutefois demander, dans un délai de deux mois, une nouvelle délibération à la CRE.

tarif est identique et ne dépend pas de la position physique d'un point de consommation sur le réseau. Aussi, par exemple, le tarif d'utilisation est-il identique dans un département très densément peuplé et dans un département moins densément peuplé. Comme le rappelle la Cour des comptes[72], ce schéma n'est pas généralisé. En France, pour l'eau, il n'y a pas de péréquation tarifaire entre les communes. De même, en Suède, pour l'électricité, il n'existe pas de péréquation tarifaire, « le tarif s'échelonnant du simple au double ».

Pour le gaz, on distingue trois tarifs d'utilisation des réseaux publics comme le montre le tableau ci-dessous[73]. Ces tarifs sont également péréqués mais dans le cadre d'un périmètre plus restreint. En effet, le principe de péréquation ne vaut qu'à l'intérieur du réseau concerné (cela signifie que les tarifs ne sont pas identiques selon que le distributeur est GrDF, Régaz ou Réseau GDS par exemple). Chaque gestionnaire de réseau de distribution de gaz a son propre tarif à l'exception de certaines petites ELD qui bénéficient du même tarif.

- GrDF a donc des tarifs propres,
- 8[74] ELD, du fait de leur taille, ont également des tarifs propres.
- Enfin, 14 ELD bénéficient d'un tarif commun.

Le principe de péréquation tarifaire à l'intérieur d'une zone donnée n'interdit cependant pas certaines différences de traitement. Pour traduire les écarts de coûts d'acheminement selon les communes, GrDF a en effet mis en place six zones tarifaires de gaz. Le prix du kWh de gaz varie d'environ 6%[75] entre la zone tarifaire 1 et la zone tarifaire 6.

[72] « Les concessions de distribution d'électricité : une organisation à simplifier, des investissements à financer », *in Rapport annuel 2013*, Cour des comptes

[73] On notera d'ailleurs que s'il existe des tarifs régulés pour le transport, la distribution et s'agissant des terminaux méthaniers, il n'existe pas d'accès des tiers aux stockages.

[74] Source des données : CRE – Janvier 2014

[75] Calcul réalisé pour les tarifs réglementé du gaz TTC à destination des particuliers.

Le cas des nouvelles concessions de gaz naturel

Si toutes les communes sont desservies par le réseau public de distribution d'électricité, cela n'est en effet pas le cas s'agissant du gaz naturel. Aussi, des communes peuvent-elles nouvellement décider de concéder la distribution du gaz naturel dans leur commune à un établissement existant, de créer une régie, ou encore participer à une régie ou à une société d'économie mixte existante. Pour inciter les GRD existants à devenir, le cas échéant, concessionnaires de ces nouvelles concessions, le principe de péréquation tarifaire ne s'applique pas. Cela permet au GRD investissant dans la création d'un nouveau réseau de financer son investissement.

Les nouvelles concessions sont opérées par divers GRD. D'une part, des GRD traditionnels (GrDF, Réseau Gds ou des ELD comme la SICAE de la Somme et du Cambraisis, Gedia, GEG et Gaz de Barr) ainsi que de nouveaux acteurs (Antargaz et Veolia).

ATRT	Accès des Tiers aux Réseaux de Transport de gaz
ATRD	Accès des Tiers aux Réseaux de Distribution
ATTM	Accès des Tiers aux Terminaux Méthaniers

Synthèse : Le système de rémunération des gestionnaires des réseaux publics d'acheminement

	Réseau de transport	**Réseau de distribution**	**Terminaux méthaniers**
Électricité	TURPE		
Gaz naturel	ATRT	ATRD	ATTM

Source : recherches internes Selectra

Les pertes sur les réseaux d'acheminement

Lors de son transit par le réseau d'acheminement, l'électricité subit des pertes importantes. Le gaz est dans une moindre mesure sujet à cette même difficulté.

	Electricité	Gaz	Niveau	
			Electricité	**Gaz**
Marges d'imprécisions de comptage			2 à 3,5% de la consommation (suivant les saisons et les heures de la journée). En moyenne : 2,5%, soit environ 11,5 TWh / an	Environ 0,7% des quantités acheminées, soit environ 2,4 TWh par an
Pertes techniques	Dissipation par effet joule lors du transport sur le réseau haute et très haute tension	Remplissage des réseaux neufs, fuites, purges des ouvrages avant intervention		
Pertes non techniques	Fraudes, écarts entre l'index enregistré au départ d'un client et celui enregistré à l'arrivée de son successeur, etc.			

Source : recherches internes Selectra

Ces pertes doivent être financées. Le gestionnaire de réseau (par exemple ERDF) doit ainsi compenser les pertes sur son réseau par l'achat d'une quantité d'électricité équivalente à ces pertes afin d'être en mesure de distribuer la quantité d'énergie injectée par le fournisseur (ou directement le consommateur) dans le réseau. Ces coûts d'achats sont répercutés sur le niveau des tarifs d'acheminement.

B. Tarifs

1) Niveau

Actuellement, les tarifs en vigueur sont :

- pour l'électricité : le TURPE 4 ;
- pour le gaz : l'ATRD4 et l'ATRT5.

Le TURPE représente un peu moins d'un tiers de la facture TTC moyenne d'un particulier. La part de la facture concernant l'acheminement est reversée par le fournisseur au gestionnaire de réseau de distribution[76]. Celui-ci en reverse environ ¼ à RTE. En 2012, les tarifs d'acheminement ont ainsi représenté 90% des recettes d'ERDF (soit près de 12 milliards d'euros) et de RTE (soit près de 4 milliards d'euros). [77]

Ces tarifs sont conçus pour inciter les gestionnaires de réseau à la maîtrise des coûts et à l'amélioration de la qualité de service. Par exemple, pour l'électricité, un système de bonus / malus vise à inciter les gestionnaires à minimiser les interruptions d'alimentation électrique. La CRE a retenu une durée annuelle de coupure pour laquelle RTE et ERDF ne sont ni pénalisés, ni récompensés. Cette durée est de 2,4 minutes pour RTE et d'environ 50 minutes pour ERDF. En cas d'écart, RTE et ERDF sont respectivement pénalisés ou récompensés à hauteur de 9,6 et 4 millions d'euros par minute. Toutefois, ce dispositif est plafonné à 20 millions d'euros pour RTE et 50 millions d'euros pour ERDF. De plus, divers mécanismes permettent d'inciter le gestionnaire à fournir une haute qualité de service. Par exemple, pour l'électricité, un consommateur raccordé à une puissance inférieure à 36 kVA peut demander une compensation financière forfaitaire de 23,89 euros[78] lorsqu'ERDF n'a pas respecté le rendez-vous planifié de mise en service de son installation.

2) *Les tarifs d'utilisation des réseaux d'acheminement sur la facture des consommateurs*

Du point de vue du consommateur, la partie de sa facture relative à l'acheminement d'énergie est calculée en fonction de plusieurs paramètres. Pour se rémunérer, le distributeur facture en effet des prestations (lors du raccordement par exemple d'une installation). Un tarif d'acheminement qui dépend du type de l'installation est facturé en plus :

Pour l'électricité, trois composantes principales forment le tarif d'acheminement :

- une composante de gestion répercute les coûts de gestion de clientèle. Logiquement, cette composante est plus élevée dans le cas d'un contrat d'acheminement conclu avec le gestionnaire que dans le cas d'un contrat unique. En effet, dans ce dernier cas, le fournisseur supporte une partie des coûts de gestion de clientèle ;

[76] Dans le cas d'un contrat unique ou intégré
[77] Rapports d'activité de ERDF et de RTE en 2012.
[78] En 2013

- une composante de comptage varie en fonction du type de comptage retenu (type de compteur) ;
- enfin, une composante de soutirage permet de refléter le coût en fonction de la puissance souscrite par le consommateur et de la quantité d'énergie qu'il a soutirée.

Ainsi, le prix de l'utilisation du réseau public d'électricité dépend du domaine de tension de raccordement, du type de contrat, de la plage de puissance souscrite, du dispositif de comptage installé (et notamment du type de contrôle de la puissance, du type de grandeurs mesurées et du régime de propriété du compteur), de l'option tarifaire retenue, de la quantité d'énergie consommée et de la puissance effectivement souscrite par le consommateur.

Pour le gaz, différentes options tarifaires[79] existent en fonction du type de l'installation :

- Les options tarifaires T1, T2 et T3 comprennent un abonnement annuel et une part variable en fonction des quantités acheminées ;
- L'option tarifaire T4 comprend un abonnement annuel, les quantités acheminées et une capacité journalière souscrite ;
- L'option tarifaire TP comprend un abonnement annuel, les quantités acheminées, une capacité journalière souscrite et un terme proportionnel à la distance à vol d'oiseau avec le réseau de transport le plus proche.

Système de rémunération en vigueur actuellement :

	Tarif	**Formule tarifaire actuelle**	**Date d'entrée en vigueur**
GAZ	ATRT	ATRT5	1er avril 2013 pour 4 ans
GAZ	ATRD	ATRD4	1er juillet 2012 pour 4 ans pour GrDF 1er juillet 2013 pour 4 ans pour les 24 ELD
GAZ	ATTM	ATTM4	1er avril 2013 pour une durée de 4 ans (Il a été prévu que la durée serait réduite à 2 ans pour le terminal de Fos Tonkin).

79 Les options ci-après valent sur le réseau GrDF

	Tarif	Formule tarifaire actuelle	Date d'entrée en vigueur
ÉLECTRICITÉ	TURPE HTB (Haute tension)	TURPE 4	1er août 2013 pour 4 ans
	TURPE HTA et BT (basse tension et haute tension pour les consommations moyennes)	TURPE 4	1er janvier 2014 pour 4 ans

Source : recherches internes Selectra

C. Les défis des gestionnaires de réseau de distribution

Les gestionnaires des réseaux de distribution sont confrontés à des défis divers.

1) L'activité de GRD n'a pas le même niveau de rentabilité selon les caractéristiques physiques du réseau

Les coûts d'exploitation d'un réseau de distribution varient selon que le réseau de distribution est aérien ou souterrain. En effet, dans le premier cas, de fréquentes opérations d'élagage sont nécessaires pour prévenir les chutes de branches sur les lignes de distribution électrique. De plus, en cas de phénomène météorologique exceptionnel, des interventions très coûteuses peuvent être rendues nécessaires pour remettre en service une partie du réseau de distribution. Dans le deuxième cas, le réseau est davantage protégé, même si des accrochages surviennent parfois (pelleteuse par exemple). Toutefois, la rémunération des gestionnaires de réseau de distribution est assurée par un tarif qui ne dépend que du nombre de clients connectés au réseau. Cette rémunération ne tient pas compte du coût de maintenance spécifique du réseau de distribution. En effet, le TURPE est indépendant des caractéristiques du réseau (principe de la tarification « timbre poste »).

Le montant des revenus que touchent les gestionnaires de réseau de distribution dépend en fait **du nombre de leurs clients**. A coût de maintenance équivalent et pour un réseau de même envergure, **l'activité de GRD est donc plus rentable pour les gestionnaires disposant d'un réseau urbain puisque le nombre de clients par kilomètre de réseau y est plus élevé**.

	Réseau de distribution urbain	Moyenne nationale	Réseau de distribution rural
Nombre de clients par km de réseau	80-100	40-50	10
Revenus par km de réseau	TURPE x 80-100 Importants	TURPE x 40-50 Moyens	TURPE x 10 Faibles
Exemple de GRD	GEG	ERDF	Gérédis, SRD
Coût d'entretien par km de réseau	Faible	Moyen	Elevé
Risque majeur	Accrochage (pelleteuse)		Branches, orages, etc.
Coût de création du réseau	Elevé (souterrain)	Moyen	Faible (aérien)

Source : recherches internes Selectra

Un fonds de péréquation de l'électricité a toutefois été créé par la loi du 8 avril 1946 (article 33) afin de participer à la compensation des différences en termes de coûts d'exploitation des différents gestionnaires de réseau puisque les tarifs de distribution sont égaux en tout point du territoire. Une formule de péréquation détermine pour chaque distributeur un solde bénéficiaire ou contributeur de sorte que les distributeurs d'énergie ayant des charges plus importantes, en proportion, que la moyenne des charges reçoivent une compensation financée par les distributeurs qui ont des charges moins importantes que la moyenne.

2) *Des investissements par les GRD vont être nécessaires dans les prochaines années*

En plus des opérations régulières de maintenance, des investissements importants seront rendus nécessaires dans les prochaines années afin d'adapter les réseaux de distribution aux évolutions législatives et technologiques.

Des **compteurs communicants** sont en cours de développement. Ils rendront possible une facturation des clients au niveau de leur consommation réelle puisque la relève des compteurs s'effectuera automatiquement et en temps réel (voir partie 4). Cependant, cette évolution est coûteuse. D'une part, les GRD doivent investir dans des compteurs et les installer chez les clients. D'autre part, ils doivent construire un réseau de communication parallèle au réseau de distribution et prévoir le développement des systèmes d'information adéquats. Par ailleurs, les consommateurs peuvent maintenant être à la fois consommateur et producteur d'énergie. Un consommateur peut par exemple installer des panneaux photovoltaïques sur le toit de sa maison et vendre son électricité. Du point de vue du gestionnaire de réseau, cela signifie qu'il doit être en mesure de **gérer des flux d'énergie ascendants et descendants**, ce qui est une nouveauté et représente un coût.

III. Le règlement des écarts

Chaque expéditeur d'électricité ou de gaz doit justifier, à tout moment, qu'il y a une égalité entre la quantité d'énergie qu'il a injectée dans le réseau et la quantité d'énergie qu'il a soutirée du réseau. Cet expéditeur peut être un client, lorsque celui-ci a décidé de souscrire lui-même un contrat de fourniture (donc un contrat avec une entité qui achète de l'énergie) et un contrat d'acheminement. De manière plus traditionnelle, cet expéditeur est en fait le fournisseur.

Schématiquement, on peut résumer la situation de la manière suivante. Le fournisseur d'énergie utilise les réseaux d'acheminement pour transporter et distribuer son énergie. Toutefois, l'énergie qu'il injecte dans un réseau n'est pas l'énergie que lui (ou que ses clients) consomme puisque celle-ci n'arrive pas instantanément à l'autre bout du réseau. Aussi, le fournisseur doit-il justifier à tout instant qu'il y a une égalité entre la quantité injectée et la quantité soutirée.

En réalité, cette égalité n'est jamais stricte car le fournisseur ne peut savoir par avance quelle quantité d'énergie ses clients vont consommer à un instant *t*. L'activité électrique et gazière génère donc des écarts. D'un point de vu technique, ces écarts sont compensés par le gestionnaire de réseau. Pour l'électricité, le gestionnaire dispose de différents moyens (voir ci-après) pour maintenir la tension du réseau à son niveau nominal et éviter un « écroulement » du réseau. Pour le gaz naturel, le GRT compense les déséquilibres par différents moyens (stock en conduite, stockages souterrains, recours au marché). D'un point de vue économique, les écarts constatés génèrent des écarts financiers. Si, par exemple, un fournisseur d'électricité injecte moins d'électricité dans le réseau que ses clients n'en consomment, alors l'écart est négatif. Une quantité d'électricité a dû être produite et injectée dans le réseau pour répondre à cette demande. Si, par contre, un fournisseur d'électricité injecte trop d'électricité dans le réseau par rapport à la consommation de ses clients, alors l'écart est positif. De fait, cette injection trop importante d'énergie permettra de pallier les écarts négatifs d'autres fournisseurs.

Pour l'électricité, l'activité de gestion des écarts, d'un point de vue financier, entre les injections et les soutirages d'énergie dans les réseaux est une activité à part entière. Elle est exercée par des **Responsables d'équilibre** (électricité). Le responsable d'équilibre s'engage à financer le coût des écarts constatés *a posteriori* entre l'énergie injectée et l'énergie soutirée au sein d'un périmètre (composé de moyens d'injection et d'éléments de soutirage – c'est-à-dire d'un portefeuille de consommateurs) défini par le contrat. Le responsable d'équilibre peut être un fournisseur, un consommateur ou n'importe quel tiers (certaines banques exercent par exemple cette activité). Le responsable d'équilibre doit signer avec le gestionnaire de réseau un contrat de responsable d'équilibre (RE), dit GRD-RE. Cette activité est d'autant plus intéressante à exercer que le périmètre d'équilibre est important. En effet, plus le portefeuille de clients concernés est grand, plus le responsable peut mutualiser ses consommations et ses injections. On dit qu'il fait « ***foisonner*** » son portefeuille.

Du point de vue de chaque client, le responsable d'équilibre est désigné au moment de la conclusion du contrat. Si le client a signé un contrat d'accès au réseau, alors le responsable d'équilibre est désigné dans ce contrat. Si, par contre, le client a opté pour un contrat unique, alors c'est le fournisseur qui désigne le responsable d'équilibre au travers de son contrat le liant avec le réseau (contrat GRD-F).

Les moyens à disposition de RTE pour assurer l'équilibre physique du réseau.

RTE doit, entre autres missions, assurer, à tout instant, l'équilibre entre les injections et les soutirages d'électricité sur son réseau. Autrement dit, pour maintenir le bon fonctionnement du réseau de transport d'électricité, il doit s'assurer que la quantité d'électricité sortante du réseau soit égale à la quantité d'électricité entrante dans ce réseau. Pour ce faire, le GRT dispose de différents moyens.

Défaillance d'un moyen de production *ou* Pic de demande

↘ ↙

L'équilibre entre la quantité d'énergie entrant dans le système et la quantité d'énergie distribuée se rompt

↓

Or, l'électricité étant difficile à stocker dans des proportions importantes, le GRT ne peut pas avoir recours à des réserves, contrairement à ce qui se passerait pour le gaz.

Il dispose toutefois de quatre outils pour rétablir rapidement l'équilibre entre la production et la consommation et éviter l'écroulement du système électrique (le « Black-out » – coupure générale d'électricité).

	Outil	Quantité	Qui ?	Délai	Activation	Offre d'ajustement*
Services système	**I. Réserve primaire**	3 000 MW (700 MW en France)	Grands producteurs d'électricité d'Europe continentale**	15 - 30 s	Automatique	Hausse et Baisse
Services système	**II. Réserve secondaire**	500 - 1 000 MW	Producteurs français disposant d'une puissance de plus de 120 MW	100 - 200 s	Automatique	Hausse et Baisse
« Mécanisme d'ajustement »	**III. Réserve tertiaire**		Tous les producteurs et consommateurs, à condition de disposer de 10MW au minimum, peuvent y participer. Sélectionnés par appel d'offre ; reçoivent en échange une prime fixe		Manuelle (c'est-à-dire par appels téléphoniques)	
« Mécanisme d'ajustement »	*Moyens contractualisés* – ***a) Réserve rapide***	1 000 MW	Producteurs et consommateurs français	< 13 min	Utilisée en complément ou en substitution des réserves primaires et secondaires.	Hausse
« Mécanisme d'ajustement »	*Moyens contractualisés* – ***b) Réserve complémentaire***	500 MW	Producteurs et consommateurs français	< 30 min		Hausse
« Mécanisme d'ajustement »	*Moyens contractualisés* – ***c) Contrats de réservation de puissance***	Env. 392 MW	Consommateurs français	< 2h		Hausse
« Mécanisme d'ajustement »	***d) Autres moyens non contractualisés***	Tous les producteurs raccordés au réseau de transport doivent mettre à la disposition de RTE leur puissance non utilisée ; Acteurs étrangers.				Hausse et Baisse
Si ces mécanismes n'ont pas permis de rétablir l'équilibre, alors RTE peut procéder unilatéralement : - *à des découplages de moyens de production (cas où production > consommation)* - *à des délestages de zones de consommation (cas où production < consommation)*						

Source des données : CRE.

NB : RTE active les offres pouvant répondre à son besoin technique puis, si possible, les moins coûteuses selon le principe de préséance économique.
* : Offre d'ajustement à la hausse : production < consommation
Offre d'ajustement à la baisse : production > consommation
** Les producteurs européens interconnectés au réseau de transport de l'UCTE (Union pour la coordination du transport de l'électricité).

Le gaz est concerné, de même que l'électricité, par l'obligation d'un équilibre entre les injections et les soutirages. Pour pallier les différences constatées, le GRT dispose de stocks en conduite, de stockages souterrains et, enfin, du recours au marché. Chaque expéditeur de gaz doit équilibrer quotidiennement ses injections et soutirages pour chacune des trois zones d'équilibrage, sous peine de pénalités financières.

3.01.2 La production

Avant d'être injectée dans un réseau d'acheminement pour être consommée, l'énergie doit être produite (cas de l'électricité) ou extraite (cas du gaz naturel). Cette section ambitionne de dresser un rapide panorama des achats « en gros » de cette énergie.

On distinguera notamment les aspects financiers de l'énergie (**I.**) de son origine physique (**II.**).

I. Le « marché de gros » de l'énergie en France

L'électricité ou le gaz naturel, avant d'être injecté dans le réseau d'acheminement et d'être consommé doit d'abord être produit, puis acheté par un fournisseur. Pour ce faire, un marché de gros existe. C'est sur ce marché qu'est achetée l'énergie avant d'être revendue sur le marché de détail. *NB : Le **marché de gros** se distingue du **marché de détail**. L'un et l'autre se différencient par la quantité d'énergie pouvant être vendue à l'unité : sur le marché de gros, de grandes quantités sont achetées par des fournisseurs, négociants ou certains clients pour être ensuite revendues aux clients finals, sur le marché de détail de l'électricité et du gaz.*

Si l'analyse du marché de détail est l'objet de ce livre, il convient pour bien en comprendre les rouages d'aborder brièvement le marché de gros de l'électricité et du gaz. En effet, le prix auquel les fournisseurs vendent l'énergie au consommateur final dépend pour une large part du prix auquel ils achètent l'énergie sur le marché de gros.

Il y a deux grands types de marchés où l'énergie s'achète :

- Le **marché de gré à gré** recouvre, comme son nom l'indique, les transactions réalisées directement entre des parties, éventuellement par l'intermédiaire d'un courtier mais hors d'un cadre organisé. Le prix est généralement fixé à l'avance, il apporte une sécurité au producteur et au fournisseur d'énergie.
- Les **marchés organisés** sont des systèmes qui agrègent toutes les offres et toutes les demandes et permettent à celles-ci de se correspondre pour un prix donné. On distingue le **marché de long terme** (aussi appelé marché des *futures*) du **marché de court terme** (aussi appelé marché *spot*). Les

prix, surtout sur le marché de court terme, y sont plus volatils. Pour l'électricité, il existe en plus un marché d'ajustement où la puissance non utilisée des moyens de production et des offres d'effacement sont proposées selon un mécanisme d'appel d'offres et d'enchères continues par RTE afin d'assurer la sécurité du système.

Pour faciliter les échanges, les produits sont généralement **standardisés**. Par exemple, pour le marché de l'électricité, on trouve notamment des produits de *base* (livrables hors les périodes de pointe) et des produits de *pointe*. L'essentiel du commerce de gros d'énergie se fait actuellement sur le marché du gré à gré même si les marchés organisés (long terme ou court terme) prennent une place significative. On distingue trois types d'acteurs sur ces marchés de gros :

- les **producteurs** qui produisent l'énergie achetée ;
- les **fournisseurs**, qui doivent acheter de l'énergie pour pouvoir la revendre à leurs consommateurs ;
- les **négociants**, qui se distinguent des autres types d'acteurs par le fait qu'il achètent et vendent de l'énergie alors même qu'ils ne consomment pas et ne livrent pas l'énergie en question.

En effet, il est possible pour un acteur sur le marché de l'énergie d'acheter une énergie sans que cela n'aboutisse à une livraison physique. En 2011, les échanges sur les marchés organisés d'électricité ont ainsi atteint 696 TWh[80] (197 846 transactions). Pourtant, les injections et soutirages d'électricité sur les réseaux n'ont représenté que 561 TWh. Le négoce d'électricité a donc représenté en 2011 approximativement 154% de la consommation française – et ce alors même qu'une part majoritaire de l'électricité consommée est achetée hors des marchés. Les deux parties suivantes expliquent de manière plus exhaustive comment il est possible de s'approvisionner en gros en électricité (A.) et en gaz naturel (B.).

A. Electricité

Un fournisseur dispose de plusieurs options pour s'approvisionner en électricité.

- Il peut utiliser **les centrales dont il dispose**, ou pour lesquelles il dispose d'un **droit de tirage ;**
- Il peut avoir recours à des **tarifs réglementés :**

[80] Ces données sont issues du rapport que la CRE a consacré à ce sujet : *le fonctionnement des marchés de gros de l'électricité, du CO[2] et du gaz naturel, Rapport 2011-2012*

    - L'**ARENH** permet aux fournisseurs alternatifs d'avoir accès aux moyens de production du parc nucléaire français historique ;
    - Le **tarif de cession de l'électricité aux distributeurs non nationalisés** permet aux ELD d'acheter l'électricité qu'ils fournissent à leurs clients dans le cadre des tarifs réglementés à un prix fixé par les pouvoirs publics ;
- Il peut avoir recours au marché de gros l'électricité :
    - Soit sur les **marchés de gré à gré** (c'est-à-dire hors d'un cadre organisé), en négociant directement (bilatéral pur) ou par le biais d'un intermédiaire (marché de gré à gré intermédié) ;
    - Soit en accédant au **marché organisé** qui regroupe :
        - Le marché de long terme (*futures*) ;
        - Le marché de court terme (*spot*) ;
        - Le marché de très court terme (ajustement).

Généralement, un fournisseur diversifie ses moyens d'approvisionnement. Il a recours à diverses sources de long terme pour assurer sa sécurité (tarifs réglementés lorsqu'ils existent, contrats de gré à gré, marché des futures) et à des sources d'approvisionnement de court terme pour assurer le complément en temps réel en fonction de la consommation de ses clients (marché du spot et de l'ajustement). Les écarts constatés *a posteriori* entre les injections et les soutirages d'énergie sont financés par le responsable d'équilibre (le prix du règlement des écarts est proche du prix de l'électricité sur le marché du *spot*).

Le marché de gros de l'énergie – Electricité

	Marché non intermédié	Marché intermédié				
	Marché de gré à gré (OTC : *over the counter*)		Marché organisé			
				Marché spot		
	Marché de gré à gré non intermédié (Bilatéral pur)	**Marché de gré à gré intermédié**	**Marché des Futures (contrats à terme)**	**Marché Day-Ahead**	**Marché infra journalier (intraday)**	**Marché d'ajustement**
Horizon	Long et moyen termes			Court terme	Très court terme	Temps réel
Temporalité	Divers		1 mois – 3 ans	J +1	heures	minutes
Produits	Standardisés ou pas	Standardisés pour faciliter leur échange				
Taille en 2011 (TWh)* (France)	367 (livraisons physiques)		610,1	*Auction :* 59,7 Continu : 22,8	2,9	*12 TWh (7,8 TWh à la baisse et 4,2 TWh à la hausse) en 2004*
			695,5			
Opérateur	Contrat conclu directement entre un fournisseur (ou un client) et un producteur	Négociants (courtiers) « *Brokers* »	EEX Power Derivatives France - Leipzig	Epex Spot France - Paris		RTE (mécanisme d'ajustement)
Utilisation			Gérer le risque de fluctuation du prix de l'électricité d'un mois à trois ans	Equilibrage entre la production et la consommation d'énergie		Sécurité du système

* L'électricité peut être achetée puis revendue.

Source des données : CRE

Les flux physiques et transactions sur le marché de gros de l'électricité en France en 2011

Flux physiques (en TWh)				
Injections			**Soutirages**	
Total		561	Total	561
Production 542	ARENH	31	Consommation	451*
	VPP**	40	Pertes	35
	Restant	471		
Importations		19	Exportations	75

Transactions (en TWh)			
Transactions sur le marché de gros intermédié	696	Contrats de gré à gré passés sur les marchés de gros intermédié et bilatéral	367 (livraisons physiques)
Infra journalier	2,9		
Day-ahead continu	22,8		
Day-ahead Auction	59,7		
Marché à terme	610,1		

Les lignes présentes sous la ligne en pointillés indiquent la décomposition du total.

Source des données : CRE

* : hors consommation de pompage, le chiffre est de 444 TWh.
** : *Virtual Power Plant*

B. Gaz

Pour acheter du gaz naturel, un fournisseur dispose de deux solutions :

D'une part, il peut conclure des **contrats d'approvisionnement**. Le fournisseur peut conclure un contrat d'approvisionnement avec des producteurs de gaz. Une telle option lui impose, par la suite, de s'assurer de l'acheminement de ce gaz en France, soit par un réseau de transport (gazoducs), soit par voie maritime (méthaniers). Il existe, pour ce faire, sept interconnexions terrestres qui permettent au gaz en provenance de gazoducs de rejoindre le réseau d'acheminement français et trois terminaux méthaniers par lesquels le gaz en provenance de navires méthaniers est injecté dans le réseau d'acheminement français[81]. Le fournisseur peut également conclure un contrat d'approvisionnement avec un autre fournisseur, lequel se charge directement de l'acheminement de l'énergie.

Points d'entrée du gaz naturel sur le territoire français :

Voie terrestre : interconnexion terrestre	Voie maritime : terminaux méthaniers
7	3
Réseau GRTgaz : - Taisnières H, - Taisnières B, - Obergailbach, - Oltingue, - et Dunkerque. Réseau TIGF : - Biriatou, - et Larrau.	Montoir, Fos Tonkin, et Fos Cavaou. Les deux premiers sont exploités et détenus par Elengy (filiale de GDF Suez). Le terminal de Fos Cavaou est exploité par Elengy mais détenu par Fosmax LNG, filiale d'Elengy à plus de 70% aux côtés de Total.

D'autre part, le fournisseur peut décider d'avoir recours au **marché de gros du gaz**. En effet, une « bourse du gaz » existe et rend possible l'achat et la vente de gaz naturel. Toutefois, ce mode d'approvisionnement est davantage utilisé pour du court terme (à horizon inférieur à 1 an) et les fournisseurs ont généralement des

[81] Un quatrième terminal méthanier est en construction à Dunkerque. Sa mise en service industrielle et commerciale est prévue pour la fin de l'année 2015. Propriété du groupe Dunkerque LNG (dont EDF est actionnaire à hauteur de 65%), le terminal sera exploité par Gaz-Opale, filiale à 51% de Dunkerque LNG et à 49% du groupe belge Fluxys.

contrats de long terme afin de sécuriser leurs approvisionnements dans la durée.

Deux types d'approvisionnement sont alors disponibles :

- La bourse **Powernext** est un **marché organisé** où les fournisseurs peuvent faire l'acquisition de différents produits ;
- Les fournisseurs peuvent aussi opter pour le **marché de gré à gré intermédié** (transaction OTC).

Les écarts constatés *a posteriori* entre les injections et les soutirages sur une zone d'équilibrage donnée doivent être compensés. Toutefois, il n'existe pas de responsable d'équilibre, comme pour l'électricité. Les expéditeurs de gaz naturel ont une obligation d'équilibrage. Au-delà de marges de tolérance, des pénalités leur sont facturées. Par exemple, sur le réseau GRTgaz, la tolérance d'équilibrage est composée d'une « tolérance standard d'équilibrage » qui varie selon les capacités de livraison souscrites par l'expéditeur de gaz, dans chaque zone d'équilibrage et d'une « tolérance optionnelle d'équilibrage » qui peut être souscrite par l'expéditeur.

Le marché de gros de l'énergie – Gaz naturel

	Marché non intermédié	Marché intermédié						
	Marché de gré à gré (OTC : *over the counter*)		Marché organisé					
	Marché de gré à gré non intermédié (bilatéral pur)	**Marché de gré à gré intermédié**	**Marché à terme (futures)**			**Marché spot**		
			Produits mensuels	***Produits trimestriels***	***Produits saisonniers***	***Day ahead***	***Week-end***	***Within-day***
Horizon	Long terme (20 – 30 ans)	Divers	Long et moyen termes			Court terme		Très court terme
Produits	Standardisés ou pas	Standardisés pour faciliter leur échange						
Taille en 2011 en Fance (TWh)			115	*56*	130	58	NC	NC
			301			118		
			420					
Opérateur	Contrat conclu directement entre un fournisseur et un producteur (Russie, Algérie, Norvège par exemple). Sécurisation des approvisionnements type « take or pay »	Négociants (courtiers) « Brokers »	*Powernext Gas Futures*			*Powernext Gas Spot*		

Source des données : CRE

Les flux physiques et les transactions sur le marché de gros du gaz en 2011

Flux physiques (en TWh)			
Injections		**Soutirages**	
Total	593	Total	593
Déstockage	85	Consommation	473
(- Stockage)	*-107*	Pertes et autres	9
Production	7		
Importations	608	Exportations	111

Transactions (en TWh)			
Transactions sur le marché de gros intermédié	420	Contrats de gré à gré passés sur les marchés de gros intermédié et bilatéral	-
Voir détail dans le tableau ci-dessus			

NB : Les données sont exprimées en TWh.
Les lignes présentes sous la ligne en pointillés indiquent la décomposition du total.

Source des données : CRE

NB : Pour les échanges effectués par les marchés intermédiés, une chambre de compensation est utilisée. Le *European Commodity Clearing AG* (ECC) est la chambre de compensation européenne chargée entre autres des transactions portant sur l'électricité et le gaz naturel. Elle est un partenaire des réseaux de transport.

II. L'origine de l'énergie consommée en France

A. Electricité

1) Modes de production d'électricité en France

L'électricité produite en France est très majoritairement d'origine nucléaire. Les énergies renouvelables arrivent en deuxième position. Enfin, les centrales thermiques utilisant le gaz, le fioul ou le charbon sont utilisées en période de pointe lorsque les autres moyens de production ne suffisent plus à répondre à la demande.

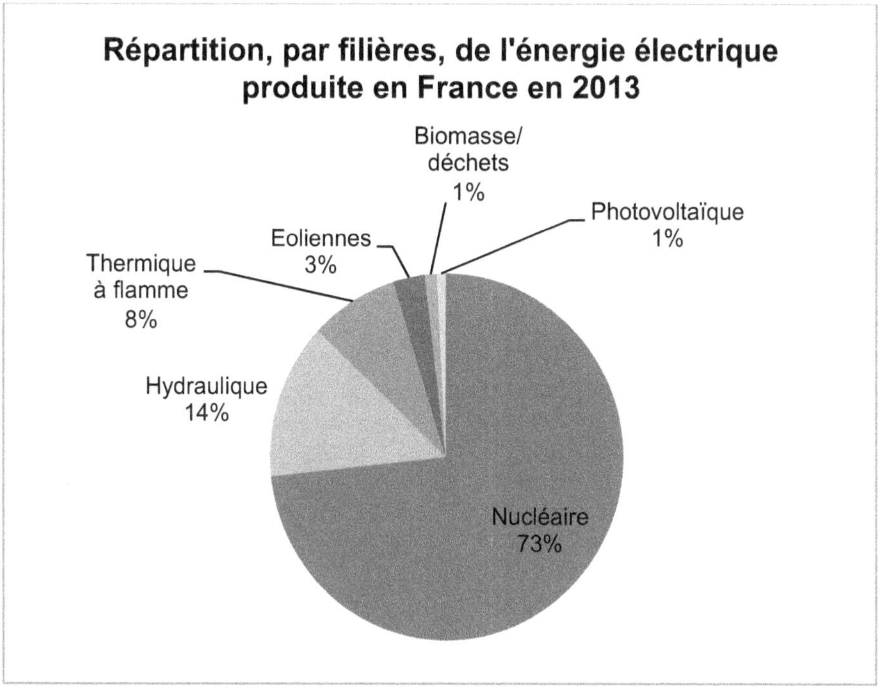

Source des données : RTE

Les centrales de production d'électricité sont appelées selon leur ordre de mérite (« *merit order* »). Cela signifie que pour chaque kilowattheure supplémentaire demandé, une logique de préséance économique est derrière le choix d'un moyen de production : la centrale retenue sera celle présentant le coût marginal de production de ce kilowattheure le plus faible. Cette logique d'appel selon l'ordre de mérite ne prend en compte que les coûts marginaux (notamment de fonctionnement et de carburant), ignorant les coûts fixes (de construction par exemple).

Aussi,

- Les premières centrales à être appelées sont-elles celles dites « de production fatale » (pour lesquelles le coût marginal est nul) : à partir du moment où il y a du vent, du soleil ou un débit fluvial suffisant, les centrales éoliennes, solaires et hydrauliques (au fil de l'eau) produisent en effet de l'électricité pour un coût égal à zéro. Et si l'énergie n'est pas immédiatement transformée en énergie électrique, alors celle-ci sera perdue. Il est donc prioritairement fait appel à ces moyens de production.
- Ensuite, sont appelées les centrales nucléaires qui présentent un coût marginal faible. En période estivale, les productions nucléaires et fatales suffisent à couvrir la demande d'électricité en France.
- Enfin, en période de pointe, caractérisée par une demande en électricité plus importante, des moyens de production plus coûteux sont utilisés. Par ordre croissant de coût, il s'agit des centrales au charbon, au fioul puis au gaz.

La préséance économique dans la production d'électricité

		Energies renouvelables	
Type	**Energie**	Eolien, solaire, hydraulique (au fil de l'eau)	Hydraulique (barrage de retenue d'eau)
	Centrale	Centrales de production fatales : autrement dit, l'énergie est perdue si elle n'est pas utilisée. Elle sera donc toujours appelée en premier	Coût de fonctionnement faible mais capacité limitée et coût de remplissage élevé.
Critères	**Rapidité de mise en marche**	Rapide	
	Coût de mise en marche / d'arrêt	Faible	
	Coût marginal de production	Faible	
	Fiabilité	Variable (conditions climatiques)	Elevée
Utilisation	***« Merit Order »***	1	3
	➔période creuse ?	Oui	Non
	➔période de pointe ?	Oui	Oui

		Energie thermique	
Type	**Energie**	Centrales nucléaires	Centrales à charbon, au gaz voire au fioul
	Centrale	Coût de fonctionnement faible mais coût de mise en marché élevé	Centrales à coût marginal élevé (carburant)
Critères	**Rapidité de mise en marche**	Lente	Rapide
	Coût de mise en marche / d'arrêt	Elevé	Moyen
	Coût marginal de production	Coût marginal de fonctionnement faible	Élevé (hydrocarbures)
	Fiabilité	Elevée	
Utilisation	***« Merit Order »***	2	3
	➔période creuse ?	Oui	Non
	➔période de pointe ?	Oui	Oui

Afin de répondre à la demande d'électricité en toute circonstance, deux autres facultés sont à disposition.

- D'une part, à supposer que les capacités d'interconnexion soient suffisantes (c'est-à-dire qu'elles ne soient pas congestionnées), la France peut **importer** de l'électricité en provenance d'un pays européen au lieu de faire appel à un moyen de production national lorsque le prix sur le marché est inférieur au prix de ce moyen de production national. Les importations d'énergie sont aussi utilisées dans le cas où le parc de production français ne peut répondre à la demande.
- D'autre part, une **capacité de réserve existe** : limitée, elle présente l'avantage d'être très rapide à démarrer : elle consiste en des barrages hydrauliques de retenue (c'est-à-dire généralement des lacs artificiels en amont d'un barrage qui peuvent être, en cas de besoin, sollicités pour produire de l'énergie). Les barrages hydrauliques à retenue d'eau sont donc généralement utilisés dans le cadre du mécanisme d'ajustement. Ils offrent une puissance mobilisable très rapidement et à moindre frais. Par contre, cette puissance ne peut être utilisée que ponctuellement et dans une certaine mesure (ces moyens de production sont aussi utilisés comme moyens de production d'électricité en période de pointe).

2) Producteurs d'électricité en France

EDF reste le principal producteur d'électricité en France. Premier producteur d'électricité dans le monde, il assure l'exploitation du premier parc de production nucléaire mondial. 466 des 541 TWh d'électricité produits en France en 2012 l'ont été par EDF. Le fournisseur historique détient en outre 100 des 130 GW de capacité de production installée en France. Le mix énergétique d'EDF est dominé par l'énergie nucléaire (87%). Toutefois, EDF est également le premier producteur d'énergie hydraulique en France (9% de la production d'électricité par EDF). Il a en effet largement bénéficié de l'obligation du droit de préférence inscrit dans la loi du 16 octobre 1919. 322 des 399 ouvrages hydrauliques sont concédés à EDF.

A côté d'EDF, deux autres acteurs importants se distinguent sur un marché très concentré.

GDF Suez a développé le deuxième parc de production d'électricité au monde. En France, il contrôle la Compagnie nationale du Rhône (49,97% du capital) et la Société Hydro-Electrique du Midi (SHEM) qui exploitent des barrages hydroélectriques. De ce fait, GDF Suez assure l'exploitation d'un quart du parc de production hydraulique français et affiche un mix de production d'électricité réparti à parts quasi-égales entre l'énergie hydraulique et les centrales à cycle combiné gaz.

E.ON est un acteur non négligeable sur le marché de la production d'électricité en France depuis la prise de contrôle de la Société Nationale d'Electricité et de Thermique (SNET) en 2008. Le mix énergétique d'E.ON est dominé par des centrales à charbon. E.ON exploite également quelques centrales à cycle combiné gaz ainsi que quelques centrales photovoltaïques et fermes d'éoliennes.

Enfin, beaucoup d'autres acteurs interviennent sur le marché français de la production d'électricité. Alpiq exploite plusieurs centrales en France. Certains fournisseurs alternatifs, comme Direct Energie, ont développé des capacités de production. Le fournisseur alternatif a lancé la construction d'une centrale à cycle combiné de gaz à Landivisiau d'une capacité de 446MW et dont la mise en service est prévue en 2016. Par ailleurs, du fait de l'obligation d'achat imposée (à certaines conditions) aux fournisseurs historiques de l'énergie d'origine renouvelable, il existe beaucoup de petits producteurs d'électricité.

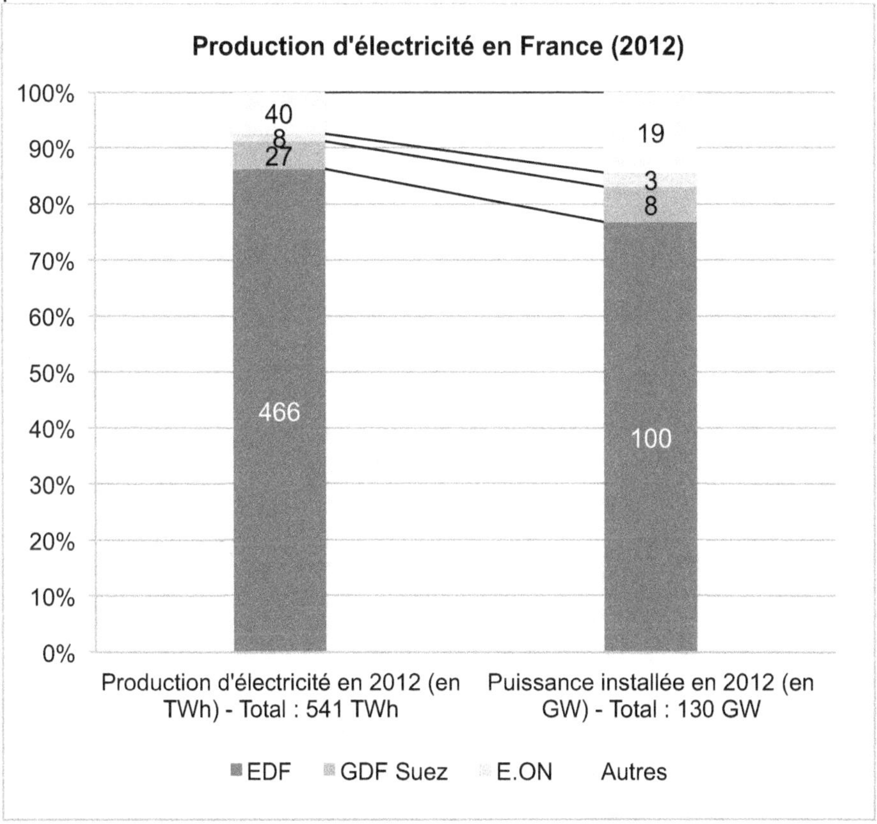

Source des données : RTE et rapports d'activité et sites des diférents fournisseurs. Les informations fournies sont des ordres de grandeur. Source du graphique : selectra.info

B. Gaz

Physiquement, la quasi-totalité du gaz naturel consommé en France est importée. Contrairement au réseau électrique français qui est interconnecté, le réseau de gaz naturel est divisé en trois ensembles qui, dans une large mesure, sont autonomes (PEG Nord, PEG Sud et le PEG TIGF).

En 2012, 99% de la demande française de gaz naturel était satisfaite grâce aux importations. La France assurait 85,4% de ses importations par le biais de contrats à long terme. Sur ces contrats de long terme, 4 pays représentaient plus de 83% du gaz acheté : la Norvège (38,4%), les Pays-Bas (14,5%), la Russie (14,4%) et l'Algérie (8,4%). La France a donc fait le choix d'une diversification énergétique de ses approvisionnements en gaz naturel. Cette diversification lui permet d'assurer la sécurité dans la durée de ses approvisionnements.

Provenance du gaz naturel consommé en France à partir de contrats de long terme en 2012
[les contrats de long terme représentent 85,4% des importations de gaz naturel en France, qui représentent eux-même 99% de la satisfaction de la demande française]

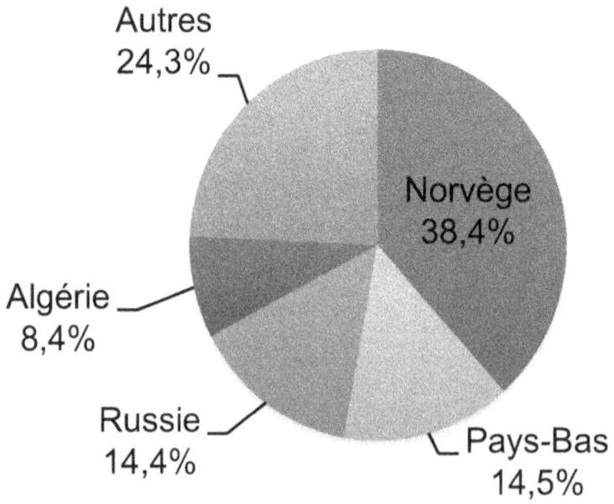

Source des données : connaissancedesenergies.org

III. Le prix de l'énergie consommée en France

A. L'établissement du prix de gros de l'électricité en France

Pour l'électricité, deux prix de gros doivent être distingués : l'électricité achetée dans le cadre de tarifs fixés par l'État et l'électricité achetée sur les marchés de gros. Pour ces derniers, les prix varient selon le produit (électricité de pointe, de base, à long terme ou à court terme, etc.).

Sur le marché du *spot* sont par exemple vendus des produits destinés à être consommés à court – voire très court – terme. Le prix de l'électricité tel qu'il est obtenu sur le marché *spot* correspond donc au prix, à l'instant *t*, de l'électricité – ou en est une bonne approximation. Les moyens de production sont appelés selon la logique de préséance économique. Cette logique s'apprécie, par ailleurs, au niveau de la « plaque CWE » (France, Allemagne, Belgique, Pays-Bas, Luxembourg) dès lors que les interconnexions entre ces réseaux ne sont pas congestionnées. Sur le marché de gros, le prix spot de l'électricité s'établit donc au niveau **du coût marginal de fonctionnement de la « centrale marginale »**, d'un point de vue européen. Il s'établit donc généralement au niveau du prix de production marginale des centrales à charbon allemandes, qui sont la plupart du temps les dernières centrales appelées.

Au début des années 2000, le prix de gros de l'électricité était en-dessous du prix des tarifs réglementés. Cette différence a poussé de nombreux industriels, qui pouvaient choisir de quitter les tarifs réglementés pour des offres de marché à exercer leur éligibilité pour bénéficier de tarifs de fourniture d'électricité plus avantageux. Par contre, les prix de marché de gros de l'électricité se sont établis à un niveau plus élevé que les tarifs réglementés à partir des années 2005-2007. Un Tarif réglementé transitoire d'ajustement du marché (TaRTAM) a donc été créé en 2006 afin de permettre à tout consommateur ayant exercé son éligibilité et souhaitant revenir aux tarifs réglementés de vente de disposer, pendant une durée maximale de 2 ans, d'un tarif réglementé. Le TaRTAM n'est plus accessible depuis le 30 juin 2010 et s'est éteint après l'entrée en vigueur de l'accès régulé à l'électricité nucléaire historique (ARENH) prévu par la loi NOME. L'ARENH permet aux consommateurs de disposer d'une énergie bon marché même s'ils quittent les tarifs réglementés puisque le fournisseur alternatif peut choisir de s'approvisionner soit sur les marchés de gros, soit par l'ARENH (qui est un tarif réglementé de gros). En pratique, le fournisseur arbitre entre ces deux facultés.

B. L'établissement prix de gros de gaz naturel en Europe

Historiquement, les contrats d'approvisionnement en gaz des fournisseurs étaient indexés sur le pétrole. Le fournisseur concluait pour ce faire des contrats avec les grands producteurs et exportateurs de gaz – Norvège (Statoil), Russie (Gazprom) ou Algérie (Sonatrach). Ces contrats contiennent une clause d'obligation d'achat minimal (« *take or pay* ») signifiant que le fournisseur s'engage à acheter au moins une quantité minimale de gaz naturel définie par le contrat, quel que soit son besoin réel.

Ces dernières années, le prix du gaz tel qu'il résulte du marché s'est toutefois décorrélé du prix du pétrole et s'est établi à un niveau moins élevé que ce dernier. Autrement dit, certains fournisseurs sont liés à des contrats de long terme indexés sur le prix du pétrole alors que d'autres fournisseurs sont liés à des contrats de long terme, mais indexés sur le prix de la bourse du gaz. Ces derniers fournisseurs peuvent actuellement proposer des offres plus compétitives. Il est toutefois possible que les prix *spot* du gaz naturel remontent dans les prochaines années.

C. Exemple de niveau des prix actuels

Sur le marché du *spot* de l'électricité, on observe à la fois des pics à plusieurs centaines d'euros pour 1 MWh et, au contraire, des prix négatifs. Ces prix négatifs traduisent le coût qu'un producteur d'électricité thermique devrait supporter en cas d'arrêt de sa centrale. Ce producteur propose alors, de manière très ponctuelle, de payer pour injecter de l'électricité dans les réseaux afin d'éviter l'arrêt de sa centrale. Cette électricité peut être achetée notamment afin de remplir les barrages hydrauliques par pompage (le pompage consommant beaucoup d'électricité). Les prix négatifs sont toutefois rares. (17 cas en Allemagne en 2010 et 15 cas en 2011).

Exemples de prix de l'électricité sur les marchés de gros :

ARENH	42 €/MWh (à compter du 1er janvier 2012)
Tarif de cession (cession de l'électricité aux ELD pour la fourniture des consommateurs aux tarifs réglementés)	Donnée non publique, mais approximativement aux alentours de 30 €/MWh
Prix *day-ahead* cotés sur EPEX SPOT au 4e trimestre 2012	46,5 €/MWh en base (moyenne), 59 €/MWh en pointe (moyenne)
Prix du *future* annuel Y+1 français	49,3 €/MWh en base (moyenne) et 62,7 €/MWh en pointe (moyenne)
Produits Q+3 pour livraison en été 2013	42,4 €/MWh
Produit Q+4 pour livraison à l'autonome 2013	56 €/MWh

Exemples de prix (day-ahead) du gaz naturel sur les marchés de gros (quatrième trimestre 2012). :

PEG Nord	PEG Sud	PEG TIGF
27,2 €/MWh	27,7 €/MWh	28,2 €/MWh

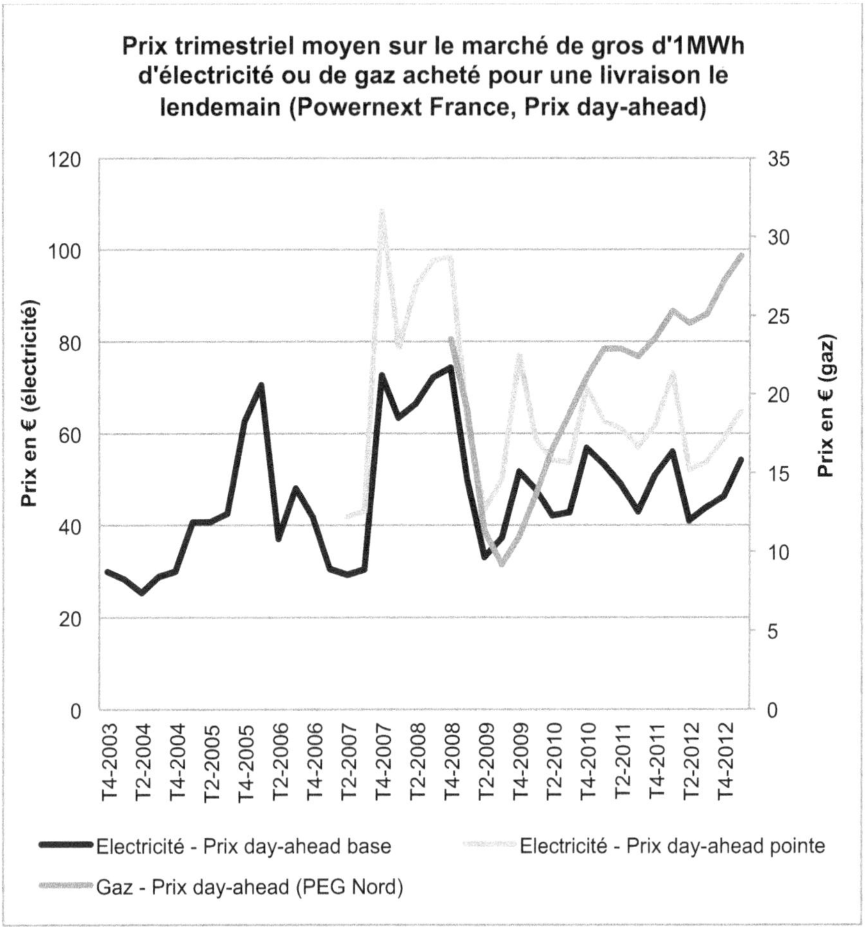

Source des données : CRE et recherches internes Selectra

NB : Le graphique agrège les prix moyens de gros pour une livraison le lendemain (prix *day-ahead*), les autres prix de gros ne sont pas répertoriés. La CRE ne fournit pas sur son Observatoire trimestriel les prix *day-ahead* de pointe avant le 2ème trimestre 2007. De plus, le marché *Powernext Gas Spot* a été créé en novembre 2008.
1 MWh = 1 000 kWh = 1 000 000 Wh

Les niveaux maximums sont atteints en période hivernale (quatrième et premier trimestres). Le prix diminue généralement pendant les périodes estivales. On remarque que les prix de marché de l'électricité ont augmenté. Alors qu'ils étaient très bas avant 2005, ils sont depuis 2005 quasi-systématiquement au-dessus de 40€/MWh. Autrement dit, jusqu'en 2013, les prix de l'électricité sur le marché de gros étaient généralement supérieurs aux prix de l'électricité achetée en gros par les tarifs réglementés (ARENH).

Il n'y a pas de prix réglementé d'achat du gaz. Les approvisionnements en gaz dépendent de contrats de long terme signés avec les producteurs étrangers. Au contraire, les prix de marché du gaz naturel sont généralement inférieurs aux prix auxquels ces contrats ont été signés même s'ils ont augmenté.

IV. L'effacement, une production d'énergie ?

A. Principe

L'effacement consiste à renoncer à une consommation d'électricité en période de pointe. Deux types d'effacements existent.

L'**effacement volontaire** s'adresse aux industriels. Partie du mécanisme d'ajustement, il permet à RTE, en situation de surconsommation, de demander à des industriels de procéder à l'effacement de leur consommation d'électricité, contre une rémunération. Cet effacement est intéressant pour RTE puisqu'il permet au gestionnaire de réseau de transport d'assurer l'équilibre et la sauvegarde de l'intégrité du système électrique et, par ailleurs, d'arbitrer, en situation de surconsommation entre la mise en service de capacités de production supplémentaire ou une réduction de la consommation d'électricité.

L'**effacement diffus** s'adresse à tous les consommateurs d'électricité. Il permet, de la même manière que l'effacement volontaire, d'effacer les consommations en période de pointe. Toutefois, il repose sur un principe différent. Alors que l'effacement volontaire se base sur l'engagement, a priori, par un consommateur d'énergie de ne pas procéder à une consommation, l'effacement diffus repose au contraire sur la possibilité pour un consommateur, a posteriori, de ne pas consommer une énergie injectée dans le réseau pour satisfaire sa consommation. L'effacement volontaire se base donc sur des contrats conclus avec des industriels ayant une grosse consommation tandis que l'effacement diffus repose sur un mécanisme géré par un opérateur qui rend possible le foisonnement de l'effacement d'un grand nombre de petites consommations.

B. Les offres d'effacement diffus

En France métropolitaine, la société *Voltalis* a développé un boitier qui peut être installé sur le tableau électrique d'un particulier. Il permet à Voltalis, en période de pointe, de demander l'effacement de certaines consommations. L'alimentation de la lumière et de la télévision n'est pas touchée. Par contre, le chauffage ou le ballon d'eau chaude peuvent être arrêtés pendant quelques minutes (le consommateur conserve la possibilité de remettre en marche à tout moment ces équipements). Par effet de masse, ces nombreuses petites économies représentent une non consommation d'électricité que Voltalis revend comme une production d'énergie. Le système a toutefois donné lieu à un différend avec EDF. En effet, EDF a critiqué le fait qu'une certaine quantité d'énergie injectée dans le réseau pour être consommée par les clients n'était finalement pas consommée par les clients. EDF trouvait par ailleurs problématique que cette quantité d'énergie injectée pour être consommée soit finalement revendue comme une nouvelle quantité d'énergie. Saisie de cette question, la CRE a estimé dans une délibération du 9 juillet 2009 que l'effacement diffus consistait effectivement en une non consommation d'une énergie injectée dans le réseau et que Voltalis devait à ce titre indemniser EDF du manque à gagner. Cependant, le Conseil d'État[82], statuant en dernier ressort a estimé que l'effacement diffus produisait une non-consommation qui pouvait en conséquence être revendue.

L'effacement diffus n'est pas encore proposé à grande échelle en France. Il reste en effet aujourd'hui limité en ampleur. En 2012, il y avait environ 50 000 adhérents au dispositif de Voltalis dans toute la France. Par contre, il est proposé en Outre-mer par EDF. EDF SEI a en effet développé un projet appelé *Millener*. Ce projet comporte deux volets : l'installation de panneaux photovoltaïques et d'une batterie, ou l'installation d'une « passerelle énergétique » qui permet à EDF, en cas de pic de consommation, de couper à distance l'alimentation de certains appareils.

[82] Le Conseil d'État est compétent pour connaître en dernier ressort des litiges administratifs.

Section 3.02 Les fournisseurs d'énergie

Encore très concentré, le marché de détail de l'énergie français attire néanmoins de nombreux acteurs qui y voient un levier de croissance futur. Selon leur origine, les fournisseurs d'énergie adoptent des stratégies spécifiques.

On peut distinguer trois grands types de fournisseurs d'électricité et de gaz en France.

- les fournisseurs historiques ;
- les nouveaux entrants, français ;
- les fournisseurs historiques étrangers proposant des offres en France ;
- enfin, les autres fournisseurs seront regroupés dans une quatrième catégorie.

Pour chacune des grandes catégories, une première partie présente la catégorie de fournisseur et une deuxième partie propose des éléments de stratégie et de prospective.

NB : tous les fournisseurs d'énergie en France ne sont pas nécessairement mentionnés et cette section ne vise pas l'exhaustivité.

Les *principaux* fournisseurs d'électricité et de gaz en France

Fournisseur			EDF	GDF SUEZ	DIRECT ENERGIE	ENI	ALPIQ
Marché	Electricité		Oui ******	Oui	Oui	Non	Oui
	Gaz		Oui	Oui ******	Oui	Oui	Non
Public visé*****			Particuliers et professionnels				Pros
Rang***	Electricité	Nb*	1	2	3	-	****
		Qté**	1	2	7	-	3
	Gaz	Nb*	2	1	4	3	-
		Qté**	4	1	7	2	-

Fournisseur			E.ON	ENEL	VATTEN FALL	TOTAL ENERGIE GAZ	GAS NATURAL
Marché	Electricité		Oui	Oui	Oui	Non	Non
	Gaz		Oui	Non	Non	Oui	Oui
Public visé*****			Professionnels				
Rang***	Electricité	Nb*	****	****	****	-	-
		Qté**	4	5	6	-	-
	Gaz	Nb*	-	-	-	****	****
		Qté**	5	-	-	3	6

Source : recherches internes, Selectra

* : en nombre d'installations reliées ; ** : en quantité d'énergie fournie ; *** : ces rangs sont donnés à titre indicatif ; **** : ces fournisseurs ont très peu de clients, mais leurs clients sont des industriels qui consomment beaucoup d'énergie ; ***** : tel que mentionné sur le site energie-info.fr. ****** : fournisseur historique

Ordres de grandeur *approximatifs* (2013, source : généralement, site institutionnel de la société) :

435,1 TWh d'électricité ont été consommés par 36,2 millions de clients[83] :

- **EDF :** 370 TWh d'électricité, 26* millions de clients ;
- **GDF Suez :** 41 TWh d'électricité, 1,6 million de clients ;
- **Alpiq :** 15 TWh d'électricité, 500 clients ;
- **E.ON :** 10,1 TWh d'électricité ;
- **ENEL :** env. 9 TWh d'électricité (estimation) ;
- **Direct Energie :** 5,9 TWh d'électricité, 863 000 clients ;
- **Vattenfall :** un peu plus de 6TWh d'électricité.

* : Il y a environ 26 millions de *clients* mais un nombre de compteurs plus important, d'où l'écart constaté.

467,2 TWh de gaz ont été consommés par 11,3 millions de clients[84] :

- **GDF Suez :** 219 TWh de gaz, 10 millions de clients ;
- **Eni :** 81 TWh de gaz, 230 000 clients ;
- Total Energie gaz : 65 TWh de gaz ;
- **EDF :** 18 TWh de gaz, 713 000 clients ;
- **E.ON :** 4,8 TWh de gaz ;
- **Gas Natural :** env. 4 TWh de gaz (estimation) ;
- **Direct Energie :** 2,9 TWh de gaz, 237 00 clients.

[83] CRE, Observatoire des marchés de détail de l'électricité et du gaz naturel 2e trimestre 2014
[84] *id.*

3.02.1 Les fournisseurs historiques

Les fournisseurs historiques sont les fournisseurs qui, avant l'ouverture du marché, disposaient d'un monopole pour la fourniture d'énergie sur un territoire donné. Ces fournisseurs étaient fortement intégrés et exerçaient des activités de fourniture et de distribution.

On distingue, d'une part, les deux grands fournisseurs d'envergure nationale EDF et GDF Suez, qui se confondaient historiquement avec les GRD ERDF et GrDF et, d'autre part, des distributeurs non nationalisés après 1946 – les entreprises locales de distribution (ELD) qui exerçaient sur leur territoire de desserte local.

I. Les fournisseurs historiques EDF et GDF Suez

A. Les conséquences de l'ouverture des marchés pour les fournisseurs historiques

L'ouverture à la concurrence des marchés de l'énergie a de profondes conséquences pour EDF et GDF Suez.

Même si, en France, la réorganisation de ces entreprises n'a pas conduit à leur désagrégation comme, dans une certaine mesure, en Italie par exemple (voir encadré), les anciens fournisseurs historiques ont perdu des parts de marché sur leur marché historique.

La « radicale » ouverture du marché en Italie

En 1962, le secteur électrique en Italie a été nationalisé et confié à ENEL, un monopole. L'ouverture du marché en Italie a été plutôt radicale pour le fournisseur historique. En effet, la réforme de l'organisation de l'ancien monopole a profondément réduit son envergure sur son marché historique. Le réseau de transport a été transféré à une nouvelle entité, Terna, au capital duquel ENEL n'est pas présent. De plus, ENEL a été forcé de vendre une partie de ses capacités de production afin de garantir une certaine concurrence. De fait, en 2011, ENEL disposait de moins de 36,8%[85] de parts de marché sur le marché de détail de l'électricité (fourniture).

[85] Rapport sur les marchés énergétique dans l'Union européenne en 2011, Commission européenne. La comparaison entre les cas français et italien doit toutefois être relativisée : les ELD (ou leur équivalent) en Italie disposaient de davantage de parts de marché que les ELD françaises. En conséquence, les parts de marché d'ENEL en Italie n'étaient pas aussi importantes que les parts de marché d'EDF en France lors de l'ouverture des marchés à la concurrence.

Aussi, EDF et GDF Suez ont-ils adopté des politiques commerciales offensives visant à pallier la perte du nombre de clients sur le marché historique en attirant des clients sur leur marché non historique par des offres duales (c'est-à-dire des offres incluant la fourniture d'électricité et de gaz).

B. Stratégie

1) Similitudes

Les fournisseurs historiques s'efforcent de multiplier la **souscription d'offres duales**. Ils emploient des stratégies commerciales pour conduire le client, lors de son appel à EDF pour la mise en service de sa fourniture d'électricité (ou chez GDF Suez pour sa fourniture de gaz), à opter également pour une offre de marché pour la fourniture de son autre énergie. Autrement dit, lors d'un appel d'un particulier à EDF pour une souscription de contrat portant sur la fourniture d'électricité, EDF propose généralement au client, s'il en a besoin, de souscrire un contrat de fourniture de gaz avec EDF. On observe, en sens inverse, le même comportement de la part de GDF Suez. EDF et GDF Suez ont aussi recours à la technique de l'offre du service « une seule facture » pour *de facto* amener leur client à regrouper tous ses contrats chez le même fournisseur d'énergie. Par exemple, un client chez GDF Suez peut se voir proposer, par courrier, de regrouper sa facture de fourniture d'électricité et de gaz. Un tel regroupement équivaut en fait pour le client à changer de fournisseur et opter pour GDF Suez pour la fourniture du gaz et de l'électricité. Cette stratégie repose sur la conviction, pour ces fournisseurs historiques, que les clients préfèrent un interlocuteur unique pour leurs deux énergies et sur l'image favorable dont ils bénéficient auprès des consommateurs.

Aussi, observe-t-on, dans une certaine mesure, ce qui s'apparente à un **échange de clients entre les deux anciens fournisseurs historiques**, EDF étant en nombre de clients le premier fournisseur alternatif de gaz naturel en France et GDF Suez étant, en nombre de clients, le premier fournisseur alternatif d'électricité de France. Cet échange assez massif suscite toutefois le scepticisme de la CRE. Le régulateur s'étonnait en effet, dans son rapport 2011-2012 sur les marchés de détail de l'électricité et du gaz en France de ce que les fournisseurs historiques étaient si bien placés sur leur marché non historique alors même que les offres qu'ils y proposent sont généralement plus chères que les tarifs réglementés.

Ces stratégies sont intéressantes car elles sont peu onéreuses. Les coûts d'acquisition des nouveaux clients sont en effet proches de zéro puisque c'est à l'occasion de l'appel d'un client pour la fourniture d'une énergie que le fournisseur propose à l'appelant une offre de fourniture duale. Aussi, EDF et GDF Suez n'ont-il pas à recourir massivement à du porte-à-porte, des partenaires ou de la publicité pour assurer une augmentation régulière de leur portefeuille de clients. Ces fournisseurs profitent de leur notoriété et de l'ambiguïté qui résulte du manque d'information encore fort des consommateurs. Le 7ème baromètre annuel Energie-info sur l'ouverture des marchés[86] révélait ainsi que seules 28% des personnes interrogées savaient en 2013 qu'EDF et GDF Suez étaient deux entreprises différentes et concurrentes.

Cette facilité n'empêche toutefois pas ces fournisseurs de mettre en place des stratégies pour accroître leur base de clients. GDF Suez a tenté l'expérience d'un service facilitant les démarches de mise en service de l'électricité et du gaz (www.electricitegazexpress.fr ; le site est toutefois fermé depuis la mi-2014 et redirige vers le site principal de GDF Suez DolceVita). De plus, le fournisseur historique de gaz fait du démarchage de sa base de clientèle historique pour la faire basculer sur l'autre énergie.

---

[86] Il a été réalisé de concert par le médiateur national de l'énergie et la Commission de régulation de l'énergie en novembre 2013.

Le scepticisme de la CRE quant aux performances d'EDF et de GDF Suez sur le marché non réglementé du gaz naturel.

« [Sur le marché du gaz naturel], Poweo, Direct Energie et Altergaz proposent des offres systématiquement moins chères que le tarif réglementé (...) et disposent d'environ un quart des parts du marché libre du segment résidentiel. (...) EDF propose en 2011 des offres globalement plus chères que le tarif réglementé (...), et, pourtant, dispose de 39 % des parts du marché libre à fin 2011 (...) et capte près du quart des mises en service (...). GDF Suez possède à fin 2011 les 37 pourcents de parts du marché libre restants. (...) A l'instar du marché de détail de l'électricité, cette situation mènera la CRE à des investigations complémentaires en 2013. »

Ainsi, certains critiquent une stratégie qui semblerait, dans une certaine mesure, se fonder sur une certaine méconnaissance par les consommateurs de l'organisation du marché de l'énergie depuis 2007. De plus, d'aucuns notent que le fait que les plus grands distributeurs s'appellent respectivement ERDF et GrDF participe à une certaine confusion puisqu'ils restent fortement assimilés à EDF et GDF Suez. De ce point de vue, les campagnes de publicité lancées par ERDF et GrDF ces dernières années peuvent, alors même que ERDF et GrDF sont théoriquement strictement séparées d'EDF et de GDF Suez, renforcer l'image de marque de ces dernières.

D'un point de vue plus général, ces deux grands groupes s'internationalisent et développent leur présence sur d'autres marchés.

2) Différences

On observe toutefois une différence de stratégie entre EDF et GDF Suez. Ces stratégies, constantes, s'inscrivent dans la durée.

a) EDF : une concentration sur son segment de marché historique et un accroissement de son portefeuille de clients en gaz naturel

EDF poursuit une stratégie reposant sur sa forte image de marque. Sur le marché de l'électricité, EDF se concentre sur son marché historique. Son activité y reste fortement articulée autour des tarifs réglementés. La terminologie de « tarifs réglementés » reste sécurisante pour de nombreux consommateurs et permet à EDF de se présenter comme le fournisseur traditionnel d'électricité. EDF propose ainsi peu d'offres de marché à la souscription s'agissant de l'électricité. D'ailleurs, les offres de marchés qu'EDF propose en électricité ne sont pas attractives. En effet, l'offre « Mon Contrat Électricité » est systématiquement plus chère que les tarifs bleus (tarifs réglementés) et elle n'apporte pas de garantie contre une évolution à la hausse des tarifs dans le temps. De fait, cette stratégie focalisée sur les tarifs réglementés semble payante puisque les particuliers conservent massivement les tarifs réglementés pour leur fourniture d'électricité.

L'offre de fourniture de gaz naturel (appelée « Mon Contrat Gaz Naturel ») chez EDF est plus chère que les tarifs réglementés proposés par GDF Suez pour une majorité de profils de consommation. De plus, l'image de marque d'EDF étant très forte, les consommateurs tendent à faire confiance à EDF et à penser que le tarif qui leur est proposé est le tarif le plus économique, même si cela n'est en fait pas le cas.

Ainsi, en 2011, EDF a fourni 370 TWh d'électricité à 26 millions de clients et 18 TWh de gaz à 713 000 clients. Les offres de fourniture d'électricité proposées par EDF restent quasiment confondues avec les tarifs réglementés. Par contre, sur le marché du gaz naturel, EDF occupe la deuxième place en termes de nombre de clients mais seulement la quatrième place en quantité de gaz fournie. Ce constat s'explique par la concentration de la stratégie d'acquisition de clients pour le gaz naturel sur les particuliers appelant pour la souscription de leur contrat d'électricité.

b) GDF Suez : Une évolution vers une plus grande place pour des offres de marché à prix fixe afin de générer plus de revenus sur le gaz naturel et sur l'électricité

A contrario, la stratégie de **GDF Suez consiste à faire passer davantage de consommateurs vers les offres à prix de marché à partir des tarifs réglementés.** Sur le marché du gaz naturel, le fournisseur historique de gaz naturel propose un nombre important de contrats en offre de marché, ne se concentrant plus uniquement sur les tarifs réglementés. L'originalité de GDF Suez par rapport à EDF est donc, pour son énergie « historique », de développer la souscription d'offres de marché. Les offres de marché proposées par GDF Suez ne sont pas des offres à prix indexés. Elles ne sont donc pas nécessairement moins chères que les tarifs réglementés en vigueur. Au contraire, il s'agit d'offres à prix fixe pendant 1, 2 ou 3 ans.

GDF Suez poursuit par ailleurs une stratégie d'internationalisation plus affirmée qu'EDF.

De plus, GDF Suez s'est fortement développé sur le métier de l'électricité. GDF Suez est le deuxième fournisseur d'électricité de France aussi bien en nombre de clients qu'en quantité d'énergie fournie. L'entreprise possède d'ailleurs le deuxième parc de production d'électricité français à travers, notamment, la Compagnie Nationale du Rhône – qui exploite en particulier de nombreux barrages hydrauliques. Enfin, GDF Suez a noué des partenariats avec des fournisseurs alternatifs d'électricité créés par des ELD dans le domaine de l'électricité (ENALP et Proxelia par exemple).

Aussi, GDF Suez a fourni environ 41 TWh d'électricité à 1,6 million de clients et 219 TWh de gaz à 10 millions de clients. GDF Suez commercialise ses différentes offres sous deux marques. *GDF Suez Dolce Vita* est la marque utilisée par GDF Suez à destination des particuliers. *GDF Suez Energies France* est la marque utilisée à destination des professionnels (incluant les professions libérales, les entreprises et le secteur public). GDF Suez propose aussi des offres d'électricité verte et de gaz naturel compensé carbone et a largement recours, comme EDF, à la souscription d'offres duales pour proposer l'électricité lorsqu'un consommateur l'appelle pour une offre de gaz naturel. Les offres à prix fixe de GDF Suez sont garanties dans le temps.

Panorama des offres de GDF Suez

Electricité	• Electricité prix fixe 1 an • Electricité prix fixe 2 ans • Electricité Verte 1 an • Electricité Verte 2 ans
Gaz naturel	• Tarifs réglementés gaz naturel • Gaz naturel prix fixe 1 an • Gaz naturel prix fixe 2 ans • Gaz naturel Compensé Carbone 1 an • Gaz naturel Compensé Carbone 2 ans
Electricité et gaz naturel	• 2 énergies prix fixe 1 an • 2 énergies prix fixe 2 ans • 2 énergies Nature 1 an • 2 énergies Nature 2 ans • Tarifs réglementés gaz naturel • Electricité prix fixe 1 an

	• Electricité prix fixe 2 ans
Offres « Dolcenergies »	• e-Dolce (Electricité et/ou Gaz naturel de marché, Prix fixe garanti pendant 2 ans), • Tarif Réglementé Gaz • DolcePrimo (Electricité et/ou gaz naturel de Marché, Prix fixe garanti pendant 2 ans), • DolceVert (Electricité verte et/ou gaz naturel compensé carbone, Offre de marché à prix fixe 2 ans) + Ce à quoi s'ajoute « Cap EcoConso »

Source : site internet de GDF Suez DolceVita, rubrique « Energies », fin 2013

II. Les entreprises locales de distribution (ELD)

A. Historique

Les entreprises locales de distribution sont des sociétés ayant échappé aux lois de nationalisation de 1946 et qui sont chargées de la gestion du réseau de distribution et de la fourniture d'électricité et/ou de gaz au sein d'un périmètre donné. Il en existe environ 170, dont environ 20 pour le gaz et 150 pour l'électricité. Elles assurent la satisfaction de 6% de la consommation d'électricité en France (23,2 TWh) pour 1,8 millions de clients (3,5 millions d'habitants). Elles desservent 2800 communes et entretiennent plus de 75000 kilomètres de réseau. A titre de comparaison, ERDF gère 1,3 million de kilomètres de lignes électriques et GrDF 194 600 kilomètres de réseau de gaz. Ils desservent respectivement 35 et 11 millions de clients.

Caractéristiques des réseaux de distribution des ELD par rapport aux réseaux de distribution d'ERDF et de GrDF

	ERDF	GrDF	ELD (divers réseaux d'électricité et de gaz)
Nombre de sites raccordés	33 millions	10 millions	1,8 millions
Nombre de km de réseau	1 300 000 km	190 000 km	75 000 km

Source : ERDF, GrDF et Anroc

On distinguait, en 1946, deux types d'ELD : les régies et les SICAE. Les régies sont des organismes de droit public assurant la gestion d'un service public. Les sociétés d'intérêt collectif agricole d'électricité sont un type d'ELD particulier. Elles avaient été créées après la Première Guerre mondiale afin d'assurer l'électrification de territoires ruraux.

Dans les années 1980, la loi a rendu possible la création de Sociétés d'économie mixte (SEM). Ce nouveau dispositif est important car il a permis à beaucoup d'ELD d'adopter ce régime et de bénéficier ainsi de la souplesse offerte par la gestion privée tout en conservant les exigences du service public. Les SEM sont en effet des sociétés anonymes soumises aux règles du droit privé. Toutefois, leur capital doit être majoritairement détenu par une collectivité publique. Ainsi, de même qu'EDF et GDF étaient, depuis 1946, des entités publiques régies dans une certaine mesure par le droit privé (en raison de leur statut d'établissement public industriel et commercial), la création des SEM a étendu ces dispositions aux ELD. Les SEM ont également rendu possible l'association de partenaires privés.

B. L'impact de l'ouverture des marchés de l'électricité et du gaz

1) Des modifications d'organisation

Les lois ouvrant le marché de détail de l'électricité et du gaz naturel à la concurrence sont aussi applicables aux entreprises locales de distribution.

Toutefois, toutes les dispositions ne s'appliquent pas à toutes les entreprises locales de distribution. Ainsi, des exceptions ont été prévues par la loi du 7 décembre 2006. L'article 13 prévoit que seuls les réseaux de distribution d'électricité ou de gaz naturel desservant plus de 100 000 clients doivent être gérés par des personnes morales distinctes de celles qui exercent des activités de production ou de fourniture d'électricité ou de gaz naturel. Aussi, les ELD qui ont plus de 100 000 clients raccordés à leur réseau de distribution sont dans l'obligation de séparer leurs activités de distribution et de fourniture. Par contre, celles qui n'ont pas atteint ce quota peuvent conserver leur mode d'organisation antérieur. Cette exception permet d'éviter des changements d'organisation complexes et coûteux aux petites ELD.

2) Une ouverture à la concurrence encore limitée par la faible présence des fournisseurs alternatifs sur ces réseaux

Le marché de l'énergie étant ouvert, en droit, les clients ont le choix, dans ces localités, d'opter pour un autre fournisseur que le fournisseur historique local. Cependant, deux cas doivent être distingués.

Dans le cas de la souscription d'un contrat de fourniture, un consommateur peut librement choisir son fournisseur puis, par ailleurs, souscrire avec le distributeur local un contrat d'acheminement (CARD). Cela concerne les gros consommateurs d'énergie. Ils peuvent donc pleinement bénéficier de la concurrence qu'ils soient présents sur le territoire de desserte d'ERDF/GrDF ou sur celui d'une entreprise locale de distribution. En effet, même dans le périmètre de desserte d'une ELD qui n'aurait conclu aucun contrat avec un fournisseur, le consommateur peut conclure un contrat avec le fournisseur de son choix et un contrat avec le distributeur du territoire de desserte.

Par contre, **dans le cas de consommateurs souhaitant souscrire un contrat unique**, incluant à la fois la fourniture et la distribution de l'énergie, alors **la possibilité pour un consommateur de bénéficier de la concurrence sur le territoire de desserte d'une ELD dépend de la signature**, au préalable, **par un fournisseur alternatif d'énergie, d'un contrat avec le distributeur** (contrat dit GRD-F).

L'ouverture du marché de l'énergie sur le territoire des ELD est donc limitée, dans le cas de la souscription de contrats uniques, à l'existence d'un accord entre le distributeur et le fournisseur. En fait, trois situations doivent être distinguées :

- **Les grands consommateurs** d'électricité et/ou de gaz (les industriels) **bénéficient largement de la concurrence sur les territoires des ELD** du fait de la souscription de contrats non uniques ;
- Plus généralement, les consommateurs professionnels bénéficient également de la concurrence, quoique dans une moindre mesure, même lorsqu'ils souscrivent des contrats uniques. En effet, comme les moyens et gros consommateurs représentent une masse peu importante, il n'est pas très coûteux pour un fournisseur de souscrire un contrat GRD-F avec le distributeur local et de gérer ensuite chacun de ses clients au cas par cas. On remarque donc que, sur beaucoup de territoires de dessertes d'ELD, **un certain nombre de fournisseurs alternatifs proposent des contrats uniques à la souscription pour les professionnels ;**
- Par contre, les ELD se retrouvent **généralement en situation de monopole de fait pour les particuliers**. Plus que la souscription, avec chacune des ELD, d'un contrat GRD-F, c'est en fait le coût de gestion d'un parc important de clients avec un nouveau distributeur qui semble rebuter les fournisseurs alternatifs. La gestion des relations avec des clients situés en zone de desserte d'une ELD supposerait en effet que le fournisseur investisse dans des systèmes d'information susceptibles de communiquer avec les systèmes du distributeur local. Le coût d'un développement sur ces territoires est donc important et, pour le moment, conduit à ce que la présence des fournisseurs alternatifs sur le segment de marché des particuliers en zone de distribution d'ELD est faible voire inexistante.

Nombre de fournisseurs proposant des contrats uniques pour l'électricité				
	Particuliers	Professionnels		
		Petits	Moyens	Gros
ERDF	10	11	10	11
GrDF	-	-	-	-
ÉS Réseaux	1	2	1	2
Réseau GDS	-	-	-	-
URM	1	2	1	2
Gérédis	1	2	1	2
SRD	1	2	1	2
GEG	2	2	2	2
Régaz	-	-	-	-

Nombre de fournisseurs proposant des contrats uniques pour le gaz				
	Particuliers	Professionnels		
		Petits	Moyens	Gros
ERDF	-	-	-	-
GrDF	8	13	16	21
ÉS Réseaux	-	-	-	-
Réseau GDS	1	4	6	11
URM	-	-	-	-
Gérédis	-	-	-	-
SRD	-	-	-	-
GEG	1	3	4	6
Régaz	1	5	7	10

Source : ces données sont issues d'une recherche effectuée le 16/07/13 en utilisant le portail energie-info.fr – Les données étaient mises à jour au 12/07/13.

Les ELD répertoriées dans ce tableau sont les plus importantes ELD. Le tableau indique le nombre de fournisseurs actifs sur le réseau de distribution exploité par l'ELD pour la fourniture de contrats uniques. Pour le réseau ERDF et GrDF, la recherché a été effectuée à Paris, 1er arrondissement – Les résultats diffèrent parfois, pour un même réseau, en fonction des villes.

C. Les stratégies

1) *Une nécessaire adaptation à une évolution de l'environnement très importante*

Le métier d'ELD a considérablement évolué. Les ELD ne peuvent se contenter de rester des fournisseurs commercialisant les tarifs réglementés. En effet, les tarifs jaunes et verts (c'est-à-dire les tarifs réglementés pour la fourniture d'électricité à destination des professionnels ayant une consommation moyenne ou importante) vont disparaître. Dès lors, **si les ELD veulent continuer à fournir ces clients en électricité, alors elles devront être en mesure de leur proposer des offres de marché**. Par ailleurs, confrontées à un nouveau cadre législatif, les ELD ont été obligées d'adopter des stratégies afin **de limiter l'érosion de leurs revenus**. En effet, même si certaines ELD restent de fait en situation de monopole sur leur territoire de desserte pour la fourniture d'énergie à destination des particuliers, les ELD ne sont, dans leur globalité, plus en situation de monopole sur les segments des professionnels.

Alors que les ELD étaient des fournisseurs historiques, elles sont donc désormais également des fournisseurs alternatifs. Or, il y a de grandes différences entre un fournisseur d'énergie aux tarifs réglementés et un fournisseur d'énergie en offre de marché.

- Lorsqu'un fournisseur commercialise les tarifs réglementés, il est en fait un acteur qui intervient au bout d'une longue chaîne. Il distribue une offre créée par les pouvoirs publics, dont les tarifs sont arrêtés par les pouvoirs publics et il est approvisionné en énergie par ses centrales (s'il s'agit d'EDF) ou au moyen du **tarif de cession** lorsqu'il s'agit d'une entreprise locale de distribution. Ce tarif permet à l'ELD d'acheter l'énergie auprès d'EDF à un prix fixé par les pouvoirs publics. Pendant très longtemps, l'ELD a donc été un **maillon d'une longue chaîne et n'avait que peu de marge de manœuvre**.
- A contrario, lorsqu'un fournisseur vend une offre de marché, il doit construire cette offre, construire son prix de vente et s'approvisionner en ayant recours au marché ou à un contrat ARENH. Le fournisseur, dans ce dernier cas, est donc un **acteur à part entière**. Or, être un acteur à part entière suppose des ressources (humaines, logicielles, etc.). Les ELD doivent donc **s'adapter au changement du métier de fournisseur**.

Pour résumer, le métier d'ELD est en forte évolution. Les ELD doivent adopter des stratégies visant à freiner leur perte de clients industriels. Plus généralement, elles doivent également anticiper la présence plus importante des fournisseurs alternatifs dans les années à venir.

Deux stratégies se distinguent. Un nombre croissant d'ELD se développent hors de leur territoire de desserte. De plus, certaines ELD décident de diversifier leur activité hors de la fourniture de leur énergie historique.

2) Des stratégies pour s'adapter

a) Le développement d'offres de marché

Afin d'être en mesure de répondre à la disparition des tarifs réglementés pour les professionnels, les ELD doivent développer des offres de marché.

La loi de programmation énergétique de 2005 a institué le principe, pour une ELD, de devoir créer une société spécifique lorsqu'elle souhaitait proposer une offre de marché. De nombreuses ELD sont donc obligées de créer des sociétés ad hoc.

b) La création de fournisseurs alternatifs pour se développer sur d'autres réseaux de distribution

Afin de pallier l'érosion de leurs parts de marché sur leur marché historique, certaines ELD décident de développer leur activité de fourniture d'énergie sur d'autres zones de distribution[87]. Un tel développement permet, de plus, d'être en mesure pour les ELD de participer à des appels d'offres multi-sites, pour des industriels possédant des sites présents sur leur territoire de desserte et hors de leur territoire de desserte. Les ELD investissent généralement en priorité le réseau de distribution d'ERDF et de GrDF et sont parfois également présentes sur les territoires de desserte d'autres ELD.

On constate que certaines ELD développent leurs offres de marché seules alors que d'autres s'associent. Trois alliances d'ELD existent à ce jour et regroupent des ELD ayant décidé de proposer des offres de fourniture de marché. Ces alliances permettent aux

[87] GEG, l'ELD de Grenoble, a cessé de proposer des offres hors de son territoire de desserte aux clients particuliers même si elle continue à proposer ces offres aux consommateurs professionnels.

ELD d'atteindre une taille critique et d'être en mesure de faire face à la complexité que sous-tend le développement d'offres de marché.

ALTERNA	Cette alliance regroupe une trentaine d'ELD et a été créée en 2005. L'ELD la plus importante en taille et qui en est membre est SOREGIES.
ENALP	ENALP a été créée en 2006. Il s'agit d'un partenariat noué entre Energie et Services de Seyssel, la régie de Vinay, la régie des Houches et la régie d'électricité de Thônes. Il s'appuie sur le groupe GDF SUEZ à travers la Compagnie Nationale du Rhône et Electrabel France, deux filiales de GDF SUEZ.
PROXELIA	PROXELIA a été créée par trois acteurs locaux : la SER Lassigny, la SICAE de la Somme et la SICAE Oise. Cette alliance s'appuie sur deux producteurs nationaux du groupe GDF SUEZ (Electrabel et la Compagnie Nationale du Rhône).

En fait, on remarque que même lorsqu'une ELD décide de proposer une offre seule, elle s'associe avec d'autres acteurs. Séolis, par exemple, utilise la plateforme de gestion des approvisionnements en électricité mise en place par UEM (le fournisseur historique de Metz) dans le cadre de sa stratégie de *sourcing*. UEM joue ici par ailleurs le rôle de responsable d'équilibre.

Nom du fournisseur issu d'une ELD présent sur le réseau ERDF ou GrDF	Type	Partenaire
ALTERNA	Alliance	
ENALP	Alliance	
ENERGEM	Seul	-
ES ÉNERGIES STRASBOURG	Seul	Adossé à EDF (actionnaire à 88%)
GEG SOURCE D'ENERGIES	Seul	Adossé à GDF Suez (actionnaire à 42%)
GAZ DE BORDEAUX	Seul	Adossé à GDF Suez (actionnaire à 24%)
GEDIA	Seul	-
LUCIA	Seul	-
PROXELIA	Alliance – adossé à GDF Suez	
SELIA	Seul	Partenariat (SI, responsable d'équilibre avec d'autres ELD)

Source : recherches internes, Selectra

Lorsque des ELD se regroupent, deux systèmes peuvent être utilisés pour assurer leur rémunération. Certaines alliances fonctionnent selon un système de rémunération à l'affaire apportée. Lorsqu'une ELD rentre dans Alterna, par exemple, elle devient actionnaire de l'ensemble. Cependant, elle ne se rémunère pas via les dividendes d'Alterna. Les ELD membres d'Alterna sont en effet des apporteurs d'affaires. Elles se rémunèrent en conservant un certain pourcentage du différentiel entre le prix de marché de l'énergie et le prix de vente de l'énergie. D'autres alliances assurent la rémunération de leurs membres par des dividendes. C'est par exemple le cas de Proxelia.

La cible prioritaire du développement des ELD sur leur territoire de desserte est donc les gros consommateurs d'énergie (anciens clients aux tarifs jaunes et verts). Hors de leur territoire de desserte, la cible des ELD est également les gros consommateurs. Ces ELD ciblent les petits consommateurs de manière plus anecdotique. Elles se reposent alors sur leur positionnement de proximité.

c) *La diversification des activités*

Pour dégager des leviers de croissance futurs, certaines ELD se **diversifient**. Deux types de diversification se distinguent sur le secteur de l'énergie.

Certaines entreprises optent pour une **diversification verticale**. Cela signifie qu'une entreprise dans un secteur donné entreprend d'exercer toutes les activités de ce secteur. Par exemple, un fournisseur d'électricité peut choisir de développer son activité dans les métiers de la production et de la distribution d'électricité. Ce type de diversification est intéressant puisqu'il permet à l'entreprise de disposer d'une vision et d'une expertise globale sur tous les métiers du secteur. De plus, en étant présent sur chacun de ces métiers, elle peut davantage maîtriser les coûts. Par exemple, un fournisseur d'électricité peut avoir intérêt à développer son activité sur le métier de la production afin de pouvoir proposer des prix plus compétitifs qu'un autre fournisseur.

D'autres entreprises font le choix d'une **diversification horizontale**. Cela signifie que l'entreprise investit dans des activités qui ne sont font pas partie de son cœur de métier original. Elle profite de sa notoriété et de son organisation pour proposer des services à ses clients qui seront complémentaires des services qu'elle proposait historiquement.

Enfin, beaucoup d'entreprises font le choix de se **diversifier à la fois de manière horizontale et verticale**. Par exemple, UEM a diversifié ses activités dans des métiers d'expertise variés tout en se diversifiant verticalement. UEM est une Entreprise locale de distribution qui est historiquement le fournisseur d'électricité dans la ville de Metz. Toutefois, au-delà de la fourniture d'électricité et de la gestion du réseau de distribution d'électricité de la ville de Metz, UEM a développé son activité dans la production d'électricité à partir d'énergies renouvelables. Elle a ainsi investi dans des centrales biomasse, des centrales hydrauliques et des champs photovoltaïques. Elle a également développé son activité dans le trading d'électricité. Par ailleurs, UEM, à côté de ses activités qui forment son cœur de métier (l'électricité) s'est développé sur d'autres secteurs. Elle a par exemple créé le premier réseau de chauffage urbain français. De manière plus distante de son cœur de métier historique, elle a développé des offres de télévision et d'internet par le câble. Enfin, elle est devenue un acteur reconnu du domaine de l'édition et de la conception de systèmes d'information. UEM édite ainsi des progiciels de gestion clients spécialisés dans le domaine énergétique, de la relève à la facturation. *efluid*, qu'UEM a développé en s'appuyant sur un partenariat avec le cabinet de conseil CGI, est par exemple utilisé par des sociétés telles qu'EDF, ERDF, ES, GEG, ou encore Séolis. De plus, UEM a développé le projet *énercom*. Il s'agit d'une plateforme d'approvisionnement et de gestion de l'énergie qui permet à ses membres de mutualiser les coûts, compétences et expertises et de bénéficier d'un effet de masse lors de leurs achats d'électricité. Cette plateforme regroupe une dizaine d'ELD, dont UEM et Séolis.

Les plus grandes ELD en France (1/2)

Nom du...			Nombre de clients – Quantité d'énergie fournie[88]		Rang		Territoire
...fournisseur historique	*...fournisseur alternatif*	*...du GRD*					
EDF[89]		***ERDF***	*26 millions – 370 TWh*	–	–	–	*95% de la France métropolitaine continentale*
GDF Suez		***GrDF***	–		–	–	
ÉS Énergies Strasbourg (pour l'électricité) ÉS Gaz de Strasbourg (ex-Énerest Gaz de Strasbourg pour le gaz)		**ÉS Réseaux (électricité)**	490 000 – 5 450 GWh	120 000 clients – 5 000 GWh	1	2	Strasbourg
–	–	**Réseau GDS (gaz)**					
UEM	**Energem**	**URM**	157 000 – 1,7 TWh	–	2	–	Metz
Séolis	**Sélia**	**Gérédis**	140 000	–	4	–	Territoires ruraux des Deux-Sèvres
Sorégies **Données 2006**	**Alterna *(regroupement de fournisseurs)***	**SRD Réseaux de Distribution**	145 000 clients – 1,2 TWh	180 GWh	3	–	Territoires ruraux de la Vienne
GEG **Données 2010**	**GEG Sources d'Energies**	**GEG**	96 000 – 800 GWh	47 000 800GWh	5	3	Grenoble
Gaz de Bordeaux		**Régaz-Bordeaux**	–	210 000 5 000 GWh	–	1	Bordeaux

[88] Ordres de grandeur
[89] EDF et GDF Suez ne sont pas des ELD ; ils sont repris dans le tableau pour comparaison.

Les plus grandes ELD en France (2/2)

Nom du...			Salariés	CA (m€)[90]	Actionnariat
...fournisseur historique	*...fournisseur alternatif*	*...du GRD*			
EDF		***ERDF***	*160 000*	*72000*	*État (84%), divers*
GDF Suez		***GrDF***	*100 000 (France)*	*97000*	*État (36%), divers*
ÉS Énergies Strasbourg (pour l'électricité) **ÉS Gaz de Strasbourg (ex-Énerest Gaz de Strasbourg pour le gaz)**		**ÉS Réseaux (électricité)**	1200	580 + 170, env.780	EDF
–	–	**Réseau GDS (gaz)**	230	40	GDF Suez, Ville de Strasbourg, Caisse des dépôts et consignations
UEM	**Energem**	**URM**	NC	220 (HT)	Ville de Metz, Caisse des dépôts et consignations
Séolis	**Sélia**	**Gérédis**	380	190	Syndicat Intercommunal d'Energie des Deux-Sèvres
Sorégies **Données 2006**	**Alterna *(regroupement de fournisseurs)***	**SRD Réseaux de Distribution**	315	262	Syndicat ENERGIES VIENNE
GEG **Données 2010**	**GEG Sources d'Energies**	**GEG**	430	124	Ville de Grenoble, GDF Suez, divers
Gaz de Bordeaux		**Régaz-Bordeaux**	59	257	Régaz possède 100% de Gaz de Bordeaux. Actionnaires de Régaz : Ville de Bordeaux, groupe GDF Suez, Groupe Véolia

Source : recherches internes, Selectra

[90] Millions d'euros

III. Le cas de Total Energie Gaz

Total Energie Gaz (anciennement TEGAZ) est un acteur singulier sur l'activité de fourniture de gaz naturel en France.

Appelée successivement Régie Autonome des Pétroles puis Société Nationale de Gaz du Sud-Ouest[91], la société a initialement exercé une activité de fourniture et de transport. Elle a été créée dans le cadre de l'exploitation du gisement de Lacq. Une compagnie française du méthane (CFM) était chargée de commercialiser ce gaz en-dehors de la zone sud-ouest tandis que Gaz du Sud-Ouest commercialisait ce gaz en zone sud-ouest et était chargé de la gestion du réseau de transport de gaz naturel.

Total Energie Gaz a donc historiquement été le gestionnaire de réseau de transport de la zone sud-ouest. En cette qualité, il a commercialisé (ce type de tarif est désormais en extinction, c'est-à-dire qu'il n'est plus proposé à la souscription) les tarifs réglementés à souscription (c'est-à-dire, entre autres, proposés aux clients directement raccordés au réseau de transport).

Aujourd'hui, Total Energie Gaz n'exerce plus qu'une activité de fourniture. La société, filiale de Total, est un acteur majeur du marché de la fourniture de gaz naturel. L'activité de transport autrefois exercée par la même entreprise a été séparée (le gestionnaire de réseau de transport s'appelle ainsi TIGF). TIGF n'est par ailleurs plus détenu par le groupe Total. Total Energie Gaz est le troisième fournisseur de gaz naturel en France en quantité fournie. Il commercialise ses offres à destination des entreprises.

---

[91] Voir « *Le cas du sud-ouest de la France* »

3.02.2 Les nouveaux entrants français

Depuis l'ouverture à la concurrence du marché de l'énergie en France, de nouveaux fournisseurs se sont créés. Ces fournisseurs n'exerçaient précédemment pas d'activité historique, ni en France, ni dans un autre pays. Ils ont été créés à la faveur de cette ouverture.

On peut notamment distinguer, au sein de ces fournisseurs, des acteurs proposant une démarche résolument verte, d'un acteur ayant l'ambition de devenir un grand fournisseur sur le marché de l'énergie à destination des particuliers. Des acteurs ont également émergé comme des filiales de grandes entreprises.

I. Direct Energie, le *challenger*

A. Historique

A bien des égards, Direct Energie se singularise sur le marché de l'énergie. **Nouveau fournisseur**, présent sur le marché de **l'électricité et du gaz**, le groupe né de la **fusion entre Direct Energie et Poweo** a en effet adopté une stratégie globale qui vise à en faire un fournisseur de référence pour les particuliers, les petits professionnels et les grands comptes multi- ou mono-sites. De fait, il a émergé comme le challenger des fournisseurs historiques sur le segment de marché des particuliers et des petits professionnels pour l'électricité comme pour le gaz.

Direct Energie a été créée en 2003 et a fusionné avec Poweo, son concurrent direct, en 2012 pour former le groupe Direct Energie (fusion par absorption de Direct Energie par Poweo le 11 juillet 2012). Dans un contexte où les deux groupes étaient déficitaires, la fusion de ces groupes a été motivée par les perspectives d'une réduction des coûts et d'une augmentation du portefeuille de clients afin de faire de Direct Energie un groupe profitable. A ce jour, le groupe est le principal challenger des fournisseurs historiques sur le segment de marché de l'énergie fournie aux clients domestiques et petits professionnels (c'est-à-dire, s'agissant de l'électricité, pour des puissances inférieures à 36kVA). Direct Energie compte[92] 863 000 clients pour l'électricité et 237 000 clients pour le gaz naturel, soit plus d'1 million de clients au total. 5,9 TWh d'électricité et 2,9 TWh de

[92] Source : rapport d'activité 2013

gaz naturel ont été fournis par Direct Energie en 2013. 83% de ses clients sont des particuliers

Le résultat net consolidé du groupe Direct Energie a affiché un solde positif de 4,5 millions d'euros en 2012 (contre -40,7 millions d'euros en 2011).

Le capital du groupe Direct Energie est détenu en majorité par François Premier Energie (une société contrôlée par l'homme d'affaires Stéphane Courbit), Impala (une société contrôlée par l'homme d'affaires Jacques Veyrat) et par EBM (fournisseur suisse). Le groupe est actuellement présidé par Xavier Caïtucoli (également Directeur général).

B. Stratégie

Direct Energie axe sa stratégie sur le **développement d'une marque grand public** à l'aide d'une stratégie de communication spécifique et de partenariats commerciaux multiples (1.). De plus, Direct Energie se **diversifie**, en investissant le segment des professionnels et en développant des activités hors du champ de la fourniture d'énergie (2.).

1) Direct Energie : une marque grand public

La stratégie commerciale de Direct Energie repose sur des prix attractifs, un service client de qualité adapté au *mass market* et sur une diversité des canaux de distribution.

Afin de devenir une marque de référence pour les particuliers et petits professionnels, Direct Energie propose des offres moins chères que les tarifs réglementés en vigueur. C'est par exemple le cas de l'offre Directe, qui permet au consommateur de bénéficier de 5% de réduction sur le prix hors taxes du kilowattheure d'électricité et de 5% de réduction sur le prix hors taxes du kilowattheure de gaz naturel. La réduction est portée à 7% en cas de souscription pour les deux énergies.

En plus de ces offres, Direct Energie s'efforce de développer une image reposant sur sa proximité avec les clients. C'est ainsi que Direct Energie s'est vu décerner le prix « *Elu service client de l'année 2015* », de même que Poweo et Direct Energie, entre 2008 et 2014, se sont partagé la première place de ce classement. Le fournisseur a également obtenu le Trophée Qualiweb de la relation client en ligne en 2014. Par ailleurs, le groupe se fait connaître du grand public au moyen de vastes campagnes de communication. Direct Energie a en effet organisé une campagne d'affiches dans le métro à plusieurs reprises ces dernières années. De plus, la société a mis en œuvre plusieurs campagnes publicitaires sur les réseaux télévisés.

Enfin, afin de se constituer un portefeuille de clients, Direct Energie a développé plusieurs partenariats commerciaux. Pendant longtemps, Direct Energie s'est reposé pour acquérir des clients sur la prospection téléphonique, le porte-à-porte et des partenaires web. A ce jour, la stratégie commerciale de Direct Energie se concentre sur la notoriété, qui s'est grandement améliorée et génère naturellement les souscriptions, ainsi que sur le web, notamment via des partenariats avec les comparateurs comme Selectra, société grâce à laquelle ce livre a vu le jour. De plus, la société a conclu un contrat avec Darty et ses offres sont proposées dans 220 points de vente de la marque.

Panorama des offres proposées par Direct Energie à destination des particuliers

Nom	Caractéristiques	Energie
Esprit libre	• Prix fixes pendant 2 ans • Assistance dépannage 24/24h (déplacement d'un technicien en moins de 4 heures)	Electricité, gaz naturel
Directe	• 5% de réduction* sur le prix hors taxes du kWh d'électricité par rapport aux tarifs réglementés en vigueur • 5% de réduction* sur le prix hors taxes du kWh de gaz naturel par rapport aux tarifs réglementés en vigueur • 7% de réduction en cas de souscription pour les deux énergies	Electricité, gaz naturel
Pur jus	• 2% de réduction* sur le prix hors taxes du kWh d'électricité par rapport aux tarifs réglementés en vigueur • Électricité 100% verte (garanties d'origine)	Electricité
Online	• 8% de réduction* sur le prix hors taxes du kWh d'électricité par rapport aux tarifs réglementés en vigueur • 8% de réduction* sur le prix hors taxes du kWh de gaz naturel par rapport aux tarifs réglementés en vigueur • 10% de réduction en cas de souscription pour les deux énergies • Service client 100% en ligne	Electricité, gaz naturel

Source des données : site Internet de Direct Energie, août 2014

* Ces remises sont garanties « chaque année » par Direct Energie.
NB : l'offre « Tribu », qui n'est destinée qu'aux particuliers avec un compteur *Linky* n'est pas reprise dans le tableau.

2) *Une diversification des activités : vers un « mini EDF » ?*

a) *Les consommateurs non résidentiels*

Direct Energie ambitionne de devenir un fournisseur de référence sur le marché des consommateurs non résidentiels, en axant sa stratégie sur l'acquisition d'un nombre important de points de livraisons (PDL). Direct Energie est par exemple le fournisseur pour 5 500 points de livraison d'éclairage public en Île-de-France. Il fournit 30 GWh d'électricité par an au Grand Port Maritime du Havre (GPMH) et fournit 1500 PDL du groupe BPCE.

Pour ses offres à destination des très gros consommateurs d'énergie (clients industriels), Direct Energie a conclu un partenariat à parité avec EBM Trirhena AG (fournisseur suisse). Ces offres sont commercialisées par l'entité Direct Energie – EBM Entreprises (D3E).

b) *Les autres métiers : production, distribution, économies d'énergie*

Pour accompagner sa stratégie de devenir un acteur majeur du marché de l'énergie en France, Direct Energie s'emploie à diversifier ses activités dans les métiers de la production et de la distribution.

Direct Energie étant un fournisseur créé récemment, il n'a pas d'expérience de fournisseur historique. Il est intéressant de constater qu'il essaie toutefois de diversifier ses activités sur les différents métiers de l'énergie (production, distribution et fourniture) afin d'acquérir une vraie crédibilité et une vision plus globale du marché de l'énergie en France. Ainsi, Direct Energie a-t-il a pris une participation dans deux entreprises locales de distribution.

ELD dans lesquelles Direct Energie a pris une participation

Nom	Localisation	Electricité / Gaz	Nombre de points de livraison (approximation)[93]
Gascogne Energies Services	AIRE SUR L'ADOUR - Landes (40)	Electricité et gaz naturel	4000 clients (électricité) et 3000 (gaz naturel)
EBM Réseau de Distribution	SAINT-LOUIS – Haut-Rhin (68)	Electricité	16000 clients

De plus, pour préparer la fin de l'ARENH et plus généralement pour pouvoir proposer une offre indépendante et des offres plus

[93] Source : http://www.repertoire-eld.com/

variées, Direct Energie s'efforce de développer son activité dans le domaine de la production d'électricité.

Les activités de Direct Energie s'agissant de la production d'électricité

Type de centrale	Ville	Puissance	Acteurs	Situation
Centrale à cycle combiné gaz naturel	Hambach (Moselle)	892 MW	Hambrégie, filiale de Direct Energie	Incertaine. Annulation en 2012 par le Tribunal administratif du Permis de Construire et de l'Autorisation d'Exploiter d'une Installation Classée pour la Protection de l'Environnement
Hydraulique	Divers	10 – 300 MW par ouvrage	Accord avec Axpo / EGL en 2010	En attente. Il s'agirait de participer à des appels d'offres pour le renouvellement de concessions hydrauliques. Mais en attente d'un calendrier de mise en concurrence des concessions.
Centrale à cycle combiné gaz naturel	Landivisiau (Bretagne)	446 MW	Compagnie Électrique de Bretagne (Consortium formé par Direct Energie et Siemens)	Le groupe a remporté l'appel d'offres organisé par l'Etat en mars 2012. Ce projet s'inscrit dans le cadre du Pacte électrique breton signé en 2010. En cours.

Source : recherches internes, Selectra

c) Recherche

A côté de ces activités, Direct Energie investit dans des domaines stratégiques à moyen ou long terme. Direct Energie porte par exemple le projet Modelec. Ce projet, soutenu par l'ADEME et le programme gouvernemental des investissements d'avenir, consiste à rendre possible un pilotage en temps réel de la consommation énergétique. Il s'agit de réduire les pointes de consommation et de lisser davantage les profils de consommation. A partir d'une plateforme, un utilisateur peut ainsi piloter à distance ses équipements et connaître en temps réel la quantité d'électricité qu'il consomme. Dans le cadre de ce projet, Direct Energie se repose entre autres sur Gascogne Energies Services, un des deux GRD dans lesquels il détient une participation. De plus, Direct Energie participe au projet Linky développé par ERDF de compteurs intelligents. Le fournisseur a organisé en 2013 un « Hackathon » pour créer des applications liées à l'énergie susceptibles d'être utilisées dans une maison connectée. Enfin, Direct Energie déploie des compteurs communicants avec EBM réseau de distribution.

Ainsi, la stratégie de Direct Energie, s'agissant de sa diversification dans les métiers de la distribution est de faire de ces deux territoires de desserte des laboratoires afin d'expérimenter les offres d'énergie de demain.

3) *Direct Energie : une société en pointe sur les questions d'ouverture des marchés de l'énergie*

Direct Energie s'engage pour l'ouverture des marchés de l'énergie. Au sein de l'ANODE, association de fournisseurs alternatifs (voir 3.05, « les autres acteurs »), Direct Energie joue ainsi un rôle de leader. D'une part, Direct Energie participe à la définition des stratégies de lobbying des fournisseurs alternatifs. D'autre part, elle met son service juridique à disposition d'autres fournisseurs plus petits qui ne disposent pas nécessairement de son expertise.

Afin de faire évoluer la réglementation, Direct Energie a par exemple engagé une procédure contentieuse avec ERDF. Direct Energie estimait en effet exercer, pour le compte d'ERDF, un rôle de gestionnaire de clientèle. En effet, c'est Direct Energie qui est en lien avec les consommateurs d'énergie, y compris pour les questions de facturation de la part due au distributeur. Ce contentieux, gagné par Direct Energie, a abouti à ce que ERDF rémunère désormais Direct Energie pour ce service. Un accord en ce sens a été signé en octobre 2012. Il est applicable aux nouveaux fournisseurs.

De plus, après un contentieux et la décision du Comité de règlement des différends et des sanctions de la CRE, la part fourniture des impayés des clients de Direct Energie est à la charge de la société mais la part acheminement de ces impayés est à la charge d'ERDF.

II. Les fournisseurs verts

Certains fournisseurs entendent diversifier les offres d'énergie en proposant une énergie « verte ». Trois fournisseurs se distinguent dans cette catégorie : Planète Oui, Enercoop et Lampiris.

Planète Oui et **Enercoop** comptent environ 20 000 clients chacun. Ces fournisseurs ont adopté une stratégie de développement similaire quoiqu'elles se différencient sur l'approche générale. Les deux fournisseurs proposent des offres d'électricité verte. **L'offre Planète Oui est un peu moins chère que le tarif réglementé** pour les consommateurs en option base puisque ce fournisseur propose une réduction de 20% sur le prix de l'abonnement. Pour un client en 6kVA, la CRE déterminait (dans son observatoire du quatrième trimestre 2012) que les prix pratiqués par Planète Oui étaient ainsi 0,8% moins chers que les tarifs réglementés en vigueur. A contrario, **l'offre d'Enercoop y était calculée comme étant 27,5% plus chère**. Enercoop justifie ses tarifs moins compétitifs par une approche militante puisqu'il s'agit d'une « coopérative verte et solidaire ».

Les stratégies d'approvisionnement en électricité de Planète Oui et d'Enercoop sont toutefois très différentes et expliquent dans une certaine mesure cette différence de prix. Pour proposer des prix relativement bas, Planète Oui bénéficie du dispositif de l'ARENH, ce qui signifie que ce fournisseur achète de l'électricité d'origine nucléaire à EDF à un prix fixé par le gouvernement. En contrepartie, Planète Oui compense ses achats en électricité par des certificats de garantie d'origine. Autrement dit, à hauteur de la quantité d'électricité que ses consommateurs soutirent, Planète Oui doit être en mesure de présenter une quantité équivalente de garanties d'origine. Ces certificats attestent qu'une quantité équivalente d'énergie verte a été produite et injectée dans le réseau électrique. L'approche d'Enercoop est différente puisque ce fournisseur n'a pas choisi de bénéficier de l'ARENH. Il achète directement l'électricité qu'il fournit à des producteurs d'énergie renouvelable (solaire, éolien, hydraulique et biogaz).

Enercoop, dans le paysage des fournisseurs alternatifs **a donc une approche très spécifique**. Ce fournisseur fait payer l'électricité plus cher pour un **choix militant**. Sa stratégie de distribution repose sur un modèle associatif, un site internet et des antennes locales. Les consommateurs peuvent d'ailleurs choisir de devenir sociétaires (comme c'est le cas pour 60% d'entre eux). Le fournisseur n'a pas vocation à faire de bénéfices, les clients sont prêts à payer plus cher leur électricité et Enercoop ne fait pas face à des situations d'impayés. Enercoop occupe donc un créneau spécifique (un marché de niche) et viable.

Planète Oui propose une offre verte accessible au marché de masse (*mass market*). Cet effort de démocratisation de l'électricité verte touche aussi bien un public d'écologistes que de consommateurs attentifs à leur budget. La stratégie d'acquisition clients passe notamment par les partenariats avec les comparateur web comme Selectra, par une notoriété encore en construction et par des actions spécifiques comme le site "Planetmob" (mobilisation pour la planète) lancé pour inciter à la souscription d'offres respectueuses de l'environnement.

Dans le paysage des fournisseurs verts, Lampiris est un acteur d'un type différent. D'abord, c'est un fournisseur d'origine belge créé en 2003. Ensuite, c'est un fournisseur présent à la fois sur le marché de la **fourniture d'électricité et sur le marché de la fourniture de gaz naturel**. Il propose actuellement des offres de gaz naturel extrêmement compétitives. Il pourrait proposer des offres de gaz naturel compensées en émission de carbone dans les prochains mois. Enfin, il a l'ambition de devenir un acteur majeur du marché français de l'énergie à l'image de sa progression significative sur le marché belge. En Belgique, Lampiris a ainsi plus de 600 000 clients. L'entreprise a notamment connu un taux ce croissance de 55% en 2012 et dispose d'environ 9% de part de marché (gaz naturel) et 6,5% (électricité).

L'UFC-Que Choisir a organisé au cours de l'hiver 2013-2014 une opération d'achat groupé de gaz appelée « Gaz moins cher ensemble ». Seul fournisseur à avoir pris part à l'opération, Lampiris a proposé principalement aux consommateurs une réduction de 15,5% sur le prix du kWh HT des tarifs réglementés de GDF Suez de novembre 2013. Le succès de l'opération (142 000 inscrits qui ont débouché sur un peu moins de 71 000 souscriptions chez Lampiris) a renforcé la notoriété de ce fournisseur.

Les offres vertes et les fournisseurs verts

Les offres vertes ne sont cependant pas l'apanage des fournisseurs verts. Certains fournisseurs ne proposent que des offres vertes. De plus, des fournisseurs proposant des offres d'énergie non renouvelable peuvent aussi proposer des offres vertes. C'est par exemple le cas de Direct Energie (offre 100% Pur jus) ou encore d'Alterna (offre Idea vert). Généralement, ces offres sont compensées au moyen de certificats de garantie d'origine.

Les heures creuses et Planète Oui ou Enercoop

Ces deux fournisseurs d'électricité refusent le système des heures creuses. Enercoop ne les propose pas puisque ce fournisseur fait payer les heures creuses au prix des heures pleines. Quant à Planète Oui, si le fournisseur fait une distinction entre les heures pleines et les heures creuses, ces dernières sont plus chères que les heures creuses facturées dans le cadre des tarifs réglementés.

Ce refus des heures creuses par ces deux fournisseurs est assumé. Il a pour justification l'origine des heures creuses. Créées en 1965 en plein développement de la filière nucléaire française, le système des heures creuses tel qu'il a été construit par EDF est pensé pour inciter les consommateurs à consommer la nuit afin d'écouler une partie de la production du parc nucléaire français, laquelle ne peut pas être mise à l'arrêt (en effet, il n'est pas possible de mettre à l'arrêt une centrale nucléaire la nuit et de la redémarrer au matin). La position d'Enercoop et de Planète Oui sur les heures creuses est donc motivée par leur dénonciation du nucléaire.

3.02.3 Les fournisseurs étrangers proposant des offres en France

I. Introduction

Des fournisseurs historiques étrangers ont pénétré le marché français afin de développer des perspectives de croissance face à l'effritement de leurs parts de marché sur leur marché domestique.

Fournisseur	Origine	Particuliers		Professionnels	
ALPIQ	Suisse			X	
AXPO*	Suisse			X	
ENDESA**	Espagne				X
ENEL	Italie			X	
ENI	Italie		X		X
ENOVOS	Luxembourg			X	X
E.ON	Allemagne			X	X
GAS NATURAL	Espagne				X
GAZPROM ENERGY	Russie				X
IBERDROLA	Espagne			X	X
VATTENFALL	Suède			X	
VNG	Allemagne				X

Source : recherches internes, Selectra

* : aussi EGL ELEKTRIZITÄTSGESELLSCHAFT LAUFENBURG
** : ENEL détient 92% d'ENDESA

Les fournisseurs historiques étrangers présents sur le marché français proposent donc majoritairement des contrats de fourniture de gaz naturel, et orientent leur activité sur les professionnels. On note qu'aucun fournisseur historique étranger ne propose de fourniture d'électricité pour les particuliers (Lampiris est certes un fournisseur d'origine belge proposant de l'électricité pour les particuliers, mais il a été créé en 2003).

La stratégie de la plupart de ces fournisseurs étrangers est donc articulée autour de la vente d'une quantité importante d'énergie à un nombre restreint de clients. Ces ventes sont facilitées pour les compteurs d'électricité télérelevés (cas des compteurs de puissance supérieure à 250 kVA). Les fournisseurs font ce qu'on appelle un « profilage » et peuvent ainsi ajuster au mieux les quantités d'énergie qu'ils achètent pour leurs clients.

II. Eni et E.ON, deux fournisseurs étrangers avec de grandes ambitions sur le marché français

Au sein des différents fournisseurs historiques étrangers, deux acteurs se distinguent par leurs ambitions sur le marché de l'énergie français.

A. Eni : l'ambition du deuxième fournisseur de gaz naturel en France

A la différence des autres fournisseurs historiques étrangers présents sur le marché français, **eni propose non seulement des offres aux professionnels, mais aussi aux particuliers.**

C'est que le fournisseur historique d'origine italienne souhaite devenir un **acteur de poids** sur le marché du gaz français tant sur le segment professionnel que résidentiel. Fournissant 74,2 TWh de gaz naturel (chiffre 2011) à environ 220 000 clients (nombre de clients en 2013), Eni a acquis en quelques années une position de challenger des fournisseurs historiques sur le marché du gaz naturel français. Quatrième fournisseur en nombre de clients, il est le deuxième fournisseur (derrière GDF Suez) en quantité de gaz naturel fournie, ce qui le place donc devant EDF et Total Energie Gaz, pourtant présents sur le marché français depuis beaucoup plus longtemps (Total Energie Gaz, en particulier, est le fournisseur historique de gaz naturel à destination des clients raccordés au réseau de transport du quart sud ouest de la France).

Ces bonnes performances traduisent l'**ambition d'Eni de créer une marque nationale de référence au même titre que GDF Suez et EDF**. Cette ambition est supportée par une stratégie reposant sur des investissements massifs dans l'acquisition clients et la communication pour faire connaître la marque.

1) *Historique*

Eni bénéficie d'une **forte expertise sur les marchés des énergies fossiles**. Cette multinationale d'origine italienne est en effet présente sur les métiers du pétrole et du gaz. Il s'agit en particulier du fournisseur historique italien de gaz naturel.

L'effort d'Eni en France s'est dans un premier temps axé sur le déploiement d'un réseau de stations services de carburant (Agip). S'agissant du gaz naturel, le développement d'Eni s'est initialement orienté vers les industriels. Eni est ensuite progressivement monté au capital d'Altergaz, fournisseur alternatif orienté vers les particuliers et les petits professionnels, dans une perspective de se développer sur ces marchés. Après le rachat d'Altergaz en 2010, Eni a mis en œuvre une stratégie de *rebranding* de sa nouvelle filiale rebaptisée Eni gaz & power France S.A. Celle-ci commercialise depuis octobre 2012 ses offres sous la marque Eni[94].

2) *Stratégie*

Fort du rachat d'Altergaz, Eni a acquis une position très favorable sur le segment des particuliers. Cette position a été renforcée par des campagnes publicitaires en direction du grand public (affichage, journaux, télévision), plus axées sur la notoriété du groupe que sur l'acquisition de clients.

Afin d'augmenter son portefeuille de clients particuliers et petits professionnels, Eni s'appuie très largement sur une force de vente en porte-à-porte passant par une collaboration avec des entreprises spécialisées. Aux côtés de ce canal, Eni compte également sur sa notoriété en forte progression ainsi que sur ses partenaires web comme Selectra. Il a aussi recours à des stands en centres commerciaux.

Eni a augmenté de manière très significative son nombre de clients dans le courant de l'année 2013. Dans un entretien au magazine Capital en juillet 2013, Daniel Fava, directeur général adjoint d'Eni France, déclarait ainsi qu'en sept mois, le nombre de clients particuliers d'Eni France a augmenté de 35% pour s'établir à 230.000 clients grand public. Son objectif[95] est d'atteindre un portefeuille de 650.000 clients en 2016.

---

[94] Eni dispose de deux filiales en France. L'une commercialise les offres de fourniture de gaz naturel à destination des particuliers tandis que l'autre est orienté vers les professionnels. La marque Altergaz a été abandonnée.

[95] Tel que révélé en mai 2013 par Mauro Fanfoni, président directeur général d'Eni gas and power France.

Eni proposait aux particuliers, jusqu'à avril 2014, quatre types d'offres.

- L'offre Horizon apportait la garantie d'un prix pendant 3 ans, moyennant un prix de l'énergie plus cher que les tarifs réglementé le jour de la souscription.
- Les offres Oxygène et Préférence étaient des déclinaisons de l'offre Horizon, avec respectivement la compensation des émissions de CO_2 et la faculté de construire son offre à la carte.
- L'offre Essentiel, indexée sur les tarifs réglementés, inclut une réduction de 6% sur le prix hors taxe du kilowattheure de gaz naturel des TRV.

Cette gamme a subi un premier lifting, avec la disparition de l'offre Préférence le changement de nom de l'offre Oxygène, appelée par la suite Horizon Planète et la création d'une offre Horizon Assistance.

Si l'offre Essentiel a été conservée après avril 2014, le fournisseur a restructuré sa gamme d'offres à prix fixes à la lumière de l'évolution baissière des tarifs réglementés du gaz pendant le premier semestre de l'année 2014 : les offres « Astucio » ont remplacé les offres Horizon.

Les offres Astucio sont innovantes. Les offres à prix fixes traditionnelles ont l'inconvénient de ne pas faire profiter le consommateur des éventuelles baisses de tarifs. Au contraire, le prix d'Astucio est garanti sans augmentation pendant 3 années ; de plus, **en cas de baisse des tarifs réglementés, le prix de l'offre est réévalué à la baisse à la date anniversaire du contrat**.

La gamme Astucio se décline en 3 offres : Astucio eco (la moins chère), Astucio Planète (qui prend le relais d'Horizon Oxygène / Planète). Enfin, une offre Astucio Assistance inclut une assistance sur l'installation 24h/24 et 7j/7, proposée en partenariat avec Axa Assistance.

Direct Energie et Eni : en concurrence pour la position de *challenger* ?

Fournisseurs alternatifs d'énergie, Direct Energie et Eni ont pour ambition de devenir des **acteurs significatifs sur le marché de masse de l'énergie en France**. De ce fait, Eni se retrouve en concurrence frontale avec Direct Energie sur ce segment.

On a pu observer par le passé des mouvements tarifaires parallèles visant à s'aligner l'un juste en-dessous de l'autre. Eni proposant à la vente des offres à prix fixe (horizon), Direct Energie a développé des offres Esprit libre à prix fixe, en plus de ses offres indexées. De plus, Eni proposant une offre Essentiel avec une réduction de 6% sur le prix des tarifs réglementés en vigueur, Direct Energie a ajusté à la mi-2013 son offre Directe pour le gaz en portant la réduction à 6% (de 5%), avant de ré-ajuster la réduction de son offre à 5% et de créer un bonus pour les clients bi-énergies portant la réduction, dans ce cas, à 7%.

Le lancement d'Eni sur le marché français de l'électricité, probablement à court ou moyen terme, devrait achever de les placer en situation de concurrence frontale.

B. E.ON : une ambition sur l'électricité et le gaz naturel pour l'instant circonscrite aux professionnels

E.ON, fournisseur d'origine allemande ne propose des offres en France qu'à destination des professionnels. Contrairement à un nombre important de fournisseurs historiques étrangers présents sur le territoire français, E.ON propose à la fois des offres de fourniture d'électricité et de gaz naturel. En 2011, E.ON a assuré la fourniture de 10,1 TWh d'électricité et de 4,8 TWh de gaz naturel.

Si ce fournisseur se concentre sur les professionnels consommant une grande quantité d'énergie, il a vocation à se développer sur le segment des petits professionnels. Il n'est de plus pas impossible qu'E.ON propose un jour des offres à destination des particuliers, ce fournisseur étant par exemple présent sur le *mass market* en Espagne.

3.02.4 Autres cas

D'autres acteurs existent sur le marché de la fourniture d'énergie en France.

Parmi ces acteurs, se développent quelques fournisseurs dédiés à la satisfaction de la consommation d'une entreprise. C'est par exemple le cas de Solvay Energie. Ce groupe ayant des besoins très importants en énergie, il a créé une filiale spécifique qui est chargée de ses achats sur les marchés de l'électricité et du gaz naturel. Ce mode de gestion est assez inédit.

Fournisseur de gaz propane (GPL), Antargaz développe son activité sur le marché du gaz naturel. Il propose en effet des offres de gaz naturel pour les particuliers et les professionnels. De plus, Antargaz a participé à des appels d'offres afin d'obtenir la concession de la distribution du gaz naturel dans des communes qui ne bénéficiaient pas de tel réseau.

D'autres nouveaux entrants sont également présents sur le marché de l'énergie français.

Edenkia est un fournisseur spécialisé dans la fourniture des immeubles de bureaux raccordés en haute tension (> 250 kVA). Depuis 2012, il s'agit d'une filiale à 100% du groupe Proxiserve, leader des services à l'habitat en France.

Enfin, Gaz européen a été créé par Gaz de Paris, acteur présent auprès des copropriétés d'Île-de-France depuis 1949. Il propose des offres à destination des professionnels, copropriétés et collectivités.

Section 3.03 Les acheteurs

3.03.1 Les différents segments du marché de détail de l'énergie en France

Au sein des marchés de l'électricité et du gaz, différents types de population doivent être distingués selon différents critères :

- Le type de **client** : particulier ou professionnel ;
- Le type d'**énergie** : gaz ou électricité ;
- La **quantité** d'énergie consommée ;
- Le réseau de distribution concerné.

Ainsi, on peut distinguer 8 segments de marchés (qui sont repris dans la typologie de la CRE) :

- S'agissant de l'électricité :
  - Au sein du réseau de distribution ERDF :
    1) Le segment des clients résidentiels (c'est-à-dire des clients éligibles au tarif bleu résidentiel) ;
    2) Le segment des petits clients professionnels (c'est-à-dire des clients éligibles au tarif bleu professionnel) ;
    3) Le segment des moyens et grands clients professionnels (c'est-à-dire des clients éligibles aux tarifs jaune et vert) ;
  - Hors du réseau de distribution ERDF :
    4) Le segment des clients raccordés à des entreprises locales de distribution (ELD) ;
- S'agissant du gaz :
  - Au sein du réseau de distribution GrDF :
    5) Le segment des clients résidentiels ;
    6) Le segment des clients non résidentiels raccordés au réseau de distribution (qui peuvent être des petits, moyens ou grands professionnels) ;
    7) Le segment des clients non résidentiels raccordés au réseau de transport (très grosses industries) ;
  - Hors du réseau de distribution GrDF :
    8) Le segment des clients raccordés à des entreprises locales de distribution (ELD).

Ainsi, de manière agrégée, on peut distinguer 3 types de segments ; chacun de ces segments étant spécifique :

- Le segment des clients résidentiels (électricité et gaz) raccordés au réseau de distribution d'ERDF ou de GrDF
- Le segment des clients professionnels (électricité et gaz) raccordés au réseau de distribution d'ERDF ou de GrDF ou au réseau de transport
- Le segment des clients raccordés à un réseau de distribution géré par une ELD

		ELECTRICITE				
Type de sites		Sites résidentiels		Petits sites non résidentiels	Moyens sites	Grands sites non résidentiels
Type d'installation, d'option[96], d'utilisation et de tarif		Basse tension (BT)			Haute tension (HTA)	Haute tension B (HTB)
		Base, HPHC	Tempo, EJP			
Puissance souscrite / Consommation annuelle		Ps ≤ 36 kVA		Ps ≤ 36 kVA	Non résidentiels 36 kVA < Ps < 250 kVA	Ps ≥ 250kVA
Nb.	Total	36,2 millions de sites – 435,1 TWh				
	Sites	31,2 millions		4,5 millions	442 000	41 000
	Conso.	154 TWh		44 TWh	60 TWh	178 TWh
	%Sites	86,3%		12,4%	1,2%	0,1%
	%Conso.	35%		10%	14%	41%
Concurrence ?		Oui	Non	Oui	Oui	Oui
Réseau		Distribution (ERDF ou une ELD)				Transport (RTE)
Tarifs réglementés?		Oui (bleu)		Oui (bleu)	Oui (jaune), jusqu'au 31/12/2015	Oui (vert), jusqu'au 31/12/2015
Tarif réglementé		91%		85%	95%	85% du nombre de sites mais 41,5% en volume
État du « marché libre » : Nom du fournisseur (parts de marché en nombre de sites – parts de marché en quantité de gaz[97]		• GDF Suez/CNR (69% – 69%) • Direct Energie (29% – 29%) • Autres		• EDF (40% – 48%) • GDF Suez/CNR (32% – 25%) • Direct Energie (27% – 25%) • Autres	• EDF (84% — 45%) • GDF Suez / CNR (6% — 11%) • Alpiq (*NS* – 8%) • EON/SNET (*NS* – 8%) • ENEL (*NS* – 8%) • Autres	

Sources des données : CRE, Observatoire du marché de détail, 2e trimestre 2014

Sources des données pour l'état du marché libre : CRE, *rapport 2012-2013 sur le fonctionnement des marchés de détail de l'électricité et du gaz naturel*

[96] Dans le tableau, les options n'apparaissent que pour le segment des sites résidentiels.
[97] *NS* = non significatif

	GAZ								
Type de sites	Sites résidentiels		Sites non résidentiels raccordés au réseau de distribution						Sites non résidentiels raccordés au réseau de transport
Type d'installation, d'option, d'utilisation et de tarif[98]	**Option tarifaire**[99] **T1**		**T2**		**T3**•		**T4**	**TP**	
	Cuisson	Eau chaude	Chauffage individuel	Petite chaufferie	Grandes chaufferies		Industriels		
	Base	B0	B1	B2I	B2S	TEL	S2S		STS
Puissance souscrite / Consommation annuelle	Moins de 6 MWh/an		Entre 6 et 300 MWh/an		Entre 0,3 et 5 GWh/an		Plus de 5 GWh		
Nb. – Total	11,3 millions de sites – 467 TWh								
Nb. – Sites	10,6 millions		670 000						1 000
Nb. – Conso.	125 TWh		180 TWh						162 TWh
Nb. – %Sites	94%		6%						0,01%
Nb. – %Conso.	27%		39%						35%
Concurrence ?	Oui								
Réseau	Distribution (GrDF ou une ELD)								Transport (GRTgaz ou TIGF)
Tarifs réglementés?	Oui		Oui	Extinction progressive entre 2014 et 2016					
Tarif réglementé	72%		47% des sites mais 31% de la consommation						< 1%
État du « marché libre » : Nom du fournisseur (parts de marché en nombre de sites – parts de marché en quantité de gaz)[100]	EDF (46% – 43%) GDF Suez (30% – 33%) eni (11% – 13%) Direct Energie (12% – 10%) Autres.		GDF Suez (45% – 33%) eni (10% – 25%) ; Total Energie Gaz (*NS* – 10%) EDF (34% – 10%) Direct Energie (29% – 29%) Gaz Natural (*NS* – 5%) Endesa Energia (*NS* – 3%) Autres						GDF Suez (45% – 33%) eni (10% – 25%) Total Energie Gaz (*NS* – 10%) EDF (34% – 10%) Direct Energie (29% – 29%) Gaz Natural (*NS* – 5%) Endesa Energia (*NS* – 3%) Autres

Sources des données : CRE, Observatoire du marché de détail, 2e trimestre 2014

Sources des données pour l'état du marché libre : CRE, *rapport 2012-2013 sur le fonctionnement des marchés de détail de l'électricité et du gaz naturel*

[98] Ne sont retranscrits que les principaux tarifs réglementés du gaz ; toutefois, d'autres tarifs existent.
[99] Option tarifaire GrDF
[100] *NS* = non significatif

3.03.2 Différents types d'acheteurs

Il existe différents types d'acheteurs d'électricité et de gaz naturel. On distingue, sur le marché de détail, notamment des acheteurs particuliers, professionnels et publics.

Les acheteurs professionnels peuvent se décomposer en différentes catégories : petits professionnels (TPE, PME, artisans, commerçants, professions libérales), professionnels de taille moyenne, professionnels de taille importante (entreprises) ou encore acheteurs publics. En outre, il existe deux statuts spécifiques pour les professionnels pour lesquels l'électricité ou le gaz représente une part importante de la valeur ajoutée du produit qu'ils commercialisent par la suite : les électro-intensifs et les gazo-intensifs. Ce statut spécifique a été reconnu par la loi du 16 juillet 2013 pour les gazo-intensifs.

Enfin, des acheteurs peuvent se regrouper. On parle d'achats groupés d'énergie ou de consortiums.

I. Le segment des clients résidentiels (électricité et gaz) et petits professionnels (électricité)

Le segment des clients résidentiels, à la fois pour l'électricité et pour le gaz, est encore peu ouvert aux offres de marché, ce qui peut s'expliquer par le maintien de tarifs réglementés (aucune date de suppression n'a été fixée), le niveau assez bas de ces tarifs et par les différences de prix assez faibles entre les fournisseurs (voir *supra*). Encore 91% des logements sont ainsi desservis par le fournisseur historique dans le cadre des tarifs réglementés sur le marché de l'électricité.

Sur ce segment, autant pour l'électricité que pour le gaz, on constate que malgré la pléthore de fournisseurs alternatifs présents sur le marché « libre » de l'électricité et de gaz, seul un petit nombre de fournisseurs alternatifs a atteint, à ce jour, un nombre de clients significatif.

Les fournisseurs historiques sont en fait très actifs. Ceux-ci le sont sur leur marché non historique (c'est-à-dire GDF Suez pour l'électricité et EDF pour le gaz) puisqu'ils y occupent une place importante : **64% des offres de marché électriques sont ainsi captées par GDF Suez et 43% des offres de marché du gaz le**

sont par EDF. Cependant, les fournisseurs historiques sur leur marché historique sont inégalement actifs. Ainsi, sur le marché libre de l'électricité, EDF est peu actif s'agissant des clients résidentiels tandis que GDF Suez a une part de marché importante sur le marché libre du gaz pour le segment résidentiel.

Dès lors, seule une faible marge est laissée pour les fournisseurs alternatifs. De fait, trois d'entre eux se distinguent de la multitude de fournisseurs alternatifs : Direct Energie, Eni et Lampiris.

II. Le segment de marché des moyens et gros professionnels (électricité) et des professionnels (gaz)

Les rapports de force sont sensiblement différents sur le segment des marchés de l'électricité et du gaz consacré aux moyens et gros clients professionnels. Sur ce marché, **c'est davantage la part de marché en termes de quantité d'énergie fournie qui est signifiante plus que celle en termes de nombre de clients ;** en effet, le but des fournisseurs sur ce segment est d'assurer la livraison de l'énergie pour des entreprises très consommatrices. Le fournisseur minimise généralement ses coûts de gestion de clients puisqu'il en a peu pour se concentrer sur la partie approvisionnement d'énergie afin de la proposer au meilleur prix et d'obtenir des contrats importants.

La deuxième différence notable est que **les deux freins au développement des offres de marché sur le segment de marché des petits consommateurs évoqué plus haut n'existent pas s'agissant des gros consommateurs**. En effet, les tarifs réglementés doivent progressivement disparaître (en ce qui concerne l'électricité, leur disparition est programmée au 31/12/2015). De plus, les prix ont très nettement augmenté sur ce secteur (même s'ils restent en-deçà des prix moyens pratiqués en Europe), ce qui donne un intérêt particulier aux offres de marché. **51% de la consommation électrique pour les consommateurs moyens et très grands est ainsi satisfaite par des offres de marché** d'après la CRE. Par ailleurs, **seulement 7% de la consommation en gaz des industries raccordées au réseau de transport** (ce sont les industries les plus consommatrices de gaz) **est satisfaite par des offres réglementées**.

On constate que, sur le segment moyen et gros professionnels du marché libre de l'électricité et du gaz, **le fournisseur historique reste prédominant** ; EDF a ainsi 84% de part de marché sur le marché libre électrique en termes de nombre de clients et 52% des parts de marché en termes de consommation. De même, GDF Suez a entre 37% et 48% des parts de marché en nombre de clients selon le segment du marché libre de gaz (clients raccordés au réseau de distribution ou de transport) et assure entre 32% et 40% de la consommation.

S'agissant du marché de l'électricité, les autres fournisseurs sont en fait des **fournisseurs historiques étrangers** ALPIQ (Suisse), E.ON/SNET (Allemagne), ENEL (Italie), VATTENFALL (Suède).

S'agissant du marché du gaz, les principaux fournisseurs du segment non résidentiel du marché libre (hors EDF et GDF Suez) sont **Eni** et **Total Energie Gaz** pour tous les clients. E.ON Energie et Gas Natural ont des parts de marché significatives sur le segment de marché des clients raccordés au réseau de transport (c'est-à-dire les plus gros consommateurs de gaz).

Section 3.04 La puissance publique

En raison de leur importance stratégique, les domaines de l'électricité et du gaz sont régulés par des acteurs divers.

La **Commission de régulation de l'énergie** (CRE) est le premier de ces régulateurs. Elle est chargée de s'assurer du bon fonctionnement notamment du marché de l'électricité et du gaz naturel en France tant s'agissant du marché de détail que du marché de gros.

Le **médiateur de l'énergie** a un rôle plus spécifique. Il a pour mission, notamment, d'aider les consommateurs d'électricité et de gaz naturel en facilitant l'émergence de solutions lorsqu'ils sont confrontés à un problème avec leur fournisseur d'énergie.

Enfin, l'État et les collectivités territoriales conservent un rôle important. **L'État** est présent au capital de certains acteurs du marché de l'énergie en France. De plus, il dispose de certaines prérogatives en matière de fixation des tarifs réglementés par exemple. Même si, de plus en plus, cette prérogative se transforme en un pouvoir de veto, l'État demeure ainsi un acteur significatif du marché de l'énergie en France. Les **collectivités territoriales** sont un autre acteur majeur du dispositif. Propriétaire des réseaux de distribution d'électricité et de gaz naturel, les communes (ou leurs établissement publics de coopération intercommunale – EPCI) en concèdent l'exploitation à des prestataires[101] ou assurent elles-mêmes cette mission de service public par le biais d'une régie ou une société d'économie mixte. De fait, si elles ont longtemps joué un rôle discret, elles se sont nouvellement saisies de leurs prérogatives et leur poids semble s'accroître.

[101] De 1946 à l'ouverture des marchés de l'électricité et du gaz naturel à la concurrence, EDF Gaz de France Distribution était la seule société à pouvoir être concessionnaire de la distribution d'électricité et de gaz.

3.04.1 La Commission de régulation de l'énergie

Créée le 24 mars 2000, la Commission de régulation de l'énergie est une **autorité administrative indépendante** (c'est-à-dire que c'est une autorité publique mais indépendante du gouvernement) chargée de la **régulation des réseaux et du marché de l'électricité et du gaz**.

I. Fonctions

Ces fonctions sont définies par la loi du 7 décembre 2006 :

Réguler les réseaux d'électricité et de gaz	Réguler les marchés d'électricité et de gaz
• Garantir le droit d'accès aux réseaux publics d'électricité et aux réseaux et installations de gaz naturel • Veiller au bon fonctionnement et au développement des réseaux et infrastructures d'électricité et de gaz naturel • Garantir l'indépendance des gestionnaires de réseaux • Contribuer à la construction du marché intérieur européen de l'électricité et du gaz	• Surveiller les transactions effectuées sur les marchés d'électricité, de gaz naturel et de CO_2 • Veiller au bon fonctionnement des marchés de détail • Concourir à la mise en œuvre des dispositifs de soutien à la production d'électricité et à la fourniture d'électricité et de gaz • Informer l'ensemble des consommateurs

Source : loi du 7 décembre 2006

II. Pouvoirs

Elle dispose, à ces fins, de pouvoirs multiples :

- Pouvoirs de **décision**, d'**approbation** ou d'**autorisation** – gestion des réseaux, proposition de fixation de la CSPE (contribution au service public de l'électricité), etc. ;
- Pouvoirs d'**instruction** et de **sanction** :

- Information et pouvoirs d'enquête auprès des acteurs du secteur,
- Règlements de différends et sanctions s'agissant de l'accès aux réseaux d'électricité et de gaz au sein du Comité de règlement des différends et des sanctions (CoRDiS) ;
- Ainsi que différents pouvoirs de **proposition** ou de nature **consultative** – mesures tarifaires, ARENH (accès régulé à l'électricité nucléaire historique), instruction des appels d'offres en matière de production d'électricité, etc.

Les principaux tarifs de l'énergie régulés par la CRE

En amont	>>>	En aval
Production	**Acheminement (transport et distribution)**	**Fourniture**
• Tarif de l'**ARENH** (achat de l'électricité par les fournisseurs alternatifs à un prix régulé), • Tarif de **Cession** (achat de l'électricité par les entreprises locales de distribution pour la fourniture des clients ayant souscrit aux tarifs réglementés).	• **TURPE** (distribution et transport de l'électricité), • **ATRD** (distribution du gaz), • **ATRT** (transport du gaz), • **ATTM** (arrivée du gaz dans les terminaux méthaniers).	• **Tarifs réglementés** de fourniture d'électricité et de gaz naturel.

Source : recherches internes, Selectra

III. Composition

La CRE est composée d'un collège de **cinq commissaires** nommés en raison de leurs qualifications dans les domaines juridique, économique et technique. Le président du collège ainsi que deux membres sont nommés, respectivement pour 6 et 2 ans, par décret du président de la République après avis des commissions du Parlement compétentes en matière d'énergie. Les deux autres membres sont nommés pour 4 ans, respectivement par le Président de l'Assemblée nationale et le Président du Sénat. Son président actuel est Philippe de Ladoucette.

3.04.2 Le médiateur national de l'énergie

Un médiateur national de l'énergie a été créé par la loi du 7 décembre 2006. « Autorité administrative indépendante », il dispose de pouvoirs administratifs mais jouit d'une large autonomie, ce qui garantit son impartialité. Le médiateur de l'énergie actuel est Denis Merville.

I. Le médiateur a deux rôles

A. Un rôle d'information

Il est chargé de **participer à l'information des consommateurs sur leurs droits.** Pour ce faire, le médiateur de l'énergie a créé le site internet energie-info.fr. Ce site explique le fonctionnement pour les consommateurs du marché de l'énergie, présente leurs droits et explique les démarches à suivre dans une logique d'information. De plus, il permet de lister les fournisseurs disponibles pour chacune des catégories de consommateurs en fonction du lieu d'habitation et comporte un comparateur d'offres en ligne.

B. Un rôle de médiation

Il **assiste les consommateurs en situation de litige avec les fournisseurs d'électricité et de gaz** en recommandant des solutions. A cette fin, il peut être saisi dès lors que le consommateur a conclu un contrat avec un fournisseur et que le fournisseur et le consommateur sont dans une situation de litige. Le consommateur doit donc, avant de pouvoir faire appel au médiateur, saisir son fournisseur d'une réclamation écrite. C'est seulement dans la mesure où la réclamation n'a pas permis de régler le différend né de l'exécution du contrat dans un certain délai que le fournisseur et le client se trouvent dans une situation de litige. Alors, le consommateur peut saisir le médiateur. Le recours au médiateur est gratuit.

Toutefois, le médiateur ne peut être saisi que des litiges entre un fournisseur et un consommateur. Aussi, les litiges concernant l'utilisation des réseaux publics de distribution relèvent-ils non pas du médiateur mais de la Commission de régulation de l'énergie. De plus, le médiateur n'est pas compétent pour les litiges relatifs à la formation du contrat (exemple : pratiques commerciales abusives).

En 2012, le médiateur a reçu 15 720 réclamations. 94% des dossiers entrant dans le champ de compétences du médiateur ont été résolus ou ont fait l'objet d'une recommandation. En moyenne, le consommateur a obtenu 519 euros après recommandation.

Schéma de saisine du médiateur :

1) le consommateur saisit son fournisseur d'une réclamation ;
2) le fournisseur ne lui donne pas satisfaction ou ne donne pas de réponse dans les deux mois suivant sa réclamation ; un litige nait donc entre le fournisseur et le consommateur ;
3) le consommateur peut alors saisir le médiateur de l'énergie ; le médiateur a deux mois pour lui répondre ;
4) une fois la décision du médiateur rendue, le fournisseur dispose de deux mois pour l'appliquer.

Source : Rapport d'activité du médiateur national de l'énergie 2012

II. Fonctionnement

A. Nomination

Le médiateur national de l'énergie est nommé par le ministre chargé de l'énergie et le ministre chargé de la consommation pour une durée de six ans. La loi prévoit que son mandat n'est « ni révocable, ni renouvelable » et qu'il rend compte de son activité au Parlement.

Aussi, le médiateur ne peut-il être démis de ces fonctions par le gouvernement. Ne pouvant être renouvelé dans son poste à l'expiration de son mandat, il n'est pas dans une logique de carrière. C'est la raison pour laquelle on dit qu'il est ***indépendant***. Cette indépendance est très importante dans la mesure où elle lui donne la légitimité nécessaire pour assurer ses fonctions de manière impartiale.

B. Autonomie

Le médiateur dispose d'une large autonomie. Il a autorité sur ses services. Il dispose de plus de la personnalité morale et l'autonomie financière. C'est le médiateur qui propose son budget, lequel est

arrêté par les ministres concerné. Son budget est abondé par une partie du produit de la Contribution au service public de l'électricité (CSPE) et de la Contribution au Tarif Spécial de Solidarité Gaz (CTSSG).
En 2012, le budget du médiateur a été fixé à 6,7 millions d'euros, dont 3 millions de charges de personnel, pour environ 46 personnes.

3.04.3 Les collectivités territoriales

Les collectivités territoriales sont un **acteur clé** de la distribution d'électricité et gaz naturel.

Le rôle des collectivités territoriales a été central dès les débuts du développement des réseaux d'électricité et de gaz naturel. La Loi du 15 juin 1906 sur les distributions d'énergie établissait ainsi le principe selon lequel les collectivités territoriales sont les autorités concédantes des réseaux de distribution (voir partie sur les réseaux de distribution). Créée en 1934, la **Fédération Nationale des Collectivités Concédantes et Régies** (FNCCR) regroupe d'ailleurs les collectivités qui organisent les services d'énergie, d'eau et d'assainissement, de gestion et traitement des déchets. Cinq cent collectivités, établissements publics de coopération intercommunale et régies en sont aujourd'hui membres. Cette association témoigne du rôle spécial des collectivités territoriales dans le développement de ces services publics locaux.

Pourtant, suivant la création d'EDF et de GDF en 1946, le développement des réseaux électriques et gaziers a pris une dimension davantage nationale alors même que les collectivités territoriales ont conservé d'importantes prérogatives. En effet, elles disposent du pouvoir concédant et de la maîtrise d'ouvrage des investissements sur leurs réseaux de distribution. De plus, certaines entités ont échappé à la loi de nationalisation.

Depuis les années 1980, on constate toutefois que le rôle des collectivités territoriales dans le secteur de l'électricité et du gaz s'est accru. D'une part, les compétences des collectivités ont été renforcées dans le contexte de la décentralisation. D'autre part, les collectivités territoriales se sont davantage saisies de leurs prérogatives. En 1992 et 1994, par exemple, des négociations entre, respectivement, la FNCCR et EDF et la FNCCR et GDF ont abouti à la rédaction d'un nouveau modèle de contrat de concession. Ces dernières années, les collectivités territoriales ont ainsi réaffirmé leur rôle majeur dans la distribution de l'énergie. Elles s'efforcent de s'assurer de la qualité de la distribution de l'énergie et contrôlent davantage le concessionnaire. Dans un livre blanc[102] publié en octobre 2011, la FNCCR exprimait ainsi le souhait que les attributions des autorités concédantes soient renforcées.

---

[102] Livre blanc « Quel mode de gestion pour les services publics locaux de l'électricité ? », FNCCR, octobre 2011

Le tableau ci-dessous récapitule les rôles respectifs des collectivités et du concessionnaire. (NB : une collectivité peut aussi décider d'exploiter elle-même un réseau de distribution en optant pour un fonctionnement en régie ; c'est cette faculté qui a donné naissance aux ELD).

Rôles du **concédant** (les collectivités territoriales)	Rôle du **concessionnaire** (par exemple, ERDF)
Veille au respect des engagements du contrat (qualité et continuité de la fourniture d'électricité, maintien en bon état du patrimoine et le renouvellement des réseaux, etc).	**Gestion** du réseau (acheminement de l'énergie, exploitation, entretien et développement des réseaux, dépannage, relève des compteurs, déplacement des ouvrages).
A cette fin, le syndicat établit des **rapports de contrôle**.	Le concessionnaire doit remettre au concédant un **compte rendu de ses activités**.

Source : recherches internes, Selectra

Même si, juridiquement, ce sont les communes qui possèdent le réseau de distribution d'électricité (et de gaz naturel, lorsqu'il y en a un), celles-ci ont la possibilité de déléguer le pouvoir d'organisation du service et de contrôle de la distribution à un syndicat. Cette faculté est utile car elle permet de mutualiser entre les communes les capacités d'expertise. Des syndicats départementaux regroupent ainsi généralement les collectivités, dans un département donné et sont l'interlocuteur principal du distributeur dans ce département.

Pourtant, le rapport annuel de la Cour des comptes 2013 pointait le grand nombre et la grande hétérogénéité des autorités concédantes malgré l'incitation à leur regroupement par l'article 33 de la loi du 7 décembre 2006. Ainsi, selon le rapport, existe-t-il 736 concessions dont 537 communales et 199 intercommunales. Seuls 55 départements disposent d'un syndicat unique.

Un exemple : le syndicat d'électricité de l'Oise.

Un syndicat d'électricité de l'Oise a été créé en 1995. Il s'agit d'une autorité concédante : ce syndicat gère les relations de ses communes membres avec ERDF. De même, il existe un Syndicat intercommunal pour le gaz et l'électricité en Île-de-France. Une partie des communes de l'Oise avait opté pour le modèle des ELD et leurs communes ne sont donc pas membres de ce syndicat. Le syndicat d'électricité de l'Oise regroupe toutes les communes de l'Oise dont le réseau de distribution d'électricité est exploité par ERDF. De plus, les communes peuvent transférer la compétence de maitrise d'ouvrage au syndicat.

Le syndicat d'électricité de l'Oise a par exemple conclu au nom des collectivités, le 27 février 1996, un contrat de concession avec ERDF pour lui confier la gestion et l'exploitation des réseaux pour 30 ans.

3.04.4 L'État

I. L'Etat : une dépolitisation progressive du marché de détail de l'énergie

Le rôle de l'État dans le développement du système électrique et gazier en France a été important quoique non fondateur. L'électrification – et, plus généralement, le développement des réseaux d'électricité et de gaz naturel en France – a pour une large mesure reposé, jusqu'à 1946, sur les collectivités territoriales, les sociétés privées, et les consommateurs. Ces derniers ont largement financé l'électrification du pays via le Fonds d'amortissement des charges d'électrification (FACE). Au niveau local, certains consommateurs se sont par ailleurs unis afin de créer des coopératives pour électrifier les territoires ruraux (exemple des SICAE créées par des agriculteurs au début du XXème siècle). C'est après 1946 que le rôle de l'État s'est considérablement accru. En nationalisant le secteur électrique et gazier et en en confiant l'exploitation à des établissements publics, l'État a de fait occupé une place centrale dans ce secteur. De manière éclatante, ce rôle de l'État a favorisé la construction de réseaux de transport intégrés et, s'agissant de l'électricité, le développement d'une filière de production novatrice : le nucléaire. De plus, l'État fixant les tarifs de vente de l'électricité et du gaz naturel, il est devenu un acteur central aux yeux des consommateurs.

L'ouverture à la concurrence des marchés de l'énergie modifie toutefois en profondeur le rôle de l'État. Ses rapports avec les acteurs de l'énergie sont de nature plus distendue. GDF Suez n'est par exemple plus majoritairement détenu par l'État, même si EDF le reste. L'extinction des tarifs réglementés pour les professionnels à la fin 2015 conduit à ce que l'État ne pourra plus fixer les tarifs de vente de l'électricité pour les professionnels aujourd'hui éligibles à ces tarifs. De plus, s'agissant des particuliers pour lesquels les tarifs réglementés sont maintenus, leur fixation est progressivement déléguée à un acteur public autonome : la CRE.

Aussi, si l'État est toujours très présent dans le domaine de l'énergie, son rôle effectif change. D'un acteur, il devient davantage un partenaire susceptible de fixer un cadre et des orientations, comme par exemple s'agissant du développement des énergies renouvelables.

II. L'action de l'Etat

L'action de l'Etat dans le domaine de la politique énergétique est assurée par des administrations et des opérateurs.

A. L'administration

Au niveau national, l'administration en charge de l'énergie est la Direction générale de l'énergie et du climat (DGEC). Son action est relayée au niveau local par des directions régionales de l'environnement, de l'aménagement et du logement (DREAL). La DGEC est placée sous la tutelle du Ministère de l'Écologie, du Développement durable et de l'Énergie. Il dispose de pouvoirs variés : fixation des tarifs réglementés de vente (voir détail en partie 2) ou encore délivrance de l'autorisation de fourniture de gaz.

Au niveau local et en ce qui concerne l'énergie, les DREAL sont par exemple chargées du développement des moyens de production d'énergie renouvelable (renouvellement des concessions hydroélectriques, développement de l'éolien) ou encore de suivre les projets ayant trait au stockage souterrain. A cette fin, chaque DREAL élabore un Schéma régional climat – air – énergie (SRCAE). Par exemple, le SRCAE 2020-2050 de la région Picardie mis en place par la DREAL, en collaboration avec le Conseil régional et l'ADEME, ambitionne de faire de la Picardie la « première région éolienne de France » en installant d'ici à 2020 2800 MW de puissance éolienne.

B. Les opérateurs de l'Etat

En complément de l'action de l'Etat, des opérateurs de l'Etat contribuent à assurer la politique énergétique française. Ces opérateurs de l'Etat sont des « organismes dotés de la personnalité morale et juridiquement distincts des services des ministères ». La DGEC exerce une tutelle sur ces établissements.

Les principaux opérateurs de l'Etat exerçant des missions en lien avec l'énergie

Type	Régime	Nom
Recherche	EPIC	IFP Energies nouvelles IRSN – Institut de radioprotection et de sûreté nucléaire CEA – Commissariat à l'énergie atomique et aux énergies alternatives
Prévention des risques	EPIC	INERIS – Institut national de l'environnement industriel et des risques (répertoire des réseaux souterrains) ADEME – Agence de l'environnement et de la maîtrise de l'énergie
Energie	EPIC	ANDRA – Agence nationale pour la gestion des déchets radioactifs
	EPA	ANGDM – Agence nationale pour la garantie des droits des mineurs

EPIC (établissement public à caractère industriel et commercial) – EPA (établissement public à caractère administratif)

Source : Liste des principaux opérateurs - PLF 2013 - performance-publique.budget.gouv.fr

NB : la CRE n'est pas un opérateur de l'Etat car c'est un organisme, certes public, mais *indépendant*.

Section 3.05 Les autres acteurs

3.05.1 Les divers organismes de réflexion

Plusieurs associations professionnelles réunissent des acteurs importants du marché de l'électricité et du gaz. La liste ci-dessous n'est pas exhaustive.

- L'**Union Française de l'Electricité** (UFE) est une association professionnelle réunissant les employeurs du secteur électrique et gazier en France. Elle est membre du MEDEF et d'**Eurelectric**, l'association européenne des électriciens ;
- Une **Association nationale des opérateurs détaillants en énergie** (ANODE) regroupe cinq des principaux fournisseurs alternatifs de France (Eni, Gaz de Paris, Lampiris, Planète OUI et Direct Energie). Il s'agit d'un forum utile qui permet à ces différents fournisseurs d'échanger sur leurs préoccupations communes et de mettre en commun certaines ressources (via l'ANODE, les fournisseurs alternatifs de petite taille peuvent par exemple bénéficier de l'expertise juridique de fournisseurs de taille plus importante comme Direct Energie) ;
- Une **Association Française Indépendante de l'Electricité et du Gaz** (AFIEG) regroupe des fournisseurs historiques étrangers présents en France (Alpiq et BKW – fournisseurs historiques Suisse, Enel – fournisseur historique italien, E.On – fournisseur historique allemand, Vattenfall – fournisseur historique suédois, Enovos – fournisseur historique luxembourgeois et Novawatt – producteur français d'électricité. Elle s'est substituée à l'AFELINS, créée en 2008.
- La diversité des ELD est reflétée par les nombreuses associations qui en regroupent les différents types, comme l'**Union Nationale des Entreprises d'Electricité et de Gaz** (UNELEG) – membre de l'UFE, la **Fédération Nationale des Sociétés d'Intérêt Collectif Agricole d'Electricité** (FNSICAE), l'**Association Nationale des Régies de services publics et des Organismes constitués par les Collectivités locales ou avec leur participation** (ANROC), le **Syndicat professionnel des Entreprises locales d'énergie** (ELE) ou encore, au niveau européen, la **Confédération européenne des distributeurs d'énergie publics communaux** (CEDEC).

Divers organismes nationaux existent par ailleurs :

- Le **Conseil Supérieur de l'Energie** (CSE) est un organisme chargé de conseiller le Ministère en charge de l'énergie ;

- Le Fonds de Péréquation de l'Electricité (FPE) et le Fonds d'Amortissement des charges d'électrification (FACE) ;
- Le Comité Technique de l'Electricité (CTE) ;

D'autres acteurs existent enfin, comme **EUROP'ENERGIES,** une publication créée en juin 2002 par la société PETROSTRATEGIES. Elle a pour but d'être utile aux acheteurs d'électricité et de gaz et, plus généralement, aux acteurs du marché de l'énergie au sens large.

L'Agence de coopération de régulation de l'énergie réunit, au niveau européen, les différentes agences nationales en charge de la régulation de l'énergie au niveau national.

Enfin, ENTSO-E European Network of Transmission System Operators for Electricity (ENTSO-E) est une association réunissant tous les gestionnaires de réseau de transport européens.

3.05.2 Les comparateurs

I. Simuler et comparer sa consommation

Des comparateurs d'offres d'électricité et de gaz naturel ont fait leur apparition sur Internet. Ils informent le consommateur et lui permettent d'obtenir une simulation personnalisée.

Le consommateur peut estimer sa consommation d'électricité et/ou de gaz naturel. Puis, il peut calculer le prix TTC qui lui serait facturé chez les différents fournisseurs.

Selon le profil de consommation d'un client, l'ordre de compétitivité des offres est en effet susceptible de changer. De plus, pour le gaz, le prix du kWh dépend de la zone tarifaire dont relève le logement.

II. Les principaux comparateurs

En août 2014, on distingue deux principaux comparateurs.

Selectra, qui a permis la rédaction de cet ouvrage, est le premier comparateur des offres des fournisseurs d'électricité et de gaz en France, et plus généralement le premier groupe d'information du consommateur sur l'énergie sur le web, avec 8 millions de visiteurs uniques par an sur ses différents sites Internet. La société est également leader de son secteur en Espagne et connaît une phase d'internationalisation rapide de ses activités. Son comparateur est accessible à l'adresse : http://comparateur.selectra.info

Plus tardivement, le site d'information energie-info.fr, édité par le médiateur de l'énergie et par la Commission de régulation de l'énergie, a aussi mis en place un comparateur, accessible à l'adresse : http://comparateur-offres.energie-info.fr

3.05.3 Les prestataires commerciaux

Afin de commercialiser leurs offres, les fournisseurs ont recours à différents canaux d'acquisition. A cet égard, les fournisseurs sont dans une situation inégale. Alors que les fournisseurs historiques bénéficient de leur notoriété et d'un flux d'appels entrants[103] continu, les fournisseurs alternatifs souhaitant croître ne peuvent pas se reposer sur leur notoriété. Dès lors, ces fournisseurs moins connus doivent avoir recours à des stratégies plus offensives et font souvent appel à des prestataires commerciaux. Ces prestataires sont des sociétés indépendantes, qui apportent dans la durée leur expertise en termes de vente aux fournisseurs alternatifs. Toutefois, le choix du prestataire commercial est primordial car il peut avoir des implications sur l'image de marque du fournisseur.

Il existe différents types de prestataires commerciaux (porte-à-porte, centres d'appels sortants, grandes enseignes de distribution, partenaires web, etc.). Cette section dresse un panorama des différentes stratégies possibles (**I.**) avant de distinguer les différents types de prestataires commerciaux (**II.**).

I. Les différentes stratégies

La rentabilité des fournisseurs dépend essentiellement du coût d'achat de l'énergie, du prix de revente, et des volumes vendus. Toutefois, comme on l'a vu précédemment, en dépit du caractère peu élastique du marché de l'énergie, les prix d'achat (surtout pour l'électricité) tendent à être très similaires entre les fournisseurs et les prix de vente, s'ils varient d'un fournisseur à l'autre, restent proches. Aussi, les fournisseurs dans une logique de croissance doivent augmenter la base de leurs clients ou en augmenter la qualité. Il s'agit, pour augmenter la qualité de son portefeuille, notamment de réduire les niveaux d'impayés de son portefeuille de clients et son « *churn* » (le taux d'attrition du portefeuille). Ils peuvent aussi développer des services complémentaires pour augmenter le chiffre d'affaires par client.

Afin d'assurer une croissance de leur base de clients, les fournisseurs mettent en œuvre **différentes stratégies d'acquisition de clients**. Ces stratégies ont des horizons de court ou long terme.

[103] On distingue des appels *entrants* (appels téléphoniques reçus) d'appels *sortants* (appels téléphoniques émis).

Le ciblage diffère selon les stratégies mises en œuvre. Certaines stratégies visent un large public tandis que d'autres stratégies sont davantage orientées vers les consommateurs en recherche d'un fournisseur d'énergie (soit qu'ils emménagent dans un nouveau logement, soit qu'ils cherchent à optimiser leur fourniture d'énergie). Cette section propose une typologie des différentes stratégies d'acquisition de clients possibles vers les particuliers. Selon l'horizon temporel de la stratégie et sa cible, on peut distinguer quatre types de stratégie.

		Horizon	
		Court terme	Long terme
Cible	Souscription imminente	Stratégie de **démarchage**	Stratégie de **présence**
	Cible large	Stratégie de **publicité**	Stratégie de **réputation**

A. Les stratégies basées sur la réputation

La stratégie de réputation est la moins onéreuse. C'est aussi la stratégie la plus discriminante. En effet, si cette stratégie bénéficie beaucoup à EDF et GDF Suez du fait de leur notoriété, elle ne peut être mise en œuvre par les fournisseurs alternatifs que dans une moindre mesure. Il s'agit, par une stratégie centrée autour de l'image de marque, de s'ériger en référence afin d'être contacté spontanément par le client au moment où il lui est nécessaire de souscrire un contrat de fourniture d'énergie.

Grâce à leur réputation, les fournisseurs historiques captent ainsi une proportion très importante des nouveaux contrats de fourniture d'énergie. Il est en effet courant qu'un particulier désireux de souscrire un contrat d'électricité « appelle EDF », associant automatiquement électricité à l'ancien monopole public.

Pour les fournisseurs alternatifs, les stratégies basées sur la réputation sont plus difficiles à mettre en œuvre car ces fournisseurs sont plus jeunes et bénéficient d'une moindre notoriété. Toutefois, sur un segment de clientèle donné, les fournisseurs alternatifs peuvent bénéficier du bouche-à-oreille, un client satisfait de son service en parlant à une de ses connaissances. C'est par exemple le cas d'Enercoop qui évolue sur un marché de niche (le segment de marché de l'électricité militante). C'est aussi le cas de fournisseurs grand public comme Direct Energie qui s'attachent à développer une image de fournisseur proposant une haute qualité de service (ce fournisseur met ainsi régulièrement en avant le fait que son service client a été élu service client de l'année).

Ce type de stratégie est intéressant car elle peut provoquer un afflux massif de clients pour un coût unitaire faible une fois que la notoriété est construite. Toutefois, gagner la confiance et devenir une référence s'avère, sur la durée, être un processus long et coûteux. Les fournisseurs souhaitant gagner en notoriété doivent en effet s'attacher à améliorer leur image en prenant garde à véhiculer une image *soft* et moderne. Beaucoup de fournisseurs tendent ainsi à travailler leur e-réputation en investissant les réseaux sociaux (Facebook, Twitter notamment) par exemple. Certains fournisseurs développent également des acticités caritatives, dans le cadre de fondations *ad hoc* (Fondation EDF, Fondation GDF Suez, Fondation Direct Energie) ou en soutien de fondations existantes afin d'accroître leur capital de sympathie auprès du grand public. La participation de Lampiris à l'opération « Gaz moins cher ensemble » organisée par l'UFC-Que Choisir à l'hiver 2013-2014 est un exemple de stratégie de ce type réussie. Sur un marché de masse encore largement dominé par les tarifs réglementés, Lampiris s'efforce de construire une image de « casseur de prix » résolument proche des consommateurs.

Cet exercice est toutefois d'autant plus difficile que la couverture médiatique du secteur de l'énergie est souvent négative (voir partie 2). Dès lors, réussir à faire (positivement) parler de soi dans les médias lorsque l'on est un fournisseur d'électricité ou de gaz naturel peut facilement relever de la gageüre.

B. Les stratégies basées sur la publicité

Un autre type de stratégie s'articule autour de la publicité. Il s'agit, sur un horizon plus court, d'informer les consommateurs des nouvelles offres proposées par un fournisseur, ou de lui rappeler l'existence d'un fournisseur par un message qui l'amènera, au moment venu, à contacter ce fournisseur plutôt qu'un autre. Ces stratégies sont toutefois onéreuses et peuvent être difficiles à mettre en place pour les fournisseurs peu connus du public.

Les fournisseurs peuvent opter pour deux types de stratégies de **publicité**. Il peut s'agir, soit, très en amont de l'acte d'achat, de créer autour de la marque une dynamique positive reposant sur une image de marque forte, soit, plus en en aval, d'informer de potentiels clients sur les nouvelles offres. Une campagne de publicité peut avoir différents supports, avec des coûts et des publics potentiels très différents (médias de masse, médias spécialisés, presse écrite, radio, télévision, affiches, etc.).

L'impact de telles stratégies est toutefois incertain. Les fournisseurs historiques utilisent communément la publicité comme le vecteur de piqûres de rappel. Ces publicités portent donc autant sur l'image de marque du fournisseur que sur les offres qu'il propose. Cela est logique. Les fournisseurs historiques ont a priori peu intérêt à avoir recours à des publicités informant massivement le public des nouvelles offres d'électricité et de gaz naturel dans la mesure où une partie de leur stratégie repose sur la faible connaissance, par les consommateurs, de la complexité de l'organisation du marché. Par exemple, à l'occasion des Jeux olympiques de Londres en 2012, EDF s'est associé à cet événement de dimension mondiale. Cette campagne de publicité intitulée « *Les athlètes sont la lumière des Jeux, nous sommes fiers de les éclairer* » lui a permis d'ancrer dans les esprits qu'EDF est une entreprise dynamique. Le réel impact de ce type de publicité est toutefois relatif. En effet, si les publicités portant sur l'image de marque peuvent confirmer dans l'esprit des consommateurs la bonne image de marque dont bénéficie le fournisseur, le gain potentiel en termes de croissance n'apparaît pas très grand du fait de la position déjà très forte du fournisseur historique. Des publicités par les fournisseurs historiques davantage axées sur les offres qu'ils proposent sur l'énergie pour laquelle ils ne sont pas le fournisseur historique (le gaz pour EDF et l'électricité pour GDF Suez) apparaissent de ce fait plus intéressantes.

Pour se faire connaître du grand public, les nouveaux entrants construisent quant à eux leur notoriété. Eni a ainsi d'abord communiqué sur sa marque et son logo, le chien à six pattes noir sur fond jaune. Son travail a appuyé l'action du porte-à-porte Eni en plus d'apporter quelques clients par appels entrants.

En conclusion, les stratégies basées sur la publicité sont possibles. Toutefois, elles demeurent onéreuses (et donc hors de portée pour beaucoup de petits fournisseurs) et leurs résultats demeurent incertains. Les fournisseurs alternatifs ayant des ambitions grand public comme Eni et Direct Energie ont néanmoins recours à cette stratégie qui leur permet de sortir de l'ombre.

C. Les stratégies basées sur le démarchage

Certains fournisseurs optent pour des stratégies de **démarchage**. Il s'agit de stratégies sur un horizon de court terme qui, à la différence de la publicité, sont extrêmement ciblées et visent à obtenir la souscription immédiate d'un *prospect*.

Ces actions offensives peuvent prendre de multiples formes. Elles peuvent être physiques (porte-à-porte) ou à distance (campagne d'appels sortants) ou encore prendre la forme d'envois (mailings ou courriers). Il s'agit pour le fournisseur de se faire connaître et d'inciter le client potentiel (le *prospect*) à changer de fournisseur. Cependant, ces stratégies pâtissent (voir *infra*) d'une mauvaise image et peuvent donc dégrader l'image de marque du fournisseur. De plus, leur retour est incertain car le client est démarché et n'est pas dans une situation où il a un besoin spécifique.

Ces stratégies sont généralement mises en œuvre par des fournisseurs alternatifs qui y voient un moyen de mettre en avant leurs offres (moins chères, ou apportant une garantie de prix dans la durée) aux consommateurs. Toutefois, certains fournisseurs historiques ont également recours à des stratégies de démarchage, généralement par courrier postal ou par téléphone. Par exemple, GDF Suez envoie des courriers postaux à ses clients au gaz les incitant à souscrire chez GDF Suez une offre de fourniture d'électricité. Ces stratégies ont un potentiel de développement fort car elles utilisent l'image de marque du fournisseur historique sur son énergie historique comme un levier pour permettre son expansion sur son énergie non historique.

D. Les stratégies basées sur la présence

Enfin, les fournisseurs d'électricité et de gaz naturel peuvent opter pour une stratégie de présence. A la différence des stratégies de publicité et de réputation, la stratégie de présence est extrêmement ciblée puisqu'il s'agit d'être là au moment clé où le consommateur cherche à joindre un fournisseur d'énergie pour souscrire une offre de fourniture d'énergie. Toutefois, tandis que la stratégie de démarchage se conduit à un horizon de court terme (et qu'elle peut être dangereuse sur le long terme pour la réputation du fournisseur qui la met en place), la stratégie de présence se conduit sur du long terme. Elle est aussi beaucoup moins brutale puisque le fournisseur est dans une position où il répond à une demande.

La mise en œuvre d'une stratégie de présence peut avoir différents ressorts. La présence peut être physique. Le fournisseur historique EDF est le seul à disposer d'un réseau d'agences sur toute la France. Toutefois, il est de manière croissante question de présence sur internet. Il s'agira alors pour le fournisseur de pousser les clients en recherche d'informations à visiter son site Internet.

Les différents types de stratégies d'expansion (vers les particuliers)

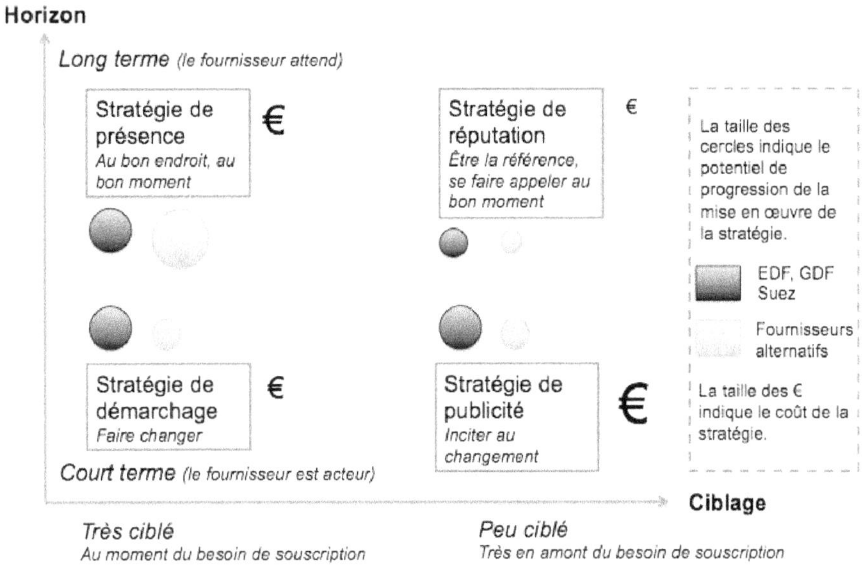

En résumé :

Les différentes stratégies possibles

<table>
<tr><th colspan="2" rowspan="2">Stratégie basée sur…</th><th rowspan="2">Amont / aval</th><th rowspan="2">Position du consom-mateur</th><th colspan="2">Coût</th><th colspan="2">Gain potentiel</th></tr>
<tr><th>FH</th><th>FA</th><th>FH</th><th>FA</th></tr>
<tr><td rowspan="4">Réputation : se faire appeler directement</td><td>Notoriété (fournisseurs historiques)</td><td>Amont</td><td>Actif</td><td>Peu coûteuse</td><td>-</td><td>Très important</td><td>-</td></tr>
<tr><td>Bouche-à-oreille (fournisseurs alternatifs)</td><td>Amont</td><td>Actif</td><td>-</td><td>Peu coûteuse</td><td>-</td><td>Important, mais faible base</td></tr>
<tr><td>Faire parler de soi</td><td>Amont</td><td>Actif</td><td>Peu coûteuse</td><td>Peu coûteuse</td><td>Moyenne</td><td>Faible</td></tr>
<tr><td>Réseaux sociaux, fondations, « soft image »</td><td>Amont</td><td>Actif</td><td colspan="2">Coût variable</td><td>Moyen</td><td>Moyen</td></tr>
<tr><td rowspan="2">Publicité : informer et inciter à prendre contact</td><td>Image de marque (amont)</td><td>Amont</td><td>Actif</td><td colspan="2" rowspan="2">Très coûteux, coût variable en fonction du support</td><td>Moyen (déjà connu)</td><td>Incertain (pas assez connu)</td></tr>
<tr><td>Information sur les offres (aval)</td><td>Aval</td><td>Actif</td><td>Incertain</td><td>Incertain (pas assez connu)</td></tr>
<tr><td rowspan="3">Démarchage : pousser au changement</td><td>Physique</td><td>Aval</td><td>Passif</td><td colspan="2" rowspan="2">Coûteux (personnel)</td><td rowspan="2">Important pour l'énergie non historique</td><td rowspan="2">Important, mais risqué</td></tr>
<tr><td>A distance</td><td>Aval</td><td>Passif</td></tr>
<tr><td>Courrier</td><td>Aval</td><td>Passif</td><td colspan="2">Moyennement coûteux</td><td>Fort</td><td>Trop peu connu</td></tr>
<tr><td rowspan="2">Présence : être au bon endroit, au bon moment</td><td>Physique</td><td>Aval</td><td>Actif</td><td colspan="2">Coûteux</td><td colspan="2">Faible</td></tr>
<tr><td>Référencement sur internet</td><td>Aval</td><td>Actif</td><td colspan="2">Moyennement coûteux</td><td colspan="2">Fort, particulièrement pour les fournisseurs alternatifs</td></tr>
</table>

FH : fournisseur historique – FA : fournisseur alternatif

II. Exécuter sa stratégie

A. Agir sans prestataires commerciaux

Les fournisseurs historiques comptent peu de prestataires commerciaux, leur notoriété leur permettant de s'en passer. Parmi les rares exceptions, on retrouve la distribution des offres de GDF Suez par les magasins Darty. Toutefois, au fur et à mesure que le marché français gagnera en maturité, les historiques devront faire davantage appel aux partenaires commerciaux pour défendre leurs parts de marché. Cette évolution naturelle s'observe par exemple en Belgique, au Royaume-Uni ou en Allemagne, marchés auxquels la France ressemblera beaucoup dans dix ans.

B. Agir avec un prestataire commercial

On distingue trois types de prestataires commerciaux :

- les prestataires de porte-à-porte, qui, comme leur nom l'indique, assistent les fournisseurs dans la conduite d'une stratégie offensive de démarchage ;
- les plateformes d'appel, qui accompagnent les fournisseurs désireux de mener une stratégie offensive de démarchage par téléphone ;
- les partenaires web, qui aident les fournisseurs à bien se positionner sur internet afin de récupérer une part du trafic généré par les internautes en quête de contrats d'électricité ou de gaz.

1) Les prestataires commerciaux de démarchage

a) Les prestataires de porte-à-porte (démarchage physique)

Afin d'inciter les particuliers et professionnels à opter pour une offre chez un fournisseur alternatif plutôt que chez un fournisseur historique, la solution la plus évidente est de proposer à des clients de changer de fournisseur. Il s'agit, en expliquant au client les avantages (notamment en termes de prix) d'une offre chez un fournisseur alternatif, de l'inciter à porter son contrat vers ce nouveau fournisseur.

Cette stratégie a été puissamment mise en œuvre par les fournisseurs alternatifs au début de l'ouverture des marchés à la concurrence.

Toutefois, le porte-à-porte pâtit d'une réputation négative. En effet, il n'est pas rare que certains consommateurs se sentent forcés par des commerciaux peu scrupuleux cherchant par tous les moyens à leur vendre un contrat. Le mode de rémunération de ces commerciaux explique une partie du problème, la part variable étant toujours très importante dans le salaire des commerciaux. Parfois employés sous le statut de VRP et sans salaire fixe, la pression est forte pour qu'ils vendent des contrats afin de bénéficier d'un salaire à la fin du mois. Aussi, de fait, ces commerciaux sont moins des conseillers que des équipes envoyées en mission afin de rapporter un maximum de contrats.

L'image négative de ce mode d'acquisition de clients a conduit les fournisseurs à adopter différents types d'action. D'abord, les fournisseurs ont moins recours au porte-à-porte, seul Eni l'utilisant encore à grande échelle aujourd'hui. Ils privilégient d'autres moyens d'acquisition de clients. D'autre part, les fournisseurs qui ont recours au porte-à-porte demandent à leur prestataire d'adopter des chartes éthiques et – surtout – mettent en place des procédures de vérification. Par exemple, Direct Energie rappelle systématiquement le client auquel a été vendu une offre pour s'assurer de son accord. Eni, malgré une pratique du porte-à-porte à grande échelle toujours aujourd'hui, est parvenu à limiter remarquablement les dérives en mettant en place des processus appropriés. Dans le cas où le consommateur a été trompé, alors la vente est annulée et le commercial ne bénéficie d'aucune commission.

Différentes sociétés évoluent sur ce marché du porte-à-porte. Le leader en ce domaine est la société Ranger France SAS. D'origine américaine, elle a rejoint la France et propose ses services pour différents secteurs d'activité. En ce qui concerne l'énergie, d'après le site de Ranger[104] les fournisseurs ayant eu recours à ses services sont, en France, Direct Energie et, à l'étranger, RWE (Allemagne), E.On (Allemagne), et eprimo (fournisseur *low cost* allemand).

b) Les plateformes de prospection téléphonique (appels sortants – démarchage à distance)

Il existe des plateformes d'appel téléphonique de prospection. A la différence des plateformes recevant des appels (appels dit entrants),

[104] http://www.ranger.de/fr/a_propos/references

ces plateformes démarchent les clients par téléphone afin de les pousser à changer de fournisseur. Il existe deux plateformes de ce type en France. De nos jours, ces plateformes sont actives sur le gaz naturel et pour les professionnels car ces segments sont plus rentables pour les fournisseurs.

Aux débuts de l'ouverture des marchés de l'énergie à la concurrence, il existait de nombreuses plateformes de prospection téléphonique *off shore* (c'est-à-dire opérant à partir de pays tiers, comme la Tunisie, l'Algérie ou le Maroc). Toutefois, ces pratiques nuisaient à l'image de marque des fournisseurs et sont aujourd'hui moins courantes.

c) Une activité en décroissance

Le porte-à-porte et la prospection téléphonique restent un relai commercial important pour certains fournisseurs alternatifs qui ambitionnent de grossir rapidement sur le segment des particuliers.

Seul Eni a toujours aujourd'hui recours au porte-à-porte à grande échelle. Afin de limiter l'impact négatif sur sa réputation, Eni a pris soin de réviser ses processus de souscription de façon à éviter toute pratique commerciale trompeuse.

Focus : Les fournisseurs alternatifs d'électricité ont recentré leur stratégie sur les mises en service à partir de 2010

	A déjà un contrat ?	Stratégie	Perception
Déménagement	Non	Partenaires web, partenaires physiques	Positive (on m'offre un service)
Changement de fournisseur	Oui	Démarchage téléphonique ou physique	Souvent négative (on me vend quelque chose que je n'ai pas demandé)

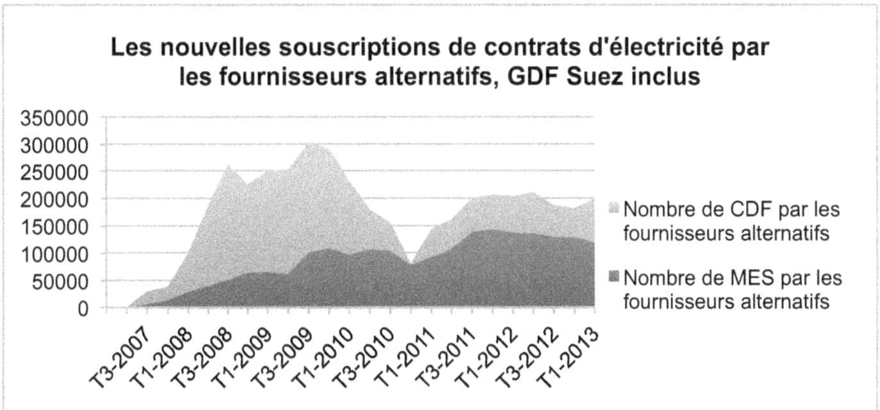

Pas de données au 4e trimestre de l'année 2010.

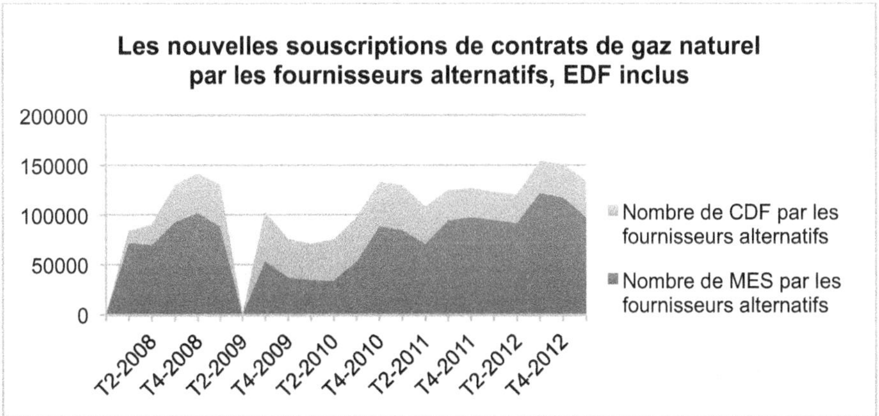

Pas de données au 2e trimestre de l'année 2009.

Source des données : CRE

2) *Les partenaires web*

Les partenaires web représentent un moyen utile pour les fournisseurs d'étendre leur base de clients. Si beaucoup de sites internet se sont développés, il existe deux acteurs principaux dont un leader.

Selectra[105], ayant permis la rédaction de cet ouvrage, est aujourd'hui le plus gros apporteur d'affaires aux fournisseurs d'énergie. Issue de l'incubateur de Sciences-Po Paris, elle est devenue en quelques années le leader de l'information en ligne sur les questions relatives à l'électricité et au gaz naturel. Selectra enregistre chaque année pour le compte de ses partenaires plus de 100 000 contrats de fourniture d'électricité et de gaz naturel.

Jechange.fr, créé en 2007, permet de comparer en ligne des offres de fourniture d'énergie, d'assurance, de banque, ou encore d'internet. Les volumes de ventes de Jechange.fr sont toutefois davantage concentrés sur les offres des fournisseurs d'accès à Internet que sur l'énergie.

3) *Les partenaires physiques*

Enfin, certains fournisseurs nouent des partenariats avec des enseignes de grande distribution. Darty propose par exemple dans plus de 220 points de vente la souscription d'offres de fourniture d'électricité et de gaz naturel. Pour ce faire, Darty a conclu un partenariat avec Direct Energie en 2009, ainsi qu'avec GDF Suez.

[105] www.selectra.info

Le business model de Selectra

8 millions de visiteurs uniques par an sur ses sites d'information

- Information sur l'énergie
- Comparateur d'offres d'électricité et de gaz
- Simulateur de consommation

Contribuer à l'information des consommateurs par des contenus objectifs et actualisés.

Commercialisation d'offres partenaires par une plateforme commerciale

80 000 contrats signés chaque année par l'intermédiaire de la plateforme d'appels entrants, soit 1,1% des contrats de fourniture d'électricité et 1,3% des contrats de fourniture de gaz.

4 millions d'euros de chiffre d'affaires en 2014 et 75 collaborateurs.

Partie 4. Perspectives pour le marché de détail de l’énergie

L'ouverture du marché de détail de l'électricité et du gaz naturel à la concurrence en France est récente. Des évolutions, ces prochaines années, devraient accroître la progression des offres de marché (4.01).

Pourtant, si les offres de marché ont progressé de manière importante, s'agissant surtout du gaz naturel et des offres à destination des professionnels, cette ouverture reste à bien des égards relative et circonscrite par des obstacles réglementaires (4.02).

Le succès de l'ouverture des marchés de l'énergie à la concurrence dépendra donc vraisemblablement du niveau d'investissement des consommateurs, ce que pourrait favoriser le développement des smart grids[106] *(4.03).*

Ainsi, on peut penser qu'en 2025, le visage du marché de détail de l'énergie sera très différent (4.04). A grands traits, il devrait se caractériser par des prix plus élevés, des acteurs moins nombreux et davantage intégrés, des consommateurs mieux informés et une concurrence plus vive. Dans cet environnement, le métier de fournisseur d'énergie devrait évoluer : moins fournisseur de molécule, il sera davantage fournisseur de services.

[106] Réseaux intelligents : mise en relation en temps réel, par les technologies de l'information et de la communication, des différents acteurs de la chaîne de valeur de l'énergie susceptible de favoriser l'équilibre offre-demande et d'assurer la sécurité et la compétitivité de l'approvisionnement.

Section 4.01 Des évolutions prochaines favorables à la concurrence

Des évolutions d'ordres technique et réglementaire vont influer sur l'organisation du marché de l'énergie en France. Elles devraient favoriser l'émergence des offres de marché dans les prochaines années. 2014 est la date fixée comme point d'**achèvement de la construction du marché intérieur de l'énergie de l'Union européenne**. La Commission européenne a rappelé cette date dans une communication relative à l'état d'avancement du marché intérieur de l'énergie le 15 novembre 2012. Afin de parvenir à cet achèvement, deux types d'actions sont nécessaires.

Des **mesures législatives** (1.) permettant de mettre en conformité les législations nationales des différents pays de l'UE avec le droit de l'Union doivent avoir été prises. Par exemple, la Commission européenne préconise la disparition progressive des tarifs réglementés. Cette disparition doit aboutir à ce que le prix de l'énergie s'apparente davantage à un « signal ».

Des mesures techniques (2.) sont également nécessaires. Des **investissements dans les réseaux de transport d'énergie** favoriseront l'émergence d'un marché européen intégré de l'énergie. En effet, l'existence d'un tel marché repose sur le fait que les réseaux des différents pays européens soient bien interconnectés. Or, actuellement, on constate qu'il peut survenir, en période de pointe, des « congestions » aux interconnexions entre les différents réseaux nationaux. Dans une proposition de règlement émise en 2011, la Commission estimait que les investissements dans les infrastructures de transport d'électricité et de gaz nécessaires d'ici à 2020 étaient d'environ 200 milliards d'euros, dont 140 pour les systèmes électriques (transport, stockage, applications intelligences, distribution) et 70 pour les systèmes gaziers. Par exemple, RTE construit actuellement une interconnexion avec le réseau de transport espagnol.

Les évolutions sur les marchés de gros des prochaines années (3.) ne manqueront pas d'apporter leur lot de changements aux marchés de détail.

Enfin, certains « points de vigilance » méritent d'être mentionnés (4.).

4.01.1 Evolutions réglementaires

I. La disparition programmée des tarifs réglementés pour la plupart des professionnels

Les tarifs réglementés, autant pour l'électricité que pour le gaz, **à destination des particuliers et des petits professionnels ne vont pas disparaître**. Par contre, les tarifs réglementés à destination des professionnels ayant une consommation moyenne ou importante (tarifs jaunes et verts pour l'électricité et consommation de plus de 30 000 kWh par an pour le gaz) vont progressivement disparaître à l'horizon 2016.

La jurisprudence européenne sur les tarifs réglementés

Dans une *Communication de la commission au parlement européen, au conseil, au comité économique et social européen et au comité des régions pour un bon fonctionnement du marché intérieur de l'énergie* de 2012, la Commission européenne rappelait que les Etats-membres ne devraient plus réglementer les prix de l'électricité et du gaz naturel, malgré « *l'obligation de service universel et à la nécessité de protéger efficacement les consommateurs vulnérables* ».

Toutefois, la Cour de justice de l'Union européenne a rappelé que la fixation de prix réglementés est compatible avec le droit européen dans certaines circonstances (CJUE, *Affaire C-265/08, Federutility et autres contre Autorità per l'energia elettrica e il gas*) :

Une réglementation nationale permettant de déterminer le niveau du prix de fourniture du gaz naturel aux consommateurs finals par la définition de « prix de référence », après le 1er juillet 2007 n'est pas empêchée par le droit européen, à trois conditions :

- il faut qu'il y ait un « objectif d'intérêt économique général »,
- cette fixation doit être « limitée dans le temps »,
- cette intervention de l'État doit être « clairement définie, transparente, non discriminatoire, contrôlable », et elle ne doit pas empêcher l'égal accès aux consommateurs par les entreprises de gaz de l'Union européenne.

A. L'électricité

La loi NOME de 2010 a prévu que **les tarifs réglementés jaune et vert pour l'électricité disparaîtront le 31 décembre 2015**. Aussi, à partir du 1er janvier 2016, toutes les offres à destination des professionnels ayant une consommation moyenne ou importante d'électricité seront des offres de marché. Cette modification réglementaire est importante. Elle devrait avoir une conséquence favorable sur l'accroissement des portefeuilles de clients des fournisseurs alternatifs. Toutefois, la disparition de ces tarifs réglementés à une seule date risque d'entraîner un pic de souscription à la fin de l'année 2015. Il n'est pas certain que tous les fournisseurs soient en mesure d'absorber un tel pic.

D'ailleurs, la disparition des tarifs réglementés jaunes et verts n'entraînera pas nécessairement une progression significative des parts de marché des fournisseurs alternatifs. En effet, les fournisseurs historiques devraient essayer de transformer les anciens contrats aux tarifs réglementés en offres de marché. Il est vraisemblable que de nombreux professionnels, en particulier parmi les tarifs jaunes, accepteront cette évolution de leur contrat sans nécessairement faire l'effort de trouver l'offre la moins chère.

B. Gaz

S'agissant du gaz, la disparition des tarifs réglementés pour les professionnels se fait progressivement.

L'article 25 de la Loi n°2014-344 du 17 mars 2014 relative à la consommation (dite « loi Hamon ») prévoit que les tarifs réglementés de vente (TRV) du gaz naturel disparaissent dès lors que la consommation annuelle de gaz est supérieure à 30 MWh selon le calendrier suivant :

- trois mois après la promulgation de la loi (soit le 19 juin 2014), disparition des TRV des clients directement raccordés au réseau de transport ;
- le 1er janvier 2015, fin des TRV pour les sites ayant une consommation supérieure à 200 MWh ;
- enfin, le 1er janvier 2016, disparition des TRV pour tous les sites consommant plus de 30 MWh de gaz naturel par an.

Une exception est prévue lorsque le tarif réglementé concerne un chauffage collectif pour des locaux à usage d'habitation. Ces sites pourront conserver les tarifs réglementés si leur consommation annuelle de gaz ne dépasse pas les 150 MWh.

Un dispositif spécifique est mis en place pour accompagner la fin des tarifs réglementés

Les clients concernés par la fin des tarifs réglementés reçoivent une lettre à en tête des ministères en charge de l'énergie et de l'économie en avril 2014, six mois avant la fin du tarif réglementé et enfin trois mois avant cette date.

Des règles garantissent que le changement d'offre, dans le cadre de la fin des tarifs réglementés, ne pénalise pas les professionnels : aucun préavis de résiliation ni de frais ne s'applique, même si le contrat au tarif réglementé stipulait autre chose.

Enfin, à défaut d'avoir souscrit une offre de marché à la date de suppression des tarifs réglementés, l'ancien contrat sera basculé en offre de marché « transitoire » chez le fournisseur historique, pour une durée qui ne pourra excéder 6 mois. Attention : après l'expiration de ce délai et à défaut de souscription d'un contrat, la fourniture d'énergie sera suspendue. Initialement, cette offre transitoire ne devait pas être applicable aux acheteurs publics, qui sont soumis à une obligation de mise en concurrence. Toutefois, dans un avis du 16 septembre 2014 rendu public par le Premier ministre en octobre, le Conseil d'État a estimé que les personnes publiques concernées par l'échéance du 1er janvier 2015 pourraient bénéficier de l'offre transitoire « *dans la stricte mesure où le respect des règles de passation des marchés fixées par la directive 2004/18/CE ne permet pas de conclure un marché assurant une livraison effective du gaz au 1er janvier 2015.* »

Disponibilité des tarifs réglementés de vente pour l'électricité

	Option Base	Option Heures Pleines / Heures creuses	Option EJP	Option Tempo
Tarifs bleus (alimentation en basse tension et puissance entre 3 et 36kVA)	**Oui** (entre 18 et 36kVA, ces offres sont en **extinction pour les particuliers**)	Oui	En **extinction**	Oui
Tarifs jaunes (alimentation en basse tension et puissance entre 42 et 240 kVA)	**Non** si une offre de marché avait été souscrite avant le 8/12/2010 **Sinon, oui** (**disparition** prévue le 1er janvier **2016**)	Non	**Non** si une offre de marché avait été souscrite avant le 8/12/2010 **Sinon, oui** (**disparition** prévue le 1er janvier **2016**)	Non
Tarifs verts (alimentation en haute tension)	**Non** si une offre de marché avait été souscrite avant le 8/12/2010 Sinon, **Oui** (**disparition** prévue le 1er janvier **2016**)	Non	**Non** si une offre de marché avait été souscrite avant le 8/12/2010 Sinon, **Oui** (**disparition** prévue le 1er janvier **2016**)	Non

Disponibilité des tarifs réglementés de vente pour le gaz naturel

Type de site	Sites résidentiels et non résidentiels		Sites non résidentiels	
Site raccordé	Au réseau de distribution			Au réseau de transport
Disponibilités des tarifs réglementés de vente (TRV)	*CAR* < 30 MWh Oui	30 MWh < *CAR* < 200MWh : **Disparition** le 31/12/2015*	*CAR* > 200 MWh : **Disparition** le 31/12/2014	**Disparition** le 19/06/2014

* Pour les chaufferies, les TRV continuent à exister si *CAR* < 150MWh.
CAR : consommation annuelle de référence.

- « *Oui* » : le TRV est disponible et aucune disparition n'est prévue ;
- « *Non* » : le TRV a été supprimé ou n'existe pas ;
- « *Extinction* » : les nouvelles souscriptions ne sont plus possibles mais les anciennes souscriptions ne sont pas résiliées ;
- « *Disparition* » : à une date donnée, le TRV sera supprimé, autant pour les nouvelles souscriptions que pour les contrats en cours.

Source : recherches internes, Selectra

II. Un mix énergétique plus « vert »

Sous l'impulsion de l'Union européenne, les énergies renouvelables devraient se développer de manière importante dans le courant de cette décennie. Une feuille de route de janvier 2007 prévoit que les énergies renouvelables devront représenter 20% de l'énergie consommée en Europe[107] en 2020. Un paquet « énergie-climat » adopté en 2008 par l'Union européenne a institué la règle dite « 3x20 » selon laquelle, d'ici 2020, les énergies renouvelables devront compter pour 20% de la production d'énergie en Europe, les émission de gaz à effet de serre devront être réduites de 20% et l'efficacité énergétique de l'Europe devra avoir été améliorée de 20%. Pour ce faire, d'importants investissements sont nécessaires dans le développement de moyens de production d'énergie renouvelable.

La directive européenne du 23 avril 2009[108] fixe à chaque Etat-membre, en fonction de son degré d'avancement, un objectif à atteindre pour 2020. L'objectif fixé à la France est de 23%. A cette fin, la France s'est par exemple fixé un objectif national de disposer de 19000 MW de puissance éolienne terrestre d'ici à 2020.

Afin d'atteindre ces objectifs, trois leviers seront utilisés. D'abord, des moyens de production renouvelables doivent être développés, ensuite, l'efficacité énergétique peut être améliorée par des travaux d'isolation par exemple. Enfin, des économies d'énergie sont nécessaires.

---

[107] Communication de la Commission du 10 janvier 2007 intitulée « *Feuille de route pour les sources d'énergie renouvelables — Les sources d'énergie renouvelables au XXIe siècle : construire un avenir plus durable* »

[108] Directive 2009/28/CE du Parlement européen et du Conseil du 23 avril 2009 relative à la promotion de l'utilisation de l'énergie produite à partir de sources renouvelables et modifiant puis abrogeant les directives 2001/77/CE et 2003/30/CE

Part des énergies renouvelables dans la consommation finale brute d'énergie : la situation en 2011

© Eurostat pour les données et la carte

11,5% de l'énergie consommée en France provient d'énergies renouvelables. La France devra doubler cette part d'ici à 2020 pour atteindre la barre des 23%.

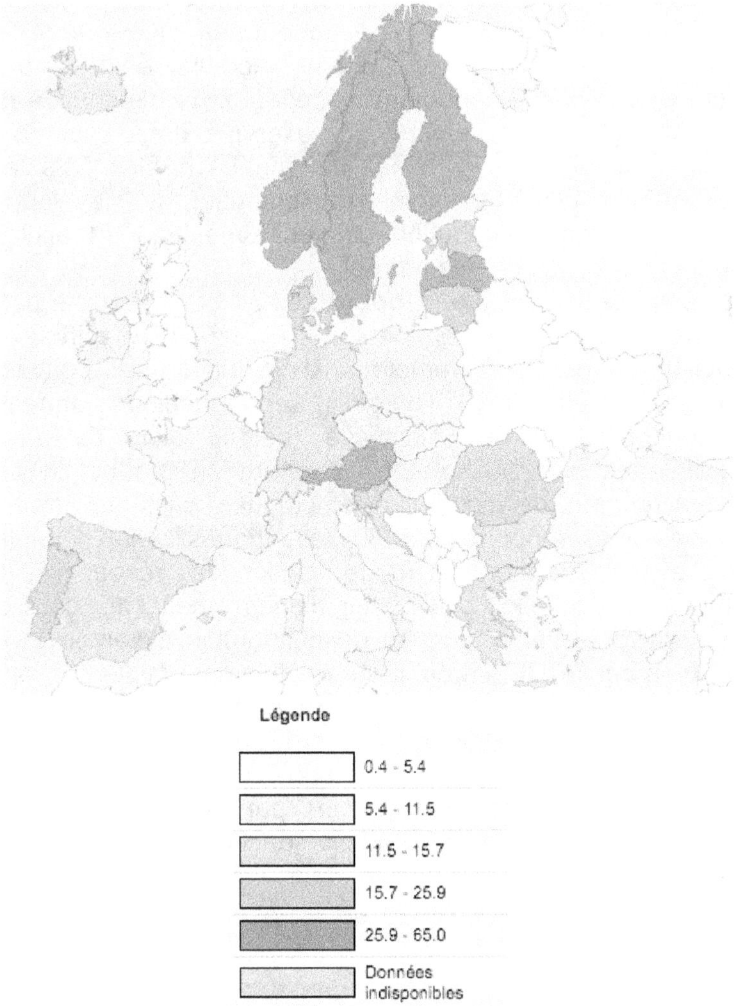

Part des énergies renouvelables dans la consommation finale brute d'énergie - %

4.01.2 Evolutions techniques

Les réseaux de transport et de distribution d'électricité et de gaz naturel seront améliorés sur plusieurs niveaux : extension, modernisation et entretien.

Certains réseaux devront être **étendus :** le réseau de distribution de gaz naturel ne dessert pas l'intégralité des foyers français. Aussi, il est vraisemblable que certains réseaux de distribution soient étendus afin de desservir davantage de consommateurs. C'est notamment le cas de communes rurales qui ne disposent pas encore de réseau de distribution de gaz naturel. Certains acteurs envisagent aussi d'investir dans le développement de réseaux de distribution de gaz naturel. Antargaz se développe par exemple dans l'activité de la distribution. Aussi, dans certaines communes rurales caractérisées par un habitat concentré avec un potentiel de développement important, Antargaz distribution construit, maintient et exploite un réseau de distribution de gaz naturel.

Les réseaux doivent être **modernisés :** c'est surtout le cas pour l'électricité. Jusqu'à récemment, le réseau électrique était unidirectionnel (le consommateur d'électricité ne pouvait que consommer de l'électricité). Toutefois, depuis quelques années, tout client peut produire de l'électricité (par le biais de panneaux photovoltaïques par exemple) et revendre sa production à EDF. Aussi, les réseaux de distribution électriques existants doivent être modernisés pour supporter ces flux électriques bidirectionnels (flux entrants et flux sortants). La modernisation des réseaux se traduit également, à l'échelle locale, par l'enterrement de ceux-ci. En 2012[109], environ 41% des lignes de distribution d'électricité avaient été enfouies par ERDF, ce qui reste relativement faible par rapport à l'Allemagne (environ 75%) et les Pays-Bas, la Belgique ou le Luxembourg (près de 100%). Bernard Lassus, directeur général adjoint d'ERDF, révélait ainsi en 2009 qu'ERDF ambitionnait d'enfouir 3000 kilomètres de lignes électriques par an. Cette ambition est conforme au contrat de service public conclu en 2005 entre l'Etat et EDF, complété l'année suivante par un « Plan aléas climatiques ». L'opérateur s'était en effet engagé à enfouir une proportion significative des nouvelles lignes.

[109] http://www.leparisien.fr/economie/electricite-les-zones-abonnees-aux-coupures-17-06-2012-2052682.php

Surtout, les réseaux électriques doivent être **entretenus**. Une étude menée par UFC-Que choisir en avril 2013[110] révélait ainsi que les réseaux de distribution d'électricité français sont en situation de sous-investissement, ce qui rend les coupures plus fréquentes. Entre 1980 et 1992, les investissements annuels réalisés par ERDF (EDF avant 2006, ERDF depuis 2006) avaient progressé de manière significative, de 2,4 milliards d'euros à plus de 3,2 milliards d'euros tandis que la durée moyenne annuelle de coupure (hors évènement exceptionnel) chutait fortement, passant d'environ 400 minutes en début de période à un peu moins d'une centaine de minutes en 1992. Les investissements dans les réseaux ont ensuite régressé jusqu'au début des années 2000 tandis que la durée moyenne de coupure continuait à baisser (environ 50 minutes de coupures, pour environ 2,1 milliards d'euros d'investissements en 2000). Cependant, les investissements d'ERDF ont très significativement baissé à partir de 2002 et jusqu'à 2005 (en 2004, les investissements n'étaient plus que d'1,6 milliards d'euros). A partir de 2002 et de manière continue, la durée moyenne annuelle de coupure s'est appréciée, atteignant quasiment 100 minutes en 2009.

[110] Amélioration de l'information et de l'incitation sur la qualité d'alimentation d'électricité, UFC Que choisir, avril 2013

4.01.3 Les évolutions possibles du marché de gros

Les évolutions du marché de gros auront un impact sur le marché de détail de l'énergie français. Deux exemples sont repris ci-dessous : la création d'un « PEG France » devrait favoriser une baisse des prix pour les gros consommateurs de gaz du sud de la France. L'aboutissement de la mise en concurrence du renouvellement des concessions hydroélectriques serait positif pour la naissance d'acteurs intégrés sur le marché de l'électricité et la consolidation de leurs positions sur le marché de détail.

I. Vers une fusion des zones d'équilibrage de GRTgaz et de TIGF

Le réseau de transport de gaz naturel français est en fait composé de plusieurs réseaux de transport distincts. Au nombre de 8 au début des années 2000, ces zones de transport ont fusionné ces dernières années pour ne former aujourd'hui que 3 zones.

Les trois zones restantes devraient toutefois fusionner en deux étapes d'ici à 2018 de telle sorte qu'un PEG France voit le jour à horizon 2018 :

- d'ici à 2015, un rapprochement des zones Sud et TIGF est envisagé, la question de la gouvernance restant à trancher ;
- d'ici à 2018, la création d'un PEG Nord-Sud unique est également envisagée. Toutefois, une telle création rend nécessaire de lourds investissements pour réduire les congestions aux points d'interconnexion entre les zones Nord et Sud du réseau de transport de GRTgaz. Aussi, des investissements devaient être réalisés afin de procéder au doublement de la capacité de l'« artère de Bourgogne », infrastructure qui relie les réseaux Nord et Sud, pour environ 600 millions d'euros.

Les fusions successives des zones du réseau de transport de gaz naturel

<table>
<tr><th></th><th>1er janvier 2005</th><th>1er janvier 2009</th><th>2015</th><th>2018</th></tr>
<tr><td>GDF Nord</td><td>GRTgaz Nord</td><td rowspan="4">GRTgaz Nord</td><td rowspan="4">GRTgaz Nord</td><td rowspan="7">Rapprochement entre les zones Nord et Sud et création d'un PEG France ?</td></tr>
<tr><td>GDF Ouest</td><td rowspan="2">GRTgaz Ouest</td></tr>
<tr><td>CFM Ouest</td></tr>
<tr><td>GDF Est</td><td>GRTgaz Est</td></tr>
<tr><td>GDF Sud</td><td rowspan="2">GRTgaz Sud</td><td rowspan="2">GRTgaz Sud</td><td rowspan="3">Rapprochement entre les zones Sud et TIGF</td></tr>
<tr><td>CFM Centre</td></tr>
<tr><td>GSO</td><td>TIGF</td><td>TIGF</td></tr>
<tr><td>8 zones</td><td>5 zones</td><td>3 zones</td><td>2 zones</td><td>1 zone</td></tr>
</table>

La création d'un PEG France est un enjeu important pour la compétition sur le marché de détail du gaz en France. L'existence de plusieurs points d'échange gaz (PEG), en France, a en effet des conséquences sur le marché de détail. Les gros consommateurs en zone sud payent plus cher qu'en zone nord. Pour les fournisseurs, les clients en zone nord sont d'ailleurs souvent davantage ciblés que les clients en zone sud et des prix plus compétitifs peuvent leur être proposés.

La fusion des zones d'équilibrages des réseaux de transport de gaz naturel devrait se poursuive dans les années à venir.

Aller plus loin :

En 2012, la CRE ouvrait une enquête sur les conditions de formation des prix de marché du gaz dans le sud de la France. Elle constatait que : « *L'écart des prix entre le Point d'Echange de Gaz (PEG) Nord et le PEG Sud sur le marché spot français a augmenté fortement depuis le 1er avril 2012, le prix au PEG Sud étant plus cher. Cet écart de prix sur la bourse PowernextGas Spot a été en moyenne de 0,16 €/MWh en 2011. Il a atteint une moyenne de 3 €/MWh depuis le 1er avril 2012 et a même dépassé à plusieurs reprises le niveau de 6 €/MWh.* » Dans le cadre de cette enquête, la CRE a analysé l'ensemble des transactions individuelles sur le marché du gros, ainsi que la disponibilité et l'usage des infrastructures gazières : réseau de transport, stockages souterrains, terminaux méthaniers, interconnexions avec les pays adjacents.

La déconnexion des prix du gaz entre les zones Sud et Nord a deux explications :

- d'une part, elle est due au contexte mondial : en effet, les livraisons de GNL dans les terminaux méthaniers situés en zone Sud (Fos Cavaou et Fos Tonkin) sont faibles du fait de la demande importante de GNL en Asie ;
- d'autre part, elle est due au manque de liquidité du PEG Sud (qui traduit le manque d'interconnexion de la zone Sud du réseau de transport de GRTgaz) : la zone Sud est approvisionnée par la zone Nord. Or, les capacités d'interconnexion entre les réseaux Nord et Sud ne sont pas assez importantes. En conséquence, les prix sur le PEG Sud sont plus élevés que sur le PEG Nord.

II. La question du renouvellement des concessions hydroélectriques

Le succès du renouvellement des concessions hydroélectriques détermine en partie la capacité de nouveaux entrants comme Direct Energie à devenir de vrais opérateurs verticalement intégrés.

Le développement de l'hydroélectricité en France est ancien. Cette énergie, qui est la deuxième source de production d'électricité en France, représente 25,5 GW de puissance installée (20% des capacités), 12% de l'électricité produite en France et 80% de la production d'électricité d'origine renouvelable.

La loi du 16 octobre 1919 relative à l'utilisation de l'énergie hydraulique a affirmé le principe selon lequel l'énergie hydraulique appartient à l'État. Elle prévoit un double régime pour l'exploitation de cette ressource. Les installations dont la puissance ne dépasse pas les 4,5 MW sont placées sous le régime de l'autorisation. Les autres installations sont placées sous le régime de la concession.

Selon le rapport sur le renouvellement des concessions hydroélectriques[111], le parc des concessions hydroélectriques se répartit en 399 ouvrages dont 322 concédés à EDF, 47 au groupe Suez et 30 à d'autres producteurs. Cette prédominance d'EDF s'expliquait par le droit de préférence dont il bénéficiait du fait de

[111] Rapport établi par le Conseil général des mines, le Conseil général des ponts et chaussées et l'Inspection générale des finances en 2006.

l'article 13 de la loi du 16 octobre 1919. Depuis la suppression de ce droit de préférence en 2006[112], tout renouvellement de concessions hydroélectriques doit cependant s'effectuer dans le cadre d'une procédure de mise en concurrence. Selon le rapport, une dizaine de concessions hydroélectriques devraient être renouvelées tous les ans, après résorption des retards accumulés.

	EDF	**GDF Suez (CNR et SHEM)**	**Autres producteurs**
Nombre de concessions	322	47	30
Puissance totale	20 300 MW	3500 MW (CNR) + 900 MW (SHEM)	600 MW

Sources : Rapport sus-cité et ministère du développement durable.

On distingue trois types de centrales hydroélectriques :

- Les centrales au fil de l'eau utilisent l'énergie d'un cours d'eau pour générer de l'électricité. Elles produisent 35 TWh d'électricité par an.
- Les centrales de lacs retiennent l'eau au moyen de barrages. Elles produisent 30 TWh d'électricité par an.
- Enfin, les stations de transfert d'énergie par pompage (STEP) s'apparentent à des systèmes de stockage : en période creuse, lorsque l'électricité est peu chère, les stations de pompage sont remplies ; en période de pointe, la station amont est vidée afin de générer de l'électricité. Les STEP produisent 5 TWh d'électricité par an.

Suite à ce rapport, un calendrier de renouvellement des concessions hydroélectriques avait été publié par le Ministère de l'environnement le 22 avril 2010. Toutefois, Delphine Batho a souhaité revenir sur la mise en concurrence des concessions hydroélectriques en octobre 2012. Cette démarche a été critiquée par la Cour des comptes. Dans un référé adressé au gouvernement le 21 juin 2013, la Cour a en effet estimé que les retards dans la mise en concurrence occasionnaient un manque à gagner croissant pour les finances publiques. Le 27 août 2013, les ministres de l'économie, du budget et de l'environnement ont ainsi annoncé que le lancement de la procédure de renouvellement des concessions devrait intervenir dès le début de l'année 2014. Finalement, Ségolène Royal a proposé courant 2014 le développement de sociétés d'économie mixte pour

[112] Loi sur l'eau et les milieux aquatiques de 2006.

empêcher la « privatisation » des concessions hydroélectriques. L'Assemblée nationale a adopté la création de « *sociétés d'économie mixte hydroélectriques* » en octobre 2014 [113].

[113] Projet de loi sur la transition énergétique adopté par l'Assemblée nationale le 14 octobre 2014 (procédure accélérée).

4.01.4 Les points de vigilance

Nous citons dans cette partie trois évolutions qui pourraient avoir des conséquences sur le marché de détail de l'énergie : le développement, sur le marché de masse, d'offres d'effacement diffus, la question plus générale de la résilience du réseau électrique et la pérennité du monopole légal d'ERDF et de GrDF sur le marché de la distribution.

I. Développement des offres d'effacement diffus et de report de consommation

Si la consommation d'électricité est très variable en fonction de la saison, elle varie aussi en fonction de l'horaire. Elle trouve par exemple sa valeur maximale le matin et le soir (qui correspondent au moment de reprise de l'activité et au moment où les ménages rentrent chez eux). Au contraire, la consommation électrique diminue de beaucoup la nuit. Or, le prix de la production de l'énergie varie fortement en fonction de l'horaire de la journée. En période de pointe, il peut être nécessaire de faire appel à des énergies plus coûteuses d'un point de vue économique et environnemental (centrales à fioul par exemple).

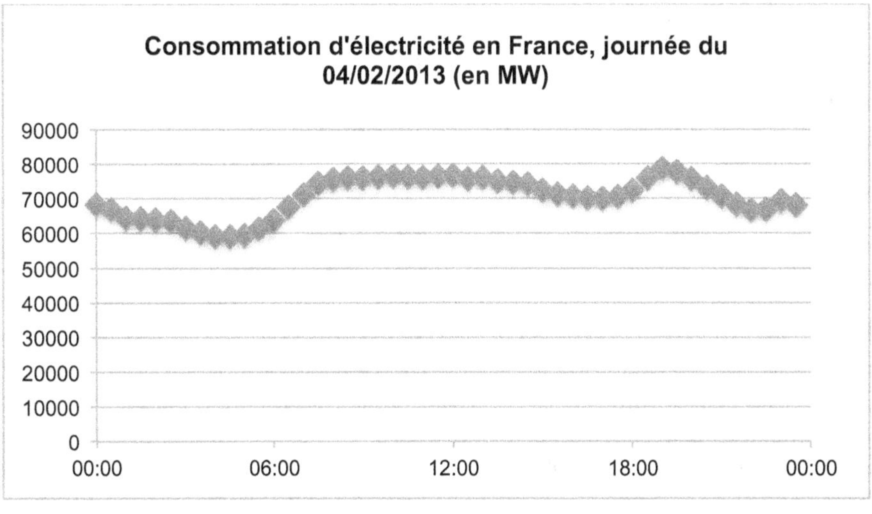

Source des données : RTE

Le 4 février 2013, la consommation maximale a été atteinte à 19h (78 533 MW) et la consommation minimale à 4h (59 003 MW), soit une différence de 33% entre le niveau minimal et le niveau maximal.

L'effacement diffus et le report de la consommation est un moyen de lisser la courbe de demande d'électricité. Des offres d'effacement diffus sont proposées par Voltalis mais sont encore peu répandues.

II. Sécurité du système électrique

RTE a présenté en septembre 2012 un **Bilan prévisionnel de l'équilibre offre-demande d'électricité en France pour la période 2012-2017**. Ce document permet de mieux appréhender l'état de la sécurité du réseau électrique français. RTE révèle deux constats.

D'ici à 2017, la consommation d'électricité en France va continuer d'augmenter, mais dans une moindre mesure par rapport aux années précédentes. En raison de la crise économique, la croissance de la demande d'électricité est en effet relativement peu soutenue et la réglementation incite à la réduction de la consommation d'énergie. Les mesures d'efficacité énergétique comme l'étiquetage des équipements, la disparition des ampoules à incandescence (remplacées par des ampoules dites « basse consommation ») ou une nouvelle réglementation thermique rendant moins favorable l'installation de chauffages électriques influent à la baisse sur l'évolution de la consommation d'électricité en France et participe à sa moindre évolution. **Cependant, RTE révèle que des disparités existent entre les régions**. De fait, des investissements sont donc nécessaires sur certaines parties du réseau pour soutenir l'augmentation de la demande dans certaines régions. De plus, le gestionnaire de réseau de transport constate la « thermo-sensibilité nationale élevée », laquelle nécessite une « vigilance particulière en cas de vague de froid ».

Parallèlement, la quantité d'électricité produite en France devrait diminuer en raison de plusieurs facteurs. D'une part, en 2015, les groupes thermiques les plus polluants en Europe doivent être soit mis en conformité, soit déclassés. La réglementation européenne sur les Grandes Installations de Combustion[114] devrait avoir pour conséquence une baisse de 3,9 GW de la puissance en service des groupes de charbon (15 groupes charbon vont être arrêtés). De plus, la Directive IED[115] devrait conduire à la réduction de la puissance installée de groupes fiouls de 3,8 GW. Enfin, la centrale

[114] Directive GIC

[115] Directive sur les Émissions Industrielles

nucléaire de Fessenheim devrait fermer en 2017. Aussi, malgré l'ouverture d'autres centrales (4 nouveaux cycles combinés gaz d'ici à 2017, un groupe nucléaire à Flamanville et une croissance de la puissance éolienne et photovoltaïque installée de 800 et 500 MW par an), entre 1,2 et 2,7 GW de puissance d'électricité devraient manquer en 2017.

Jusqu'à 2015, RTE est assuré de garantir la sécurité de l'approvisionnement en électricité de la France. Après cette date, cependant, RTE alerte sur les risques d'une impossibilité d'assurer la sécurité de l'approvisionnement. Le gestionnaire appelle donc à **investir dans les réseaux électriques, et en particulier dans les interconnexions** afin de renforcer la stabilité du réseau et d'assurer que la France, en situation de pointe, soit en mesure d'importer de l'électricité en provenance de ses voisins. De plus, pour pallier le risque pesant sur la sécurité du système français, RTE évoque la possibilité de reporter des fermetures de centrales, de développer des mécanismes d'effacements (pour réduire la demande d'électricité en heure de pointe) ou de renforcer les actions d'efficacité énergétique afin de réduire durablement la consommation d'électricité.

Un « chaos » énergétique ?

En écho à cette étude, Capgemini s'inquiétait, en octobre 2013, d'un « chaos » potentiel. Le cabinet de conseil préconisait la création d'un marché de capacité européen, une transition vers un modèle économique du marché de détail rémunérant les investissements dans les réseaux intelligents et une limitation des subventions accordées pour les énergies renouvelables. Un marché de capacité européen semble toutefois d'autant plus difficile à construire que les questions de capacité et de stabilité des systèmes sont débattues et résolues de manière nationale.

III. La pérennité du régime de monopole légal d'ERDF et de GrDF

Dans son rapport annuel de 2013, la Cour des comptes consacre une partie[116] de son étude à la distribution d'électricité en France.

« *Le métier de la distribution d'électricité et de gaz naturel n'est pas ouvert à la concurrence.* » Cette réalité a en fait une double traduction. D'une part, dans un territoire donné, il n'y a qu'un seul réseau de distribution. Cette réalité est conforme au bon sens : il n'y aurait aucun intérêt économique à développer plusieurs réseaux de distribution concurrents pour un territoire donné. D'autre part, ERDF pour l'électricité et GrDF pour le gaz sont dans une situation de monopole légal. Les communes sont les autorités chargées du service public de la distribution d'électricité et de gaz naturel sur leur territoire. Elles peuvent, en conséquence, soit assurer ce service elles-mêmes, au moyen de la création d'une régie (voir partie 1, historique et partie 2, distribution), soit concéder cette activité à un tiers (un concessionnaire). Le régime de droit commun des marchés publics dispose que, lors du choix, par une commune, d'un concessionnaire, celle-ci doit avoir recours à un moyen de sélection concurrentiel : le marché public est ouvert à la concurrence et c'est le candidat présentant l'offre la plus attractive (notamment en termes de coût) qui est sélectionné et qui devient le concessionnaire. Toutefois, le régime des concessions de distribution d'électricité et de gaz naturel est dérogatoire du droit commun : comme le rappelle le rapport de la Cour des comptes, « *en application de l'article L. 1411-12 du code général des collectivités territoriales, les dispositions codifiées de la loi du 29 janvier 1993, dite loi Sapin ne s'appliquent pas* ». Pour l'électricité, ERDF est ainsi en monopole légal. Cela signifie qu'une commune souhaitant concéder ce service est obligée d'avoir recours à ERDF. De plus, le prix de l'acheminement de l'électricité (la rémunération du concessionnaire) n'est pas négocié dans le contrat signé entre ERDF et la commune mais fixé nationalement (il s'agit du TURPE). Enfin, le concessionnaire du réseau de distribution d'énergie n'est pas soumis à un devoir d'information du concédant aussi exhaustif que pour les concessions de droit commun.

Le rapport de la Cour des comptes évoque toutefois la possibilité qu'un changement de législation oblige les concédants à mettre en concurrence, à plus ou moins long terme, l'activité de distribution de

[116] « Les concessions de distribution d'électricité : une organisation à simplifier, des investissements à financer », *in Rapport annuel 2013*, Cour des comptes

l'électricité. Cela pourrait avoir des conséquences importantes dans la mesure où certaines communes pourraient décider de concéder l'activité de la distribution d'électricité à une autre entité qu'ERDF.

Cette incertitude fragilise donc, selon ce rapport, ce système, d'autant que de nombreuses concessions arrivent à échéance prochainement.

Section 4.02 Une dynamique encourageante pour la concurrence malgré des incertitudes importantes

4.02.1 Un marché encore en transition

I. Des résultats contrastés

La pénétration des fournisseurs alternatifs sur les marchés de l'électricité et du gaz est significative (voir partie II). Cependant, quatre constats relativisent cette progression.

1. La pénétration des fournisseurs alternatifs sur les marchés de l'électricité et du gaz est **beaucoup plus importante s'agissant du gaz naturel.**
2. La pénétration des fournisseurs alternatifs sur les marchés de l'électricité et du gaz est **plus significative s'agissant des professionnels**, et, parmi les professionnels, plus particulièrement pour ceux **consommant beaucoup d'électricité ou de gaz.**
3. La forte progression des offres de marché est la conséquence de la **proposition de ces offres par les fournisseurs historiques** pour les gros consommateurs.
4. Enfin, la pénétration significative des fournisseurs alternatifs est en partie due à la **progression d'EDF sur le marché du gaz et de GDF Suez sur le marché de l'électricité**. La progression des *nouveaux fournisseurs* d'électricité et de gaz, pour importante, doit donc être relativisée.

II. Un marché encore très réglementé

Le marché de l'énergie se caractérise par une incertitude importante qui est particulièrement défavorable au développement des fournisseurs alternatifs.

A. La réforme du marché de l'électricité et du gaz reste inachevée, ce qui crée une incertitude pour les acteurs du marché.

L'ouverture du marché de l'électricité et du gaz est imparfaite et, en réalité, témoigne **d'une réforme en demi-teinte qui n'a ni pleinement ouvert tous les segments de marché à la**

concurrence, ni ambitionné de donner une vision claire menant à une ouverture progressive.

1) L'ouverture à la concurrence n'a pas concerné tous les segments de marché

Le marché de détail de l'électricité et du gaz est, dans sa globalité, ouvert à la concurrence. Mais **certains segments restent en situation de monopole**.

D'un point de vue réglementaire, certains segments ne sont pas ouverts à la concurrence :

- Le segment des options tarifaires EJP et Tempo pour l'électricité (environ 1 million de particuliers et de professionnels) ;
- Le segment des tarifs réglementés, que seuls les fournisseurs historiques peuvent proposer – ce qui est un véritable frein puisque les clients sont souvent attachés, pour des raisons psychologiques à ce « tarif réglementé » par rapport aux « offres de marché », même dans les cas où ces secondes sont moins chères que les premières ;

De fait, certains segments, bien qu'ouverts à la concurrence, sont peu investis par les fournisseurs alternatifs :

- Dans une large mesure, le segment des ELD à destination des particuliers, en raison du faible nombre de fournisseurs ayant conclu des contrats avec les GRD des ELD ;
- Les tarifs jaunes sont aussi peu ouverts à la concurrence : les fournisseurs alternatifs proposant des offres pour les professionnels tendent en fait à privilégier les gros consommateurs (tarifs verts) par rapport aux tarifs jaunes, pour des raisons de rentabilité et des impératifs techniques. En effet, il est nécessaire de connaître les courbes de charge des clients gros consommateurs pour pouvoir leur proposer une offre ; or, beaucoup de compteurs ne supportent pas cette fonctionnalité pour les professionnels actuellement éligibles au tarif jaune. Cette situation évolue toutefois du fait de la fin des tarifs jaunes.

2) En dépit des réformes législatives, le marché français reste de fait peu contestable, s'agissant plus particulièrement de l'électricité

L'ARENH, s'il permet aux fournisseurs alternatifs d'être compétitifs en leur ouvrant l'accès au parc d'électricité nucléaire – meilleur marché que les autres sources d'électricité, **masque en réalité le fait que le marché de l'électricité français est peu contestable**. Un marché contestable est un marché dans lequel un nouvel arrivant peut facilement s'installer, et ainsi contester – notamment par des prix plus attractifs, la position du ou des ancien(s) acteur(s). Inversement, un marché **non contestable est un marché dans lequel il n'est pas possible pour un nouvel entrant de contester la position des acteurs du marché**, généralement parce que les coûts d'entrée sont trop élevés ou parce que les marges, en termes de prix, sont trop faibles. Le marché de l'électricité français correspond à cette dernière catégorie. Il ne permet en fait pas l'instauration d'une concurrence très significative puisque :

- L'entrée et la sortie du marché présentent des coûts élevés, notamment en termes de systèmes d'information, de communication ou de contraintes réglementaires (ex : garanties).
- Les prix de l'électricité sont assez communs à tous les fournisseurs ; les nouveaux entrants supportent, du point de vue du coût de l'électricité, le même coût que les anciens acteurs. Le secteur de la production d'électricité en France est en effet très concentré et EDF reste l'acteur dominant.
- Les fournisseurs font globalement face à des consommateurs disposant d'un faible niveau de connaissance sur l'organisation du marché de l'électricité et du gaz dans le contexte de son ouverture à la concurrence. Les fournisseurs historiques, autant sur leur marché historique (électricité pour EDF et gaz pour GDF Suez) que sur leur marché non historique (gaz pour EDF et l'électricité pour GDF Suez) disposent ainsi d'une image favorable, comme le souligne le rapport de la Commission de régulation de l'énergie (CRE) sur le fonctionnement des marchés de détail français de l'électricité et du gaz naturel tandis que les fournisseurs alternatifs sont parfois l'objet d'un a priori négatif.

Le marché français de l'énergie est peu contestable

Critères	Réalité
Facilité d'entrée sur le marché	Difficile
Substituabilité du produit	Non substituable
Marge de négociation avec les fournisseurs	• *Réseaux de transport et de distribution :* le prix est fixé par l'État, donc marge de négociation faible, mais empêche des techniques d'éviction • *Achat de l'énergie :* pour l'électricité, l'ARENH permet des prix compétitifs mais la quantité d'électricité pouvant être achetée par ce biais est limitée
Marge de négociation avec les clients	Faible en raison de l'attachement traditionnel des clients au principe des tarifs réglementés
État de la concurrence	Marché dominé par les fournisseurs historiques

B. L'évolution tant des prix que des coûts est incertaine et rend difficile l'élaboration d'une vision de long terme pour les fournisseurs alternatifs.

1) L'évolution des coûts supportés par les fournisseurs alternatifs est difficilement prévisible.

Comme le souligne le **rapport de la Commission de régulation de l'énergie (CRE) sur le fonctionnement des marchés de détail français de l'électricité et du gaz naturel (2011-2012),** les prévisions de coûts supportés par les fournisseurs sont extrêmement difficiles à anticiper pour les nouveaux entrants alors que les coûts d'approvisionnement font partie des dépenses les plus importantes pour ceux-ci. Une entreprise connaît et maîtrise généralement assez bien ses coûts puisque ceux-ci sont fonction de sa « formule » de production ; certaines entreprises, lorsqu'elles doivent avoir des stocks, peuvent toutefois rencontrer davantage de difficultés à prévoir leurs coûts. Les coûts supportés par les fournisseurs alternatifs sont de divers ordres (voir *supra*) : coûts d'utilisation des réseaux, coûts d'achat de l'énergie et coûts commerciaux. Or, sur ces deux premiers types de coûts, **la marge de fixation des fournisseurs alternatifs est très faible**, et ce d'autant plus sur le marché de l'électricité. Cela peut présenter un avantage puisque ces coûts, dans le cadre par exemple du TURPE (utilisation des réseaux de transport et de distribution d'électricité) et de l'ARENH (prix de l'électricité issue du nucléaire), sont fixés par les pouvoirs publics. Toutefois, ce mode de tarification extracontractuelle présente deux faiblesses. D'une part, les fournisseurs alternatifs n'ont pas de réelle garantie de l'évolution de ces prix. D'autre part, les mécanismes de l'ARENH conduisent à une certaine rigidité du marché puisqu'ils supposent que les fournisseurs alternatifs soient en mesure de prévoir l'évolution de leur parc de clients, ce qui est difficile.

S'agissant des fournisseurs d'électricité et de gaz, le fait que des fournisseurs puissent exister alors même qu'ils ne sont pas des producteurs rend le marché davantage contestable. L'existence de l'ARENH est également un facteur positif. Toutefois, **ses modalités induisent de l'incertitude, qui est préjudiciable à la concurrence**. Le fournisseur est obligé d'anticiper sa demande et subit une pénalité si la consommation a posteriori est différente de la demande. Si la demande d'électricité est supérieure, alors il ne pourra couvrir le surplus par de l'électricité achetée à bon marché grâce à l'ARENH. Si la demande d'électricité est inférieure, il devra s'acquitter d'une pénalité. Dès lors, selon la formule utilisée par la CRE dans son rapport sur le fonctionnement des marchés de détail de l'électricité et du gaz naturel, il existe pour les fournisseurs alternatifs sur le marché de l'électricité « ***un risque supplémentaire soumis aux aléas de l'évolution de leur portefeuille client, qu'EDF n'a pas à supporter*** ». **Surtout, on ne sait pas quelle sera l'évolution de l'ARENH ces prochaines années**, ce qui rend les prévisions difficiles.

Aussi, le marché français de l'énergie, en dépit de sa réglementation favorable à la concurrence, est *de facto* peu propice au développement rapide des fournisseurs alternatifs.

4.02.2 Vers une moindre intervention des pouvoirs publics ?

I. Une action des pouvoirs publics encore indéterminée

Contrairement à l'idée communément reçue, l'ouverture à la concurrence des marchés de l'énergie n'a pas été imposée à la France par la législation européenne. Le mécanisme de prise de décision dans l'Union européenne associe en effet très étroitement les gouvernements nationaux à tous les échelons du processus normatif.

En l'espèce, la France a soutenu l'ouverture des marchés de l'énergie à la concurrence. Le gouvernement français a en effet estimé qu'une telle ouverture, qui s'effectuerait dans tous les Etats-membres, favoriserait les fournisseurs historiques français en leur ouvrant des perspectives de croissance dans les autres Etats européens. Le chiffre d'affaires réalisé en 2013 par EDF provient d'ailleurs pour plus de 40% des activités du fournisseur hors de la France[117].

Pourtant, les prises de décision des pouvoirs publics, en France, traduisent une frilosité vis-à-vis de la concurrence sur le marché de l'énergie français en décalage par rapport aux prises de position françaises lors des négociations ayant précédé l'ouverture à la concurrence du marché de l'énergie.

A. Ces dernières années, le pilotage de la politique énergétique de l'Etat s'est avéré confus

L'Etat dispose de nombreux leviers lui permettant d'influencer le fonctionnement du marché de l'énergie en France. Cependant, l'action de l'Etat en ce domaine relève souvent de l'indécision.

Le rattachement ministériel de la DGEC témoigne de l'ambiguïté de l'orientation de la politique de l'énergie. Rattachée au Ministère en charge de l'environnement entre 2007 et 2010, la DGEC a été placée

---

[117] D'après le rapport public d'EDF en 2013, le chiffre d'affaires du groupe s'élevait à 75,6 milliards d'euros, dont 40,2 milliards d'euros pour le segment *France* et 30,5 milliards d'euros pour les segments internationaux. Les *autres activités* comptaient pour 4,9 milliards d'euros.

sous l'autorité conjointe du Ministère en charge de l'industrie et du Ministère en charge de l'écologie entre 2010 et 2012. Le mot énergie avait d'ailleurs disparu de l'en-tête du Ministère en charge de l'écologie pour rejoindre celui d'un « Ministre chargé de l'Industrie, de l'Énergie et de l'Économie numérique ». Depuis 2012, c'est le ministère en charge de l'environnement qui est de nouveau en charge de l'énergie.

Un « Grenelle de l'environnement » a eu lieu pendant la présidence de Nicolas Sarkozy. Il a abouti à des mesures ambitieuses quoique, pour certaines, critiquées (comme la taxe carbone, par exemple). C'est pourquoi un débat national sur la transition énergétique a été lancé lors de la Conférence environnementale des 14 et 15 septembre 2012. Organisé par le Ministère de l'Écologie, du Développement durable et de l'Énergie, il s'est achevé en juillet 2013 et a abouti à la présentation par le Conseil national du débat d'une Synthèse des travaux du débat national sur la transition énergétique de la France le 18 juillet 2013.

Cette synthèse comporte différents enjeux, dont, en particulier :

- un accroissement de l'**efficacité énergétique**, ce qui suppose d'augmenter les performances énergétiques des nouvelles constructions, et d'améliorer la transition énergétique ;
- favoriser un mix-énergétique sûr et émettant peu de gaz à effet de serre, en limitant la part du nucléaire et des énergies fortement émettrices de gaz à effet de serre.

Toutefois, cette synthèse reste relativement générale. De plus, des dissensions fortes sont apparues à l'occasion de ces débats entre les différents participants.

Ce débat se traduit par un projet loi de loi sur la transition énergétique présenté le 30 juillet 2014 en Conseil des ministres et en discussion au Parlement en octobre 2014.

Depuis 2007, 9 Ministres (dont 7 de plein-exercice) ont été en charge de l'énergie

	2007-2010	*2010-2012*	*2012-…*
Ministère de plein-exercice	**Ministre d'État, ministre de l'Écologie, du Développement et de l'Aménagement durables** *18 mars 2008, intitulé modifié en :* **ministre d'État, ministre de l'Écologie, de l'Énergie, du Développement durable et de l'Aménagement du territoire** *23 juin 2009 : intitulé modifié en :* **ministre d'État, ministre de l'Écologie, de l'Énergie, du Développement durable et de la Mer, chargé des Technologies vertes et des Négociations sur le climat**	**Ministre de l'Économie, des Finances et de l'Industrie**	**Ministre de l'Écologie, du Développement durable et de l'Énergie**
Nom du Ministre	Alain JUPPE (2007), Jean-Louis BORLOO (2007-2010)	Christine LAGARDE (2010-2012)	Nicole BRICQ (2012), Delphine BATHO (2012-2013), Philippe MARTIN (2013-2014), Ségolène ROYAL (2014-…)
Ministère rattaché à un ministre de plein-exercice	*Sans (2007-2009),* **Secrétaire d'État auprès du ministre d'État, ministre de l'Écologie, de l'Énergie, du Développement durable et de la Mer, chargé des Technologies vertes et des Négociations sur le climat** (2009-2010)	**Ministre chargé de l'Industrie, de l'Énergie et de l'Économie numérique auprès du Ministre de l'Économie, des Finances et de l'Industrie**	*Sans*
Nom du Ministre	*Sans (2007-2009),* Valérie LETARD (2009-2010)	Eric BESSON (2010-2012)	*Sans*

Source : recherches internes, Selectra

B. Vers une stabilisation du cadre juridique

Dans son rapport d'activité 2012, la CRE critiquait la complexification d'un cadre juridique « en perpétuelle évolution, notamment en matière de tarifs » en rappelant que le cadre juridique, depuis 2000 (date de l'ouverture des marchés) avait été modifié « par 31 lois et ordonnances ». La CRE explique par exemple que « la composition du collège de la CRE a été modifiée à cinq reprises ». Cette instabilité, en plus de favoriser l'incompréhension du consommateur comme le pointe la CRE, a des répercussions négatives pour les acteurs du marché, notamment privés. En l'absence d'un cadre juridique stable, leurs choix d'investissement peuvent en effet être freinés.

Le revirement du gouvernement sur le sujet du renouvellement des concessions hydroélectriques est, à cet égard, assez éloquent. Alors que celui-ci avait annoncé, en 2010, le lancement d'une procédure de mise en concurrence pour les concessions qui venaient à échéance, la ministre de l'environnement, en 2012, décidait de suspendre le renouvellement des concessions hydroélectriques. Finalement, après un référé de la Cour des comptes en 2013, la procédure devait reprendre en 2014. Toutefois, ce revirement a eu pour conséquence la fermeture du bureau parisien de l'énergéticien suédois Vattenfall. Si cet acteur reste un fournisseur d'électricité en France, il a semble-t-il renoncé à se porter candidat pour l'obtention d'une concession hydroélectrique.

Plus que les décisions des pouvoirs publics, c'est leur succession (TaRTAM puis ARENH et décision d'extinction des tarifs réglementés jaunes et verts) qui était critiquée.

Au moins deux autres exemples témoignent de ce manque de visibilité. La décision relative à la fixation du prix de l'ARENH pour l'année 2014 a été prise à la fin du mois d'octobre 2013 alors même que le guichet ARENH (c'est-à-dire le moment où les fournisseurs achètent leurs droits à l'ARENH pour le premier semestre 2014) avait lieu le 15 novembre 2013. Il n'était par ailleurs pas possible de revenir aux tarifs réglementés après les avoir quittés, puis cette possibilité a de nouveau été offerte.

C. Un cadre juridique parfois ignoré par les pouvoirs publics

Les tarifs réglementés **évoluent d'une manière qui n'est pas toujours conforme à la formule publique qui commande normalement à leur évolution ;** la décision du Conseil d'État d'annuler, de manière rétroactive, le gel des tarifs du gaz en 2011 et 2012 est fondée sur le fait que cette formule n'a pas été respectée et qu'en est découlé un prix du gaz trop bas. Cette fixation « politique » des tarifs réglementés a été largement critiquée par les fournisseurs d'énergie, qu'ils soient historiques ou alternatifs.

Jusqu'à 2013, les tarifs réglementés du gaz étaient fixés par décret sur proposition de la CRE (voir supra) selon une formule. Cependant, **le gouvernement a, à plusieurs reprises, freiné l'augmentation de ces prix**. C'est ainsi que trois arrêtés pris en 2011 et 2012 ont gelé les tarifs du gaz ou limité leur augmentation sur les périodes du 1er juillet 2011 au 1er octobre 2011, du 20 juillet 2012 au 28 septembre 2012, et du 29 septembre 2012 au 1er janvier 2013.

Les décisions **du gouvernement de geler les prix du gaz** afin de limiter la répercussion de la hausse des prix du gaz sur le marché mondial sur les factures des consommateurs français **ont été attaquées par** les fournisseurs. **Tous les fournisseurs**, indépendamment de leur type (fournisseur historique ou alternatif) ont exprimé leur désaccord sur le mode de fixation – trop « politique » – des tarifs réglementés. Le **fournisseur historique** GDF Suez estimait que les quatre arrêtés représentaient un **manque à gagner** de 365 millions d'euros, dont 151 millions au titre de 2012. Plus généralement (le cas d'espèce concerne les tarifs réglementés du gaz mais ces critiques sont aussi partagées par EDF sur le marché de l'électricité), les fournisseurs historiques estiment que les tarifs réglementés les empêchent de dégager les financements nécessaires à leurs investissements et que l'incertitude quant à leur évolution rend les projections stratégiques difficiles. Les **fournisseurs alternatifs** nouvellement entrés sur le marché, regroupés au sein de l'Association nationale des opérateurs détaillants en énergie (ANODE) ont aussi critiqué ces tarifs car ils soutenaient que ce gel conduisait à une **distorsion de la concurrence** :

- en effet, d'abord, cela aboutissait à un **manque de visibilité** pour ces opérateurs dont une partie des offres de marché sont indexées sur les tarifs réglementés ;
- ensuite, cela rendait leurs offres à prix fixes **moins attractives** (puisque les tarifs réglementés ne s'ajustaient pas comme ils auraient dû) ;
- enfin, les prix du gaz augmentant de manière moindre, **l'intérêt pour le consommateur de changer de fournisseur se faisait moins sentir** (on a vu précédemment que l'évolution des prix n'est pas étrangère à l'évolution du nombre de personnes optant pour un fournisseur alternatif).

Le Conseil d'État a annulé ces arrêtés en juillet 2012 ainsi qu'en janvier 2013. Cette annulation a pour corollaire l'application de hausses rétroactives des factures payées par les ménages français[118].

Le nouveau mode de fixation des tarifs réglementés du gaz est imprégné de la volonté de pérenniser son existence, pour les particuliers, tout en levant les incertitudes quant à sa fixation. **L'État a réformé le mode de fixation fin 2012 des tarifs réglementés dans une logique qui permette d'atténuer le caractère politique de l'augmentation des prix de l'énergie**. Selon cette réforme, les tarifs réglementés évoluent selon une formule revue chaque 1er juillet. Ces variations des tarifs réglementés sont désormais mensuelles et non plus trimestrielles, ce qui a pour conséquence :

- de rendre ces évolutions plus discrètes et donc moins sensibles d'un point de vue politique ;
- et surtout de les rapprocher de l'évolution réelle des prix sur le marché. Par exemple, au 1er février 2013 les tarifs du gaz ont ainsi diminué de 0,5% ; une diminution a également suivi en mars 2013 (-0,3%) et en avril 2013 (-0,6%).

En dernier recours, l'État conserve le pouvoir de suspendre l'application de la formule en cas de hausse excessive.

Les décisions répétées du Conseil d'État d'annuler des gels de tarifs témoignent de sa volonté d'inscrire le marché de l'énergie dans un contexte plus stable et moins politisé. Les récentes réformes ont tendu à « dépolitiser » la fixation des prix des tarifs réglementés. Le P-DG de GDF Suez, Gérard Mestrallet, déclarait, suite à cette réforme fin 2012 que « C'est une page qui se tourne, c'est la queue de comète et nous entrons dans une période de clarté et de stabilité », témoignant de ce que la faculté pour les fournisseurs de prévoir est essentielle.

Malgré ces réformes, les récents développements sur le marché de l'électricité sont peu encourageants. Le Conseil d'État a annulé le 11 avril 2014 l'arrêté fixant les tarifs réglementés pour la période du 23 juillet 2012 au 31 juillet 2013, au motif que ces tarifs ne couvraient pas les coûts supportés par le fournisseur historique. Cette annulation aurait dû se traduire par un nouvel arrêté fixant ces tarifs de manière rétroactive dans les deux mois suivant la décision. En octobre 2014, l'arrêté rétroactif n'avait toutefois toujours pas été publié. Plus étonnamment, l'augmentation d'août 2014, prévue dès l'année 2013 en deux étapes[119], a été annulée au dernier moment, ce qui pourrait conduire à une nouvelle intervention du Conseil d'État.

---

[118] En moyenne 23€ environ pour un ménage se chauffant au gaz et 1,5€ pour un ménage utilisant le gaz pour la cuisson.

[119] Les tarifs bleus avaient augmenté de 5% le 1er août 2013 et devaient augmenter encore de 5% en août 2014.

Focus - La tarification progressive de l'énergie en question

La tarification progressive de l'énergie est un dispositif devant permettre de **rendre les consommations d'énergie nécessaires plus abordables et de décourager les consommations excessives d'énergie**.

Son principe repose sur la taxation progressive des consommations d'énergies. Cette taxation prend la forme d'un bonus-malus. Autrement dit, par rapport au prix normal de l'énergie, un bonus est appliqué aux consommations en-deçà d'un seuil alors qu'un malus est appliqué au-dessus de ce seuil.

La traduction législative donnée à l'engagement pris par François Hollande lors de sa campagne présidentielle en 2012[120] n'a toutefois pas été jugée conforme à la Constitution. Les principales dispositions de la loi du 15 avril 2013[121] devant mettre en place un tel système ont en effet été censurées par le Conseil constitutionnel[122]. La tarification progressive de l'énergie a soulevé des questions quant à son périmètre et quant à sa compatibilité avec le principe d'égalité.

Le premier type de critique porté à l'encontre de la tarification progressive de l'énergie reposait sur son périmètre :

- En effet, telle qu'elle était présentée dans la loi du 15 avril 2013, la tarification progressive ne concernait que les consommations résidentielles, excluant les consommations non résidentielles ; or, une telle exemption, si elle se comprend d'un point de vue économique (il s'agit de ne pas diminuer la compétitivité de la France pour les industries très consommatrices d'énergie) va à l'encontre de l'objectif de diminution de la consommation d'énergie, d'autant que les plus grands consommateurs d'énergie sont d'origine non résidentielle ;
- De plus, dans la version présentée au Conseil constitutionnel, le bonus-malus ne s'appliquait qu'aux consommations d'énergies de réseaux (eau, électricité et chaleur). Aussi, les particuliers consommant beaucoup d'énergie auraient pu être incités à opter pour un type d'énergie hors-réseau pour

[120] L'engagement 42 était ainsi rédigé : « *Je ferai adopter une nouvelle tarification progressive de l'eau, de l'électricité et du gaz afin de garantir l'accès de tous à ces biens essentiels et d'inciter à une consommation responsable. Elle permettra de faire sortir de la précarité énergétique 8 millions de Français.* »

[121] Loi n°2013-312 du 15 avril 2013 visant à préparer la transition vers un système énergétique sobre et portant diverses dispositions sur la tarification de l'eau et sur les éoliennes

[122] Décision n°2013-666 DC du 11 avril 2013

échapper à la taxe (fioul, gaz propane). La taxe aurait donc eu un effet *distorsif* ;

De plus, le Conseil constitutionnel a considéré que la taxe méconnaissait le principe d'égalité :

- En effet, les personnes habitant des logements mal isolés ou disposant de systèmes de chauffage peu performants auraient pu se retrouver dans une situation où le prix de leur énergie aurait considérablement augmenté, alors même qu'ils n'avaient pas les ressources nécessaires pour effectuer des travaux de rénovation pour réduire leur consommation d'énergie ;
- De plus, les personnes en situation de chômage, passant de fait plus de temps dans leur logement, auraient été pénalisées par rapport aux personnes en activité professionnelle ;
- Enfin, pour les résidences ayant recours au chauffage collectif, la loi se serait appliquée à la consommation agrégée, sans faire de différence entre les différentes consommations individuelles.

A priori, le projet d'une tarification progressive de l'énergie semble donc pour l'instant suspendu.

Section 4.03 Le développement des smartgrids : vers un investissement des consommateurs plus important ?

Face à l'ouverture à la concurrence des marchés de l'électricité et du gaz, les consommateurs français apparaissent globalement **peu informés**. Peu savent qu'ils ont la possibilité d'opter pour un fournisseur autre qu'EDF pour l'électricité et GDF Suez pour le gaz. Certains clients ne font d'ailleurs pas la différence entre les deux entreprises qu'ils assimilent à un grand service public. Ce constat peut être expliqué par le manque de perceptibilité de l'intérêt de changer de fournisseur. **Aucune révolution technologique** (à l'image des offres *triple play* dans la téléphonie mobile) ne permet d'inciter un consommateur à changer de fournisseur pour bénéficier d'un service plus performant ou novateur.

Toutefois, une évolution technologique notable est en marche. Le développement de réseaux intelligents pour l'électricité et le gaz naturel va faciliter le travail du gestionnaire de réseau et des fournisseurs. **Elle est aussi une opportunité de rapprocher l'énergie des consommateurs et de renforcer l'intérêt des consommateurs**. Le récent développement de l'offre Tribu proposée par Direct Energie aux clients disposant d'un compteur Linky dans la région du Rhône et dans l'Indre-et-Loire en est une illustration. **Cette offre permet de visualiser sa consommation d'électricité et entraîne une facturation à la consommation réelle**. Elle inclut toutefois d'autres services grâce à **une box reliée à internet et au compteur linky** par un module :

- Le consommateur disposant de l'offre Tribu peut par exemple piloter à distance, sur son ordinateur ou son Smartphone, certains appareils électriques grâce à des prises intelligentes mises à sa disposition. Cette faculté permettrait de réaliser jusqu'à 15% d'économies sur ses consommations d'électricité.
- Il peut demander à recevoir des alertes en cas de dépassement de consommation.
- Les heures creuses sont proposées à la carte et l'abonnement s'ajuste en fonction de sa consommation.
- Enfin, l'offre Tribu inclut la mise à disposition d'un détecteur de fumée et d'un détecteur de mouvement. Le consommateur peut d'ailleurs programmer l'allumage de ses lampes pour

simuler sa présence dans le logement et dissuader d'éventuels cambrioleurs.

Le développement des compteurs intelligents pourrait donc faciliter la différenciation des offres de fourniture d'énergie et susciter l'intérêt des consommateurs. De leur côté, les fournisseurs se mueraient davantage en fournisseurs de services, allant au-delà de la simple fourniture d'énergie.

Cette évolution pose néanmoins un certain nombre de questions ayant trait entre autres au respect de la vie privée.

I. Les compteurs intelligents : de quoi s'agit-il ?

Les compteurs sont un dispositif clé de la facturation au détail de l'électricité et du gaz. Reposant à l'origine sur des dispositifs de comptage électromécaniques, les compteurs installés ces dernières années ont intégré des dispositifs électroniques. **Les compteurs intelligents procèdent cependant moins d'une évolution du mode de comptage que d'une évolution des tâches que celui-ci peut effectuer**. En plus de compter la quantité d'énergie consommée, les nouveaux types de compteur effectuent en effet d'autres tâches. On distingue deux types de compteurs intelligents. Certains compteurs peuvent assurer la **relève de l'index de consommation à distance**. Ces compteurs sont appelés « *Automated Meter Reading* ». D'autres compteurs permettent, en plus, de procéder à différentes opérations (comme les **mises en service**). Ils sont appelés « *Advanced Meter Management* ». Enfin, la plupart de ces compteurs peuvent prendre en compte **à la fois le soutirage** (consommation) et les **injections** (production).

Le déploiement de ces compteurs résulte d'une **exigence européenne**. La directive 2009/72/CE du Parlement européen et du Conseil du 13 juillet 2009 prévoit en effet que 80 % des foyers européens devront disposer d'un compteur intelligent d'ici à 2020 et 100 % d'ici à 2022.

En France, le déploiement de ces compteurs coûtera plusieurs milliards d'euros. Un article[123] estime que le marché des **200 millions de compteurs à installer en Europe d'ici à 2020 représente près de 40 milliards d'euros**, ce à quoi s'ajouterait un marché du renouvellement de ces compteurs tous les 10 à 15 ans. De plus, cette

[123] ESMIG (2009), « From Standards to Interoperability », présentation de Thomas Schaub au ERGEG Workshop on Smart Metering, Brussels, 14/12/09

évolution suppose de créer des **réseaux d'information** et entraîne donc des coûts importants pour les GRD en termes d'infrastructures et de systèmes d'informations outre l'investissement dans les compteurs. Toutefois, le financement de ces nouveaux compteurs **ne doit pas se faire par les ménages**, via une augmentation du TURPE. Au contraire, cet investissement devrait être financé par les **économies** que l'utilisation de ces compteurs devrait permettre. En effet, l'utilisation de ces compteurs **réduira le nombre de pertes** en raison de relevés incorrects. De plus, la relève s'effectuant à distance, les déplacements des agents seront rendus exceptionnels. Enfin, il n'est pas impossible que le déploiement de ces compteurs s'accompagne de la création de nouveaux services optionnels qui permettront d'amortir l'investissement initial.

Pour ERDF, trois compteurs intelligents existent : le compteur *linky* est destiné aux particuliers, un compteur est destiné aux PME-PMI et, enfin, un compteur est destiné aux entreprises reliées en HTA. D'autres GRD ont développé des compteurs en tout point similaires à linky mais portant un autre nom commercial. Par exemple, le compteur intelligent développé par SRD (le GRD des territoires ruraux du département de la Vienne) s'appelle *ewatt*. Pour le gaz, GrDF prévoit la mise en place d'un compteur *Gazpar*.

	Electricité	Gaz naturel
	« ***Linky*** » (nom commercial pour ERDF)	« ***Gazpar*** » (nom commercial pour GrDF)
Champ	35 millions de compteurs	11 millions de compteurs
Fonctionnalités	• Relève à distance de l'index • Interventions automatiques (changement de puissance, coupure, mise en service, etc.)	• Relève à distance de l'index
Expérimentation	2009 à 2011 (ERDF) sur 250 000 compteurs en Indre-et-Loire et à Lyon	2010-2011
Décision de généralisation du projet	28 septembre 2011	25 juillet 2013 (accord de principe – décision définitive en attente)
Horizon	2020	Entre 2015 et 2021
Montant de l'investissement (estimation)	5 à 7 milliards d'euros	1 milliard d'euros

II. Compteurs intelligents : répercussions positives

Le développement des compteurs intelligents doit avoir plusieurs **répercussions positives**. Il s'effectue dans le cadre du développement de réseaux intelligents (Smartgrid). Ces répercussions sont cependant l'objet de discussions[124]. Pour **les petits producteurs d'électricité**, le compteur intelligent permettra de distinguer le prix auquel l'électricité est achetée et vendue. Les consommateurs d'électricité peuvent produire de l'électricité au moyen de panneaux photovoltaïques par exemple. Pour le moment, l'électricité consommée est soustraite à l'électricité produite. Aussi, aucune différence de prix n'est faite alors qu'en période de pointe, l'électricité produite peut avoir une valeur plus importante qu'en période de base. Avec le compteur intelligent, l'énergie consommée et l'énergie produite sont comptées différemment. Pour **le gestionnaire de transport** (GRT), l'équilibre entre les injections et les soutirages d'électricité sera facilité par l'information disponible en temps réel sur les quantités d'électricité soutirées. De fait, les pertes sur les réseaux pourront être minimisées. Le déploiement des compteurs intelligents donnera aux **fournisseurs** une connaissance plus fine de la courbe de charge de tous leurs clients. Cette connaissance des courbes de charge – les gros consommateurs disposent déjà de dispositifs qui informent le fournisseur en temps réel – est intéressante pour les fournisseurs dans la perspective de l'accroissement de la concurrence sur le marché de gros de l'énergie.

Enfin, cette nouvelle technologie doit avoir des répercussions intéressantes sur les **consommateurs** en les incitant à diminuer leur consommation, et en diminuant les erreurs de comptage. L'évolution des tarifications pourrait en effet conduire un consommateur à accepter de décaler certains usages en mettant en marche des machines (lave-linge, par exemple) à un moment où l'électricité est moins chère. Dans certains pays, comme la Belgique, cette évolution peut conduire à de nouveaux modes de facturation. Traditionnellement, les compteurs d'électricité sont des compteurs à crédit, c'est-à-dire qu'ils facturent un prix à payer ultérieurement. Cependant, des compteurs à budget ont été développés en Belgique. Ceux-ci reposent sur un fonctionnement similaire aux cartes de téléphonie prépayées dans la téléphonie et est destiné aux consommateurs ayant des difficultés de paiement. Ceux-ci peuvent

[124] *Les « compteurs intelligents » sont-ils conçus pour économiser de l'énergie ?* Frédéric Klopfert, Grégoire Wallenborn, 2011

acheter auprès d'un fournisseur une carte d'électricité prépayée à insérer dans son compteur. Le client peut consommer de l'énergie à concurrence du montant chargé sur sa carte.

III. Questions soulevées

Propriétaires des réseaux de distribution, les collectivités territoriales possèdent également les compteurs. Une question s'est donc posée sur le **régime de propriété** des nouveaux compteurs intelligents, ERDF ne souhaitant pas investir une somme considérable d'argent dans des compteurs si ceux-ci ne sont pas sa propriété. En effet, une rupture ou un non renouvellement du contrat de concession avec les collectivités territoriales n'est théoriquement pas impossible. De plus, diverses questions se posent sur **l'attention que les consommateurs porteront** au déploiement de compteurs intelligents. Certains fournisseurs estiment que cette évolution technologique peut permettre une appropriation par les consommateurs de leur compteur, ceux-ci ayant une meilleure compréhension de son fonctionnement. D'autres pensent, au contraire, que la fourniture d'énergie reste assimilée dans les esprits à un service pour un bien immatériel et que le développement de ces nouveaux compteurs n'aura pas nécessairement de grande influence sur l'évolution des esprits.

Le développement des compteurs intelligents soulève également des questions générales. D'abord, il pourrait **aboutir à une tarification au détail de l'énergie** en fonction de son prix de production sur le marché de gros. Autrement dit, les tarifs de l'électricité s'en trouveraient certes **mieux adaptés mais plus complexes**. Ensuite, certains émettent des réserves sur le développement des compteurs intelligents en raison de la potentielle **atteinte à la vie privée** à laquelle ils pourraient conduire. Les compteurs intelligents pourraient par exemple permettre de déduire l'heure à laquelle un ménage se couche et se réveille, faisant craindre l'émergence d'une société sous surveillance. Cette question est rendue plus prégnante alors que le régime de propriété des données transmises par le compteur est encore flou. Certains critiquent les potentielles conséquences de ces nouveaux compteurs sur les **emplois** puisque le développement des compteurs intelligents aura des conséquences économiques significatives. Pour les gestionnaires de réseau de transport (GRD), la structure des emplois devrait vraisemblablement changer dans le sens du développement de postes à haute qualification (systèmes d'informations par exemple) en remplacement de postes à faible qualification (les GRD n'auront plus besoin de régiments de techniciens afin de réaliser les opérations de mise en service et de relever les compteurs par exemple). En outre, des interrogations sont soulevées en matière de **santé publique**. Les compteurs intelligents utilisent en effet le courant porteur de ligne (CPL) pour communiquer avec le GRD c'est-à-dire que des ondes seront émises par ces dispositifs.

Des critiques sont aussi émises sur la sincérité de l'argument écologique derrière le développement de ces technologies (accusations de *greenwashing* : c'est-à-dire de prendre l'argument de l'environnement comme un prétexte pour faire en fait davantage de profit).

Enfin, un des objectifs affichés par la directive européenne ayant organisé la mise en place de compteurs intelligents est de faire prendre conscience aux consommateurs de leur consommation d'énergie afin de les inciter à la réduire. Toutefois, il n'est pas acquis que les compteurs intelligents bénéficieront tous d'un afficheur (ce ne sera vraisemblablement pas le cas pour les compteurs Gazpar par exemple) et que, s'ils en disposent, l'information présentée soit intelligible pour le consommateur. Un affichage de la consommation par des courbes avec une comparaison en fonction de la moyenne de consommation du voisinage, par exemple, serait plus intelligible qu'un affichage de la consommation brute. De plus, les compteurs sont parfois situés dans des endroits difficiles d'accès ou peu fréquentés (cave par exemple). La réussite de l'objectif de réduction de la consommation par la mise en place de compteurs intelligents dépendra donc en grande partie de la mise en place de sites internet permettant au consommateur de suivre sa consommation en temps réel.

In fine, c'est aussi la question de la volonté d'inciter les clients à réduire leur consommation qui est en cause. Un fournisseur comme EDF n'a pas forcément comme intérêt immédiat à ce que ses clients réduisent de manière trop drastique leur consommation, ce qui, de fait, réduirait le montant de leur facture. Aussi, si sa filiale ERDF est extrêmement intéressée par la connaissance en temps réel de la consommation de ses clients afin de rendre la facturation plus juste et d'assurer la sécurité du système, elle n'est peut-être pas incitée à favoriser la connaissance par les clients de cette information.

IV. Un changement de paradigme ?

In fine, c'est vers un **changement profond de la manière dont l'électricité est perçue et utilisée aujourd'hui que mène le développement de ces compteurs**. Partie d'un réseau intelligent (***smart grid***), le compteur participera à la faculté pour le réseau de connaître à tout instant le niveau de demande et de production afin de faciliter la prise de décisions.

Alors qu'aujourd'hui, le réseau adapte constamment le niveau de la production à la demande d'électricité, les compteurs intelligents inverseraient le paradigme. En fonction du prix de la production, du contexte de stabilité du réseau (période creuse, de pointe), le réseau aurait recours soit à une augmentation de la production, soit à un ajustement de la quantité d'électricité consommée en procédant par exemple à des effacements de certaines consommations. Certains observateurs tels que Jeremy Rifkin[125] pensent ainsi que le développement des *smart grids* pourrait s'apparenter à une **troisième révolution industrielle**.

Ces projets peuvent permettre de limiter la hausse de la consommation énergétique en apportant des informations en temps réel aux consommateurs. Toutefois, on peut se demander si le développement des compteurs intelligents peut réellement aller dans le sens d'un accroissement des économies d'énergie. Une des questions est d'ailleurs l'appropriation des compteurs par les consommateurs. Aujourd'hui, le compteur d'électricité ou de gaz est généralement un instrument relativement ignoré par les consommateurs. Toutefois, certaines actions pourraient inciter les consommateurs à réduire leur consommation (positionnement par rapport à la moyenne du voisinage ou par rapport à des ménages « similaires » par exemple)[126] même si Jeremy Rifkin semble penser que l'importance accordée à ces problématiques varie fortement selon le milieu socioculturel et socio-économique.

---

[125] Jeremy Rifkin « European dream not dead yet », interview avec EurActiv.com, 16/06/10

[126] Wood (2007), « Energy-use information transfer for intelligent homes: Enabling energy conservation with central and local displays », Energy and Buildings 39:495-503 ; et Darby (2006)

Section 4.04 Quel visage pour le marché de détail de l'énergie en 2025 ?

I. Electricité, gaz : les prix de la molécule vont augmenter

Les prix de l'énergie devraient continuer d'augmenter ces prochaines années sous les effets conjugués de l'accroissement de la pression fiscale et de la hausse des prix de l'électricité et du gaz sur les marchés de gros.

L'accroissement de la pression fiscale doit aux efforts de l'Etat pour contribuer à une croissance plus verte et plus équitable. La « transition énergétique » soutient une augmentation des dispositifs d'aide aux énergies renouvelables et, donc, de la CSPE. Dans un rapport publié en octobre 2014, la CRE estime ainsi que les charges de service public financées par la CSPE pourraient tripler, représentant 100 milliards d'euros sur la période 2014-2025 alors qu'elles ne représentaient que 30 milliards d'euros sur la période 2002-2013. Dans une moindre mesure, l'élargissement du champ et de la portée des dispositifs sociaux, qui concernent, fin 2014, 4 millions de personnes rend nécessaires des augmentations de tarifs. Globalement, la CRE estime que la CSPE, de 16,5 €/MWh en 2014, pourrait atteindre 30€/MWh en 2025.

Les coûts d'acheminement sont aussi orientés à la hausse, du fait, d'une part, de l'investissement dans les réseaux intelligents, qui suppose de la part des gestionnaires de réseau des investissements conséquents et, d'autre part, du développement des capacités d'interconnexion afin de rendre le marché de gros plus liquide et d'améliorer la résilience des réseaux.

Parallèlement, les prix de la molécule d'électricité et de gaz continueront d'augmenter sous la pression des marchés de gros. La transition énergétique exige des investissements et rend l'électricité plus chère à produire, de même que les investissements dans la sécurité des centrales nucléaires et pour le développement de centrales de nouvelle génération. Parallèlement, à moins d'une nouvelle récession mondiale, le prix du gaz devrait accompagner le retour de la croissance au niveau mondial. Le retard pris dans le développement des gaz de schiste, en Europe, ne devrait pas contrebalancer de manière significative cette hausse des prix.

II. Des acteurs moins nombreux et plus intégrés

Avec une vingtaine de fournisseurs d'électricité et de gaz, dont une dizaine proposant des offres sur le marché de masse, le paysage du marché de détail français témoigne de son ouverture encore récente.

L'ampleur des investissements à réaliser par les fournisseurs devrait en réduire le nombre dans le courant de la prochaine décennie.

Confrontés à une augmentation des coûts (achat de l'énergie en gros, acheminement) et des taxes, les fournisseurs doivent pourtant réaliser des investissements massifs ces prochaines années. Pour rester compétitif, ils doivent dégager les financements pour réduire, à moyen et long terme, le coût de l'énergie et pour attirer de nouveaux consommateurs. Sur l'électricité, en particulier, les fournisseurs doivent préparer la fin de l'ARENH en 2025, ce qui rend nécessaire l'investissement dans des capacités de production. Cette tendance se constate déjà à l'échelle locale où les ELD se regroupent pour agir sur le marché de masse.

Après un « Printemps de la concurrence » avec une dizaine de fournisseurs d'énergie pour les particuliers et vingtaine pour les professionnels, on peut donc s'attendre à une concentration des acteurs.

III. Des consommateurs mieux informés et une concurrence plus vive

Dans dix ans, on peut faire l'hypothèse que les changements de fournisseur seront plus nombreux et qu'un nombre plus important de consommateurs se posera la question de son fournisseur d'énergie au-delà du besoin de « mettre le compteur à son nom » lors d'un déménagement, utilisant, pour ce faire, des comparateurs d'offres.

C'est bien ce qu'illustre l'état du marché britannique de détail de l'énergie. Ouvert à la concurrence depuis plus longtemps qu'en France, il se caractérise par un taux de changement de fournisseur plus important qu'en France, situé à environ 10% du parc par an (contre environ 1% du parc par an en France) et un niveau d'information des ménages bien meilleur qu'en France. Si le marché y fait ressortir des différences de prix plus importantes, le marché tend, de plus, à la concentration. Six fournisseurs principaux se partagent 95% du marché et l'Ofgem (le régulateur britannique) fait état de soupçons d'entente entre ces acteurs.

IV. Des fournisseurs de services plus que de molécule

Dans un marché avec une structure de coûts aussi similaire d'un fournisseur à l'autre, les seules distinctions de prix du kWh d'électricité ou de gaz ne pourront toutefois soutenir la croissance des acteurs de manière massive. On imagine difficilement l'arrivée d'un *Free* sur le marché de l'énergie en France promettant de diviser la facture des ménages par deux.

Pour cette raison, on devrait assister, dans la prochaine décennie, au développement d'offres plus globales. Moins fournisseur de molécules d'électricité ou de gaz, le fournisseur d'énergie de demain devrait progressivement devenir un fournisseur de services.

Le prix de la molécule serait alors de moins en moins l'élément de différenciation. En couplant concurrence sur les prix, réductions de consommation du fait de travaux d'isolation ou d'amélioration de l'efficacité énergétique et opérations d'effacement, le fournisseur de demain pourra proposer à ses clients un service plus susceptible de dégager, pour le fournisseur et le consommateur, une plus-value importante. En s'éloignant de la structure de coût de la molécule d'énergie, le fournisseur pourra en effet dégager plus de marges ; réciproquement, le consommateur, en réduisant sa consommation d'énergie, pourra réaliser des économies très significatives.

Associée à la révolution des *smartgrids*, cette transformation pourrait conduire les fournisseurs à proposer des services allant au-delà de l'énergie proprement dite : surveillance de la maison à distance, domotique, fourniture d'accès à internet, etc. Que Google ait investi, au début de l'année 2014, dans *Nest*, un thermostat intelligent, prouve d'ailleurs les liens étroits qui pourraient exister, à l'avenir, entre énergie, domotique et Internet.

Conclusion

L'électricité et le gaz ont longtemps été conçus comme des services publics. Dans une logique dominée par la demande, les réseaux d'électricité et de gaz naturel se sont développés en même temps que leur besoin s'est fait de plus en plus prégnant. Elaborés au niveau local, des réseaux ont progressivement fait leur apparition. Après la Seconde Guerre mondiale, les acteurs en charge de l'électricité et du gaz naturel ont été nationalisés afin de créer deux monopoles publics verticalement intégrés, c'est-à-dire exerçant toutes les activités du secteur, de la production à la fourniture d'énergie. Avec l'augmentation de la consommation, ces filières se sont par la suite renforcées de façons durables et différenciées. Pour l'électricité, l'accroissement des capacités de production s'est accompli dans la construction d'un vaste parc de centrales nucléaires, qui assure toujours la majorité de l'approvisionnement électrique français sur un réseau de transport et de distribution fonctionnant à sens unique. Pour le gaz, l'augmentation des besoins a donné lieu à l'importation de quantités toujours plus importantes de gaz naturel dans le cadre d'une politique de diversification auprès d'une variété de pays producteurs. En bout de chaîne, des tarifs réglementés, fixés par l'Etat, assuraient la rémunération d'EDF et de GDF, respectivement monopoles publics pour l'électricité et le gaz.

Sous l'effet conjugué de l'ouverture à la concurrence des marchés de l'énergie et de la transition énergétique toutes deux amorcées par des initiatives européennes, ce paradigme est en passe de s'inverser. Cela est vrai à plus forte raison pour le marché de l'électricité, hier encore caractérisé par une production exclusivement centralisée et continue, et qui s'oriente vers des mécanismes de production décentralisés et intermittents grâce au développement des énergies renouvelables jusqu'au sein des foyers des particuliers. Dans ce contexte où l'offre ne suit plus la demande, l'offre est appelée à exercer un rôle croissant dans la définition, notamment, du prix de l'électricité. En bout de chaîne, le développement de compteurs intelligents facilite l'information en temps réel des acteurs en charge de la sécurité de l'approvisionnement. Mais ces compteurs permettront aussi aux clients finaux de consommer de manière plus intelligente en profitant des périodes creuses, caractérisées par un prix de l'électricité moins élevé, tout en évitant de mettre en fonctionnement certains appareils dans les périodes de pointe où le réseau, soumis à une forte demande, doit faire appel à des moyens de production onéreux et polluants. En permettant le pilotage de la consommation du foyer, le compteur intelligent pourrait donc inciter les clients finaux à reporter certaines consommations et à participer à des mécanismes d'effacement. C'est au prix de ce changement d'habitudes, de pair avec le renforcement de l'efficacité énergétique via des travaux d'isolation et la réduction du gaspillage, que la France pourra réduire durablement sa facture énergétique et écologique.

Si l'actuelle complexification du marché de l'énergie nourrit chez certains utilisateurs une nostalgie à l'égard du système monopolistique qui a prévalu des années d'après-guerre aux années 2000, c'est parce qu'elle met aujourd'hui chacun face à ses responsabilités de citoyen. L'ouverture du marché représente le premier pas vers une transition énergétique réussie en donnant aux Français l'opportunité de s'informer et de voir par-delà l'écran installé entre eux et le marché de l'énergie par cinquante ans de monopoles intégrés. Mais ce n'est qu'en s'informant activement que le consommateur comprendra que l'énergie n'est pas qu'une donnée, et encore moins un service acquis et nébuleux, mais la résultante d'une série de choix dont chacun s'accompagne d'un prix économique et écologique.

Ce changement de paradigme, s'il est porteur d'opportunités, charrie par ailleurs son lot de risques et d'incertitudes. Les centrales thermiques traditionnelles, qui demeurent indispensables en période de pointe, devront défendre leur rentabilité face à la généralisation des énergies renouvelables. Par ailleurs, l'extension et la modernisation du réseau de transport d'électricité, indispensable au bon développement de ces énergies vertes, ne seront possibles que si les acteurs du marché parviennent à harmoniser leurs efforts.

En conclusion, on notera que ces évolutions, parce qu'elles responsabilisent les consommateurs, supposent une éducation renforcée de ces derniers. Dans son rapport d'activité 2012, la CRE mettait ainsi en avant les économies que peuvent réaliser les consommateurs en optant, à la place des tarifs réglementés, pour des offres de marché plus économiques. Parallèlement, la CRE constatait pourtant que l'ouverture du marché reste faible en raison d'un « désintérêt des Français pour la concurrence », puisque « les trois quarts d'entre eux ne connaissent pas les modalités simples et gratuites pour changer de fournisseur » et que « la plupart ignore qu'un consommateur ayant quitté le tarif réglementé peut y revenir à tout moment ». Cette immaturité de la demande vis-à-vis de la concurrence est pour les nouveaux entrants promesse à la fois de sérieuses difficultés lors de l'entrée sur le marché et d'un futur radieux au fur et à mesure que le grand marché intérieur français de l'énergie s'ouvrira.

Lexique – Bibliographie

Lexique

L'intensité du courant

L'intensité du courant (ou débit) correspond à la quantité d'électricité parcourant un circuit électrique à chaque seconde. Elle est notée I. L'intensité est exprimée en ampères (A).

La tension du courant

La tension correspond à la force qu'un générateur doit exercer sur les électrons afin que ceux-ci circulent à travers un circuit électrique. Un circuit électrique oppose toujours une résistance au passage du courant. Dans l'hypothèse où la résistance serait nulle, la tension correspondrait à l'intensité du courant. La tension est notée U. Elle exprimée en volts (V).

En France, la tension électrique nominale est de 230 V en monophasé et de 400 V en triphasé.

1 kilovolt (kV) correspond à 1000 volts. Cette unité de mesure est utilisée pour les moyennes et hautes tensions électriques.

Courant monophasé

Un courant monophasé correspond à un type d'alimentation électrique continu reposant sur une phase. En général, c'est le type d'alimentation utilisé par les particuliers.

Courant triphasé

Un courant triphasé correspond à un type d'alimentation électrique continu reposant sur trois phases. Ces phases sont déphasées de 120° entre elles. Ce type d'alimentation est utilisé pour faire fonctionner certaines machines. Les alimentations triphasées sont utilisées par certains professionnels (industriels).

Courant alternatif / Courant continu

Un courant alternatif est un type de courant changeant de sens. Il se distingue du courant continu qui conserve un même sens. La fréquence du courant alternatif correspond au nombre de changement de sens effectué par le courant en une seconde. En Europe, la fréquence nominale est de 50hz.

Puissance électrique maximale pouvant être consommée

La quantité maximale d'électricité pouvant être consommée est exprimée en kilovolt-ampère. Un compteur de 6kVA fonctionnant sous une tension de 220V signifie qu'à un instant *t*, environ 26A pourront être délivrés. Un kilovolt-Ampère correspond à 1000 voltampères.

Puissance électrique

La puissance électrique est mesurée en Watt (W). Le watt correspond à la quantité d'électricité soutirée chaque seconde. Il s'agit donc d'une unité de mesure de la puissance consommée à tout instant. Une ampoule de 60 watts, par exemple, consomme deux fois plus d'électricité qu'une ampoule de 30 watts.

Une tension d'1 volt passant un courant d'1 ampère à travers un circuit électrique signifie qu'1 watt de puissance électrique a été consommé.

1W = 1V x 1A

Puissance électrique consommée

Le kilowattheure permet de mesurer la quantité d'énergie effectivement consommée. L'index d'un compteur électrique est par exemple exprimé en cette unité. 1 kilowattheure signifie qu'une puissance de 1000 W été consommée pendant 1h (ou encore qu'une puissance d'1 W a été consommée pendant 1000h).

Dénombrements

Tera–	*Giga–*	*Méga–*	*Kilo–*	–watt –wattheure
1	000	000	000	000

- 1 mégawatt (MW) correspond à 1 million de watts
- 1 gigawatt (GW) correspond à 1 milliard de watts
- 1 térawatt (TW) correspond à 1000 milliards de watts

De même, il existe des mégawattheure (MWh), gigawattheure (GWh) et térawattheure (TWh).

Ordres de grandeur

Au 31 décembre 2012		Sites résidentiels	Sites non résidentiels	Total
Electricité	Nombre de sites	30 886 000	4 932 000	35 818 000
	Quantité consommée (TWh)**	137,3	285,5	422,8
	Consommation moyenne en kWh	4 500	58 000	12 000
Gaz	Nombre de sites	10 632 000*	675 000	11 307 000
	Quantité consommée (TWh)**	130,1	380,6	510,7
	Consommation moyenne en kWh	12 000	560 000	45 000

Source des données : CRE

* Dont 7 millions se chauffant au gaz naturel. ** 1 TWh = 1 000 000 000 kWh

Consommation moyenne d'un ménage français

A titre, d'exemple, une maison de 70m2 chauffée à l'électricité et occupée par 3 personnes consomme environ 9900 kWh par an tandis qu'une même maison non chauffée à l'électricité consomme environ 1500 kWh d'électricité par an.

De même, la consommation annuelle en gaz naturel d'une maison de 70m2 chauffée au gaz naturel sera approximativement comprise entre 10 à 13000 kWh. Toutefois, ces montants peuvent varier de manière significative selon la localisation de l'habitation, ses caractéristiques (notamment son isolation).

Table des matières

INTRODUCTION 11

PARTIE 1. DU DEVELOPPEMENT DES RESEAUX A L'OUVERTURE DES MARCHES 15

SECTION 1.01 LE DEVELOPPEMENT DES RESEAUX D'ELECTRICITE ET DE GAZ 17
SECTION 1.02 DE LA FIN DU MONOPOLE D'ÉTAT A L'OUVERTURE A LA CONCURRENCE 27
SECTION 1.03 LE CHOIX DU MODE D'OUVERTURE A LA CONCURRENCE EN FRANCE 53

PARTIE 2. LE FONCTIONNEMENT DU MARCHE DE DETAIL DE L'ENERGIE 69

SECTION 2.01 L'OFFRE DE FOURNITURE SUR LE MARCHE DE DETAIL : ENTRE TARIFS REGLEMENTES ET OFFRES DE MARCHE 73
SECTION 2.02 DEMANDE : UN MARCHE DYNAMIQUE MAIS DES CONSOMMATEURS PEU INFORMES 117
SECTION 2.03 LE PRIX : UN INDICE TRES ENCADRE 151

PARTIE 3. LES ACTEURS DU MARCHE DE L'ENERGIE 191

SECTION 3.01 ACHEMINEMENT, PRODUCTION : DES MISSIONS DIFFERENTES, DES ACTEURS MULTIPLES 195
SECTION 3.02 LES FOURNISSEURS D'ENERGIE 243
SECTION 3.03 LES ACHETEURS 283
SECTION 3.04 LA PUISSANCE PUBLIQUE 291
SECTION 3.05 LES AUTRES ACTEURS 303

PARTIE 4. PERSPECTIVES POUR LE MARCHE DE DETAIL DE L'ENERGIE 321

SECTION 4.01 DES EVOLUTIONS PROCHAINES FAVORABLES A LA CONCURRENCE 325
SECTION 4.02 UNE DYNAMIQUE ENCOURAGEANTE POUR LA CONCURRENCE MALGRE DES INCERTITUDES IMPORTANTES 345
SECTION 4.03 LE DEVELOPPEMENT DES SMARTGRIDS : VERS UN INVESTISSEMENT DES CONSOMMATEURS PLUS IMPORTANT ? 359
SECTION 4.04 QUEL VISAGE POUR LE MARCHE DE DETAIL DE L'ENERGIE EN 2025 ? 367

CONCLUSION 371

LEXIQUE – BIBLIOGRAPHIE 373

L'HARMATTAN ITALIA
Via Degli Artisti 15; 10124 Torino

L'HARMATTAN HONGRIE
Könyvesbolt ; Kossuth L. u. 14-16
1053 Budapest

L'HARMATTAN KINSHASA
185, avenue Nyangwe
Commune de Lingwala
Kinshasa, R.D. Congo
(00243) 998697603 ou (00243) 999229662

L'HARMATTAN CONGO
67, av. E. P. Lumumba
Bât. – Congo Pharmacie (Bib. Nat.)
BP2874 Brazzaville
harmattan.congo@yahoo.fr

L'HARMATTAN GUINÉE
Almamya Rue KA 028, en face du restaurant Le Cèdre
OKB agency BP 3470 Conakry
(00224) 60 20 85 08
harmattanguinee@yahoo.fr

L'HARMATTAN CAMEROUN
BP 11486
Face à la SNI, immeuble Don Bosco
Yaoundé
(00237) 99 76 61 66
harmattancam@yahoo.fr

L'HARMATTAN CÔTE D'IVOIRE
Résidence Karl / cité des arts
Abidjan-Cocody 03 BP 1588 Abidjan 03
(00225) 05 77 87 31
etien_nda@yahoo.fr

L'HARMATTAN MAURITANIE
Espace El Kettab du livre francophone
N° 472 avenue du Palais des Congrès
BP 316 Nouakchott
(00222) 63 25 980

L'HARMATTAN SÉNÉGAL
10 VDN en face Mermoz, après le pont de Fann
BP 45034 Dakar Fann
33 825 98 58 / 33 860 9858
senharmattan@gmail.com / senlibraire@gmail.com
www.harmattansenegal.com

L'HARMATTAN BÉNIN
ISOR-BENIN
01 BP 359 COTONOU-RP
Quartier Gbèdjromèdé,
Rue Agbélenco, Lot 1247 I
Tél : 00 229 21 32 53 79
christian_dablaka123@yahoo.fr

640826 - Février 2016
Achevé d'imprimer par

1livre.com
du rêve à la réalité !

www.ingramcontent.com/pod-product-compliance
Lightning Source LLC
LaVergne TN
LVHW011146061026
849535LV00003B/619